国家自然科学基金重点项目（71832014）

广东省基础与应用基础研究基金（2023B1515020118）

国家自然科学基金重点项目（72032009）

数字经济创新模式

企业与用户互动的适应性创新

谢　康　吴　瑶　肖静华◎著

Digital Economy Innovation Paradigm:

Adaptive Innovation in

Enterprise—User Interaction

经济管理出版社

ECONOMY & MANAGEMENT PUBLISHING HOUSE

图书在版编目（CIP）数据

数字经济创新模式：企业与用户互动的适应性创新/谢康，吴瑶，肖静华著.—北京：经济管理出版社，2023.9

ISBN 978-7-5096-9256-1

Ⅰ.①数… Ⅱ.①谢… ②吴… ③肖… Ⅲ.①信息经济–研究 Ⅳ.①F49

中国国家版本馆 CIP 数据核字（2023）第 179643 号

组稿编辑：任爱清
责任编辑：任爱清
责任印制：黄章平
责任校对：王淑卿

出版发行：经济管理出版社
　　　　　（北京市海淀区北蜂窝 8 号中雅大厦 A 座 11 层　100038）
网　　址：www. E-mp. com. cn
电　　话：（010）51915602
印　　刷：唐山昊达印刷有限公司
经　　销：新华书店
开　　本：710mm×1000mm /16
印　　张：16
字　　数：314 千字
版　　次：2023 年 10 月第 1 版　　2023 年 10 月第 1 次印刷
书　　号：ISBN 978-7-5096-9256-1
定　　价：108.00 元

　　本书是国家自然科学基金重点项目"互联网环境下大数据驱动的企业与用户互动创新理论、方法和应用研究"（项目编号：71832014）、广东省基础与应用基础研究基金"面向新消费的营销服务数字创新机制研究"（项目编号：2023B1515020118）、国家自然科学基金重点项目"制造企业数字化转型与管理适应性变革研究"（项目编号：72032009）资助的阶段性研究成果。本书出版得到中山大学管理学院学科建设项目（出版专项经费）的资助，在此一并感谢。

总 序

基于中国数字经济实践经验的理论探索

如何将中国数字经济的前沿实践经验理论化，形成源头创新的数字经济理论成果，既是时代发展的需要和理论研究者的追求，也是当下数字经济理论研究突破的难点。以2005年以来我们对中国28个省份760多家企业实地调研和深度访谈近千名企业管理者的积累为基础，对我们在企业信息化应用与数字化转型、信息化与工业化融合（以下简称"两化"融合）、数字经济和实体经济融合等数字经济创新领域研究成果的归纳总结，形成数字经济创新的理论探索三部曲（以下简称三部曲）:《数字经济创新模式：企业与用户互动的适应性创新》《数字经济创新极点：平台创新、竞争与就业》《数字经济创新变迁："两化"融合、数实融合与人工智能》。

首先，三部曲是基于中国数字经济前沿实践经验的理论化探索，力图对中国经验进行系统解释。我们知道，发达国家主要是沿着机械化、电气化、自动化、信息化、数字化和智能化的近似串行路径发展，中国等发展中国家则是在机械化、电气化和自动化尚未完成时面临信息化的挑战，形成信息化与工业化并行发展。在信息化与工业化并行阶段，中国企业主要通过引进、消化、吸收嵌入在企业资源计划（ERP）等管理软件中的管理思想和经验来提升管理水平，经济管理思想和模式总体处于跟跑状态。然而，随着中国信息基础设施快速完善和移动技术应用形成技术跨越，互联网、大数据和人工智能等新一代信息技术涌现加速中国经济数字化转型，中国数字经济实践走到了与欧美国家同一起跑线的前沿，中国经济发展和企业实践总体从利用式学习向探索式学习转变。总结和提炼中国数字经济前沿实践经验，推动本土数字经济与管理理论的前沿探索，是三部曲的第一个愿望。例如，《数字经济创新极点：平台创新、竞争与就业》就是基于中国平台经济前沿实践经验的理论探索，提出数字经济创新空间取决于平台创新的数字经济创新极点的原创思想，并结合质性研究与量化分析进行阐述和分析。

其次，三部曲是从经济学与管理学交叉视角围绕中国数字经济创新主题的理论化探索，力图将经济学与管理学在数字经济创新领域进行融合。在诸多创新定义中，熊彼特建立新的生产函数及实现生产要素与生产条件新组合的创新定义，不仅是影响力最高的有关创新的思想，同时也是经济学与管理学理论交叉形成新思想的典范。例如，可将生产函数或新组合分解为引入新产品或提供产品的新功能，采用新的生产方法或开辟新的供应网络，实施新的组织管理模式乃至开辟新市场等。在经济学与管理学交叉中，主流模式是经济学向管理学输出理论与方法。通过总结提炼中国企业管理在数字经济创新领域的前沿实践，是否可能开启管理学向经济学输出思想或理论方向？是三部曲的第二个愿望。例如，《数字经济创新模式：企业与用户互动的适应性创新》就是数据驱动的企业用户互动创新与生产力、生产关系、生产方式交叉视角的理论探索，提出企业与用户互动的适应性创新构成数字经济创新主流模式的思想，并从产品创新、资产创新、要素配置创新、生产方式创新等维度进行阐述和分析。

再次，三部曲是从产业融合视角刻画数字经济创新演变规律的理论化探索，力图对中国经验进行阐述说明。从经济发展来看，数字经济不是工业经济与信息经济的简单组合，而是一次经济形态的质变跃升过程。例如，企业信息化侧重对物料等运营状况的管控和提效，对市场创新或整体变革影响甚微，数字化通过解决信息化难以解决的市场创新或整体变革难题形成管理的质变跃升。同理，"两化"融合侧重从单一产业层面加强监控和改善供需协同，以平台创新为核心的数字经济和实体经济深度融合通过解决数据全流程贯通和价值共创形成质变跃升。通过对中国数字经济创新演变规律的探索，推动数字经济创新理论的系统化，是三部曲的第三个愿望。例如，《数字经济创新变迁："两化"融合、数实融合与人工智能》是在前两项理论探索基础上，按照过去、现在与未来从"两化"融合、数实融合与人工智能三个视角，提出数字经济创新变迁的经济系统协同演化思想，借助实践参照、案例研究与计量分析的混合方法进行阐述和分析。

常言道，理想很丰满，现实很骨感。我们清楚地知道，想法或努力的结果可能并不如意，预期与结果可能大相径庭，但如果将时间花在思考"旷世之学"而眼高手低，忽视对中国数字经济实践经验的思考与总结，有可能辜负时代给予的机会。反之，如果只想抓住机遇，忽视学术探索厚积薄发的知识发现规律，同样可能辜负时代。在撰写本书的过程中，我要感谢为尽可能避免出现上述两种情况而踏实、努力工作的团队成员，他们的智慧和付出有必要在此提及和感谢。诚然，三部曲依然可能存在严谨性问题，如有的结论或观点可能不妥甚至谬误，有的证据可能难以严格支撑所述结论或观点等，期待得到同行和读者的宝贵意见，以待持续完善。

最后，感谢国家自然科学基金委员会管理科学部和诸位专家学者，以及近20年来接受我们调研和访谈的企业家和管理者对这项工作的支持与帮助！

谢　康

2023 年 8 月 30 日于中山大学康乐园

前　言

数字经济创新模式理论探索

党的二十大报告提出，新一代信息技术与各产业结合形成数字化生产力和数字经济，是现代化经济体系发展的重要方向。大数据、云计算、人工智能等新一代数字技术是当代创新最活跃、应用最广泛、带动力最强的科技领域，给产业发展、日常生活、社会治理带来深刻影响。数据要素正在成为劳动力、资本、土地、技术、管理等之外最先进、最活跃的新生产要素，驱动实体经济在生产主体、生产对象、生产工具和生产方式上发生深刻变革。数字技术推动经济发展和创新已经成为国家层面优先发展的重要方向。

那么，中国企业如何借助数字技术实现经济创新？这既是实业界面临的现实难题，也是学术界需要探讨的新议题。数字经济创新模式是数字经济基础理论研究的一个前沿领域，虽然形成诸多相关成果，但总体上依然缺乏深入系统的理论探讨。与创新范式相似（李川川和刘刚，2022），经济创新模式也是一个多层次、多维度的综合性概念，可以从生产要素、创新主体、创新过程、创新整体性及创新影响等多个视角展开研究，如熊彼特从生产要素视角将创新理解为通过重新组合生产要素以实现对生产函数的重构①。综合既有研究，本书从创新主体视角定义数字经济创新模式，即数字经济活动中普遍存在的主体创新方式。

尽管创新体系中存在多种主体，但数字经济的创新主体主要由企业和用户构成。现有研究认为企业和用户等多主体行为互动构成数字经济资源配置机制演变的重要一环（何大安和任晓，2018），强调用户从工业经济时代的配角转变为数字经济时代的主角，通过与企业互动创新影响数字经济价值实现，形成区别于传统用户创新模式的用户数据化参与的新创新模式（肖静华等，2018）。在本书中，企业与用户数据化互动创新是指在互联网环境下以数字痕迹体现的企业与用户互动创新的行为或过程。企业基于人工智能（AI）的数据化监督与反馈、平台与用户连接的创新推荐系统、用户创新工具箱等面向用户参与创新的行为或过程，用

---

① 此外，创新过程视角研究关注渐进式创新、突破式创新与颠覆式创新；创新主体视角研究关注用户创新；创新整体性视角研究聚焦开放式创新或全面创新；创新影响视角研究产生了责任式创新、朴素式创新等概念。

户点评、关注度、点击率、浏览频率和体验交流等面向用户参与创新的行为或过程，都属于企业与用户数据化互动创新的范畴。因此，数字经济活动中企业与用户数据化互动创新无处不在，构成了大数据资源的社会基础，并将工业经济时代供给与需求的联动关系改变为数据驱动的适应性关系，从而成为数字经济的适应性创新模式。

然而，企业与用户互动产成的数据资源未必能够要素化，因为数据要素化的能力不是直接按比例转化的，而是与企业经营管理禀赋和实践密切相关的，存在数据资源的内生过程（Begenau et al.，2018），这意味着企业与用户数据化互动创新过程与数据资源的内生过程密切相关。因此，必须先要厘清数据作为关键生产要素重构既有生产要素配置的特征和规律，再深入分析数据要素如何驱动数字经济生产力、生产关系与生产方式的适应性创新，从而提出企业与用户互动视角下的数字经济适应性创新模式。由此，本书聚焦四个关键科学问题：

关键科学问题1：面向中国重大需求的数字经济创新问题是什么？
关键科学问题2：如何利用数字技术实现生产力创新？
关键科学问题3：如何利用数字技术实现生产关系创新？
关键科学问题4：如何利用数字技术实现生产方式创新？

通过聚焦上述四个关键科学问题，本书遵循理论探讨与实证研究范式，做出如下探索与创新：

针对关键科学问题1，本书首先基于中国特色的经济治理体制思考数字经济，提炼数字经济的新问题、新特征与新规律，提出面向国家重大需求的数字经济适应性创新模式。然后，以企业与用户如何参与数据要素生产与配置为起点，总论数字经济的生产力、生产关系与生产方式的适应性创新。

针对关键科学问题2，本书聚焦数字经济生产力适应性创新的三个主要形式——要素适应性创新、产品适应性创新和资产适应性创新。要素适应性创新构成数字经济生产力适应性创新的主要形式之一，体现为数据要素基于自身的数字技术特征和"结构红利"效应，创新既有要素配置结构形成的再配置效率，构成提升数字经济生产效率进而促进经济高质量发展的重要源泉；产品适应性创新体现为企业与用户互动过程中产品随用户需求变化而形成的适应性创新水平，反映产品的价值实现与用户动态需求之间的匹配水平；资产适应性创新体现为企业和用户基于大数据合作资产通过协同演化促进适应性创新，实现数据驱动的产品、能力和模式创新，带动用户个体及群体的能力和行为创新。

　　针对关键科学问题3，本书聚焦数字经济生产关系适应性创新的三个主要形式——劳动适应性创新、组织结构适应性创新和契约治理适应性创新。在劳动适应性创新部分，选取共享经济情境，分析用户对共享平台的技术信任如何影响劳动与市场效率；在组织结构适应性创新部分，提出制度变迁视角下网格制推动数字经济创新的理论框架；在契约治理适应性创新部分，针对契约不完全而采取的对契约执行过程持续、动态、适应性调整的治理思路，强调执行过程的信息透明和可追溯对结果适应性控制的治理效果。

　　针对关键科学问题4，本书从生产方式数字化转型与适应性创新视角，探讨数字经济创新逻辑的政治经济分析框架，形成对数字经济创新特征的理论认识。首先建构数字经济技术—经济基础，分析数字化技术与经济融合形成的数字经济活动赖以存在和发展的泛在环境与条件；其次分析数字经济生产方式的数字化转型；最后分析数字经济生产方式的适应性创新。

　　在分析上述关键科学问题基础上，本书进一步总结了数字经济适应性创新的影响。通过分析数据驱动的企业与用户互动创新的价值创造机制，指出数字技术推动制造企业从大规模制造向智能制造转型升级的规律，这是实现产业适应性创新的重要方面。

　　据此，本书提出企业与用户互动视角下的数字经济适应性创新模式探索的理论框架，如图0-1所示，在结构上具体分为四个模块八个章节，章节介绍如下：

　　模块一探讨数字经济适应性创新的理论与实践基础，具体包括第一章和第二章。

　　第一章从面向国家重大需求的理论创新视角，探讨数字经济的新问题，并基于新问题提炼出数字经济的新特征和新规律。具体地，数据作为关键生产要素重构既有生产要素配置，生产方式数字化转型构建现代产业体系，数字化创新引领和支撑经济结构的根本性变革构成数字经济新特征。因此，数字经济指数据作为关键生产要素重构既有生产要素配置，引发生产方式和经济结构根本性变革的一系列经济活动或经济形态。与工业经济形态相比，数字经济发展具有新规律。

　　第二章聚焦数字经济中企业与用户互动的适应性创新。互联网环境下企业与用户互动的适应性创新形成大数据，构成数据作为新生产要素的社会基础，企业与用户互动的适应性创新构成数字经济的主流创新模式之一。该创新模式有两个主要特征：一是数据要素构建出人与人工智能双劳动主体的经济活动，数据和数字平台构成新型生产工具，适应性创新产品或活性服务构成新型劳动对象，两者结合形成数字经济的新型生产资料；二是人与AI双劳动主体在数据生产中的协同，构建起现实劳动与虚拟劳动结合的混合智能劳动，使数字经济的生产关系呈

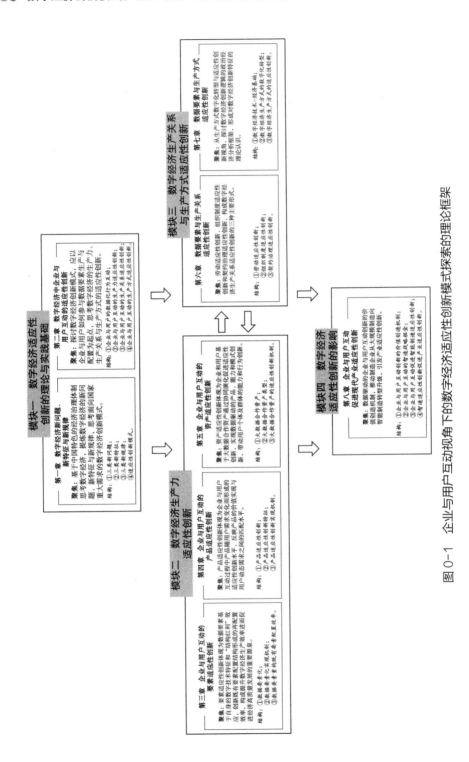

图 0-1　企业与用户互动视角下的数字经济适应性创新模式探索的理论框架

现出适应性创新特征，网格制与科层制的结合成为数字经济的制度基础。

模块二探讨数字经济生产力适应性创新，具体包括第三章至第五章。

第三章聚焦企业与用户互动的要素适应性创新，主要从产品创新视角探讨数据要素化的企业实现机制，强调数据资源不会独自创造商业价值，数据与劳动要素相结合是数据要素化实现过程的必要条件。同时，数据与劳动相结合虽然可以对商业价值产生直接促进作用，但不是数据要素化实现过程中更具价值的实现路径，企业基于数据与劳动结合后形成组织学习和组织变革才是数据要素化过程更具价值的实现路径。

第四章聚焦企业与用户互动的产品适应性创新。从成长性角度提出产品适应性创新的概念，以此刻画数字经济时代产品创新的特征，探讨基于产品适应性特征和适应性创新的数字经济创新逻辑。首先，数据驱动的产品适应性创新具有难以预测的发展方向、即时反馈的交互式信息结构、即时调整的适应能力三个主要特征。基于此形成的产品适应性创新是一个非线性的连续过程，融合了熊彼特的创造性破坏与创造性积累。其次，产品的适应性创新不仅形成了具有自适应特征的生产即消费的新商业模式，而且有助于促进数字化创新的产业体系，推动数字经济的增长。

第五章聚焦企业与用户互动的资产适应性创新。探讨基于大数据合作资产促进数字经济创新的理论逻辑，即企业和用户基于大数据合作资产通过协同演化促进适应性创新，实现数据驱动的产品、能力和模式创新，带动用户个体及群体的能力和行为创新。这些创新在经济层面上体现为效率提升和结构优化，最终促进数字经济创新。上述基于大数据合作资产形成适应性创新进而促进数字经济创新的逻辑，旨在深化对数字经济创新的微观实现机制的认知。

模块三探讨数字经济生产关系与生产方式适应性创新，具体包括第六章和第七章。

第六章重点探讨数据要素与生产关系适应性创新。劳动适应性创新、组织结构适应性创新和契约治理适应性创新，构成数字经济生产关系适应性创新的三种主要形式。本章具体从平台技术信任、技术契约适应性创新、组织结构适应性创新与市场效率或组织效率视角，探讨企业与用户互动创新如何影响企业要素配置或再配置效率，进而对数字经济中要素配置特征与规律提供企业微观视角的理论解释。研究表明，无论是平台技术信任，还是社会互动中的技术契约，以及组织结构中的制度安排均在有形或无形地对既有资源配置发挥作用，其中企业与用户互动的适应性创新构成企业资源配置或再配置的重要驱动因素。

第七章重点探讨数据要素与生产方式适应性创新。通过提出和阐述数字经济的技术—经济基础和生产方式数字化转型的概念及理论，同时基于案例研究和实证研究的成果，阐述数字经济创新与发展的规律和特征，建构数字经济的政治经济分析，认为数字经济的创新逻辑是数字经济、政治经济分析的基本问题。

模块四探讨数字经济适应性创新的影响，具体包括第八章。

第八章探讨企业与用户互动创新对现代产业适应性的影响，提出数据驱动的企业与用户互动创新的能力—制度—方法—平台（CMMP）理论模型，强调互联网环境下要实现大数据驱动的企业与用户互动创新，企业与用户互动创新动态能力需与制度设计相匹配，基于大数据的知识抽取方法体系需与支撑产品创新的大数据平台相匹配，且两者匹配形成的创新管理与创新技术互动迭代，构成大数据驱动的企业与用户互动创新机制的基础。在此基础上，推动企业与用户的价值创造，并实现企业与用户的创新绩效，由此促进现代产业适应性创新。

本书各章的内容主要来自作者在《北京交通大学学报（社会科学版）》发表的数字经济创新逻辑系列论文，也部分吸纳了与其他合作者近年来发表的论文内容，其他合作者包括王茜教授、易法敏教授、吴记副教授、迟嘉昱副教授、夏正豪博士、谢永勤博士、吴小龙博士、邓弘林博士，还有于英、古飞婷硕士等，在此对相关期刊及合作者表示感谢！还要感谢经济管理出版社的任爱清编辑，她对于促成本书的最终出版做了大量工作。同样，我对参与校对出版本书的同学们表达真挚的感谢——谢晨裕不仅协助统筹三轮校对工作，同时也精心处理了图表和文字上的众多修订事项；龙雨始终在三轮校对任务中保持全程参与，付出了大量时间与耐心；我也希望对参加章节校对工作的陈昕彤、胡林睿、宋冰冰、薛溪瑶、王乙竹、甘思敏、刘伊涵等同学表达感谢，他们的付出使得每一处细节都得到了精心处理。诚然，本书中还存在缺陷或不足，恳请广大读者不吝赐教。

谢 康

2023 年 5 月 6 日

目 录

模块一　数字经济适应性创新的理论与实践基础

第一章　数字经济新问题、新特征与新规律　//　003

第一节　理论视角与数字经济新问题　//　004

第二节　数字经济的概念与新特征　//　012

第三节　数字经济新规律与创新模式　//　015

第二章　数字经济中企业与用户互动的适应性创新　//　024

第一节　基于数据资源的企业—用户行为与社会基础　//　024

第二节　企业与用户互动的生产力适应性创新　//　036

第三节　企业与用户互动的生产关系与生产方式适应性创新　//　040

模块二　数字经济生产力适应性创新

第三章　企业与用户互动的要素适应性创新　//　047

第一节　数据要素化的机制特征与规律　//　047

第二节　数据要素化机制的实证检验　//　054

第三节　数据要素重构既有要素配置效率　//　065

第四章　企业与用户互动的产品适应性创新　//　075

第一节　数据驱动的产品适应性创新　//　075

第二节　产品适应性创新特征与实现机制　//　079

第三节　产品适应性创新的商业模式与治理　//　082

第五章　企业与用户互动的资产适应性创新 // **095**

第一节　数据驱动的资产适应性创新 // 095

第二节　大数据合作资产类型与实践参照 // 099

第三节　大数据合作资产的适应性创新机制 // 104

模块三　数字经济生产关系与生产方式适应性创新

第六章　数据要素与生产关系适应性创新 // **113**

第一节　平台的技术信任与市场效率 // 113

第二节　组织结构适应性创新与管理效率 // 127

第三节　技术契约适应性创新与市场效率 // 141

第七章　数据要素与生产方式适应性创新 // **160**

第一节　数字经济的技术—经济基础 // 160

第二节　数字经济生产方式的数字化转型 // 164

第三节　数字经济生产方式的适应性创新 // 168

模块四　数字经济适应性创新的影响

第八章　企业与用户互动促进现代产业适应性创新 // **175**

第一节　企业与用户互动创新的价值创造机制 // 175

第二节　企业与用户互动的智造战略"租金" // 183

第三节　企业与用户互动促进智能制造适应性创新 // 191

第四节　智能制造适应性创新促进产业适应性创新 // 205

参考文献 // **217**

数字经济适应性创新的理论与实践基础

第一章

数字经济新问题、新特征与新规律 *

　　数字经济的新问题、新特征和新规律对数字经济以何种创新模式运行具有决定性影响。对数字经济发展出现的新问题、新特征和新规律进行剖析，构成探讨数字经济创新模式的理论基础。秉承不同的理论视角，对于数字经济的新规律"新"在哪里的问题，人们会给出不同的解读或答案。遵循一般的形式逻辑，新规律来自新问题。那么，什么是数字经济的新问题呢？对此，人们依然会有不同视角的思考。从科学哲学来看，科学理论有两个基本功能：一是解释现象；二是预测未来。解释现象既是理论创新的归宿之一，也是理论创新的源泉之一。这意味着，实践中出现的新问题是理论研究新问题的主要来源之一。诚然，从纯理论逻辑中也会产生新问题，但经济理论是现实生活的理论，经济实践是孕育经济理论的最重要来源。秉承这一价值观，强调数字经济的新问题主要来自数字经济的实践。

　　2014 年 8 月，习近平总书记在中央财经领导小组第七次会议上要求，要面向世界科技前沿、面向国家重大需求、面向国民经济主战场，精心设计和大力推进改革。2020 年 9 月，习近平总书记在主持召开科学家座谈会时提出"四个面向"要求，即面向世界科技前沿、面向经济主战场、面向国家重大需求、面向人民生命健康。2022 年，习近平总书记再次强调，不断做强做优做大我国数字经济[①]，表明发展数字经济成为中国面向世界科技前沿、面向经济主战场、面向国家重大需求、面向人民生命健康的重大问题。

　　研究数字经济理论需要服务"四个面向"。其中，数字经济理论探索主要涉及面向经济主战场和面向国家重大需求。因此，选择科学问题来自社会实践需求的研究导向，以中国特色的经济治理体制为数字经济新问题的考察窗口，提炼出数字经济的新问题，并从数字经济新问题出发，归纳出数字经济新特征，由此提

---

　　* 本章主要以谢康、肖静华"面向国家需求的数字经济新问题、新特征与新规律"（《改革》2022 年第 1 期）为基础改写而成。

　　① http://www.gov.cn/xinwen/2022–01/15/content_5668369.htm.

出理论视角的数字经济概念。通过剖析数字经济概念的内涵与外延，提炼出数字经济的新规律。在此基础上，提出数字经济的创新模式问题。

第一节　理论视角与数字经济新问题

一、面向国家重大需求的理论视角

近年来，中国数字经济高速发展，数字化改革实践不断深入，为中国乃至全球学者研究数字经济理论提供了丰富的实践场景，对国内外理论研究者提出诸多亟待探讨的理论课题和有待解决的现实问题。同时，中国特色的经济治理体制提供了精准捕捉数字经济新问题的洞察窗口，通过对国家领导人相关讲话和中央重要会议等的政策解读，可以梳理、总结和提炼出数字经济的新问题。具体地，国家领导人相关讲话、中央经济工作会议、国务院政府工作报告及文件等三方面重要论述、思想、观点和报告，为总结和提炼数字经济的新问题提供了明确方向。

首先，面向国家重大需求的数字经济新问题在内涵逻辑上必然与国家重大经济发展紧密关联，经济高质量发展需要数字经济创新为支撑基础，数字经济需要经济高质量发展提供创新空间和条件，数字经济的新问题内涵会涉及经济高质量发展的多个方面。2017年12月，习近平在中共中央政治局第二次集体学习时指出：要构建以数据为关键要素的数字经济。建设现代化经济体系离不开大数据发展和应用，坚持以供给侧结构性改革为主线，加快发展数字经济，推动实体经济和数字经济融合发展，推动互联网、大数据、人工智能同实体经济深度融合，继续做好信息化和工业化深度融合这篇大文章，推动制造业加速向数字化、网络化、智能化发展。要深入实施工业互联网创新发展战略，系统推进工业互联网基础设施和数据资源管理体系建设，发挥数据的基础资源作用和创新引擎作用，加快形成以创新为主要引领和支撑的数字经济[①]。

2019年10月，党的十九届四中全会《中共中央关于坚持和完善中国特色社会主义制度推进国家治理体系和治理能力现代化若干重大问题的决定》提及"健全劳动、资本、土地、知识、技术、管理、数据等生产要素由市场评价贡献、按贡献决定报酬的机制"，首次将数据确认为第七种生产要素。这样，包含从第一次工业革命总结的土地、劳动、资本，到第二次工业革命吸收的技术、管理，再到第三次工业革命纳入的知识要素，逐步形成了清晰的生产要素内涵扩展，也反

[①]　http://www.gov.cn/zhengce/2022-12/19/content_5732695.htm.

映了随着经济活动数字化转型加快，数据对提高生产效率的乘数作用凸显，成为最具时代特征新生产要素的重要变化。

其次，面向国家重大需求的数字经济新问题在特征上必然与国家亟待解决的重大实践问题紧密关联，尤其与中国经济增长进入新常态、培育经济增长新动能、解决实体经济发展难题、管控金融风险等国家重大实践问题相联系。2018 年 4 月，习近平在全国网络安全和信息化工作会议上指出，要发展数字经济，加快推动数字产业化，依靠信息技术创新驱动，不断催生新产业新业态新模式，用新动能推动新发展。要推动产业数字化，利用互联网新技术新应用对传统产业进行全方位、全角度、全链条的改造，提高全要素生产率，释放数字对经济发展的放大、叠加、倍增作用①。2017 年 7 月，习近平在全国金融工作会议上强调，金融是实体经济的血脉，为实体经济服务是金融的天职，是金融的宗旨，也是防范金融风险的根本举措②。2019 年 10 月，习近平在中央政治局第十八次集体学习时指出，区块链技术应用已延伸到数字金融、物联网、智能制造、供应链管理、数字资产交易等多个领域，要利用区块链技术探索数字经济模式创新，推动区块链和实体经济深度融合，解决中小企业贷款融资难、银行风控难、部门监管难等问题③。

最后，面向国家重大需求的数字经济新问题在解决方式上必然与中国社会主义市场经济的治理结构相关联，解决数字经济的新问题既需要依靠有效市场，也需要依靠有为政府。在数字经济发展中如何做到有效市场与有为政府相结合，不仅是中国数字经济发展治理的重大课题，也是全球数字经济发展治理的现实难题，解决数字经济的新问题需要更加面向实践探索。2017 年 12 月，习近平在中共中央政治局第二次集体学习时指出，要运用大数据提升国家治理现代化水平，要建立健全大数据辅助科学决策和社会治理的机制，推进政府管理和社会治理模式创新。2020 年 12 月，中央经济工作会议提出强化反垄断和防止资本无序扩张的要求，指出要加强规制，提升监管能力，坚决反对垄断和不正当竞争行为。金融创新必须在审慎监管的前提下进行。与传统工业经济形态不同，数字经济发展不仅涉及经济本身，而且与国家政治经济安全，与社会和个人行为安全的联系更加敏感。如何构建促进数字经济稳定健康发展的监管治理体系，成为数字经济发展的新问题和新挑战。

---

① http://politics.people.com.cn/n1/2018/0421/c1024-29941345.html.

② http://www.gov.cn/xinwen/2017-07/15/content_5210774.htm.

③ http://www.gov.cn/xinwen/2019-10/25/content_5444957.htm.

二、中国情境的数字经济新问题证据链

本节将国家领导人相关讲话、中央经济工作会议、国务院政府工作报告及文件三方面的重要论述、思想、观点和要点整理为表 1-1 的形式，从中提炼出亟待探讨的数字经济八个新问题：①数据为关键要素的数字经济实现机制；②供给侧结构性改革促进数字经济的机制；③实体经济和数字经济融合的市场机制；④新一代信息技术和实体经济融合构建现代产业体系的机制；⑤金融科技和实体经济融合的创新机制；⑥创新主要引领和支撑数字经济发展的机制；⑦数字经济适应性监管与治理模式创新；⑧中国数字化改革实践促进数字经济的政策。

表 1-1　面向国家重大需求的数字经济新问题的凝练证据

数字经济新问题	国家领导人相关讲话、中央经济工作会议、国务院政府工作报告及文件的思想、观点、要点	来源 / 出处
数据为关键要素的数字经济实现机制	· 人工智能作为新一轮产业变革的核心驱动力，将进一步释放历次科技革命和产业变革积蓄的巨大能量，并创造新的强大引擎，重构生产、分配、交换、消费等经济活动各环节	2017 年 7 月国务院《新一代人工智能发展规划》
	· 要构建以数据为关键要素的数字经济； · 发挥数据的基础资源作用和创新引擎作用；	2017 年 12 月习近平在中共中央政治局第二次集体学习的讲话；
	· 释放数字对经济发展的放大、叠加、倍增作用	2018 年 4 月习近平在全国网络安全和信息化工作会议的讲话
	· 健全劳动、资本、土地、知识、技术、管理、数据等生产要素由市场评价贡献、按贡献决定报酬的机制	2019 年 10 月党的十九届四中全会《中共中央关于坚持和完善中国特色社会主义制度、推进国家治理体系和治理能力现代化若干重大问题的决定》
供给侧结构性改革促进数字经济的机制	· 供给侧结构性改革，重点是解放和发展社会生产力，用改革的办法推进结构调整，减少无效和低端供给，扩大有效和中高端供给，增强供给结构对需求变化的适应性和灵活性； · 坚持以供给侧结构性改革为主线，加快发展数字经济	2016 年 1 月习近平在省部级主要领导干部学习贯彻党的十八届五中全会精神专题研讨班上的讲话； 2017 年 12 月习近平在中共中央政治局第二次集体学习的讲话

续表

数字经济新问题	国家领导人相关讲话、中央经济工作会议、国务院政府工作报告及文件的思想、观点、要点	来源 / 出处
供给侧结构性改革促进数字经济的机制	· 要利用区块链技术探索数字经济模式创新，为打造便捷高效、公平竞争、稳定透明的营商环境提供动力，为推进供给侧结构性改革、实现各行业供需有效对接提供服务，为加快新旧动能接续转换、推动经济高质量发展提供支撑	2019 年 10 月习近平在中共中央政治局第十八次集体学习的讲话
	· 大力培育新动能，强化科技创新，推动传统产业优化升级。 · 要深化金融供给侧结构性改革，疏通货币政策传导机制，增加制造业中长期融资，更好缓解民营和中小微企业融资难融资贵问题。 · 增强产业链供应链自主可控能力。产业链供应链安全稳定是构建新发展格局的基础	2017 年 12 月中央经济工作会议； 2019 年 12 月中央经济工作会议； 2020 年 12 月中央经济工作会议
实体经济和数字经济融合的市场机制	· 要在培育新的动力机制上做好文章、下足功夫，着力推进体制机制建设，激发市场主体内生动力和活力	2017 年 1 月习近平在中共中央政治局第三十八次集体学习的讲话
	· 我国网络购物、移动支付、共享经济等数字经济新业态新模式蓬勃发展，走在了世界前列； · 推动实体经济和数字经济融合发展；	2017 年 12 月习近平在中共中央政治局第二次集体学习的讲话
	· 市场主体是经济的力量载体，保市场主体就是保社会生产力	2020 年 7 月习近平主持召开企业家座谈会的讲话
	· 大力降低实体经济成本，降低制度性交易成本； · 国家支持平台企业创新发展、增强国际竞争力，支持公有制经济和非公有制经济共同发展，同时要依法规范发展，健全数字规则	2017 年 12 月中央经济工作会议； 2020 年 12 月中央经济工作会议
新一代信息技术和实体经济融合构建现代产业体系的机制	· 新一代信息技术与制造业深度融合，正在引发影响深远的产业变革，形成新的生产方式、产业形态、商业模式和经济增长点； · 加快推动新一代信息技术与制造技术融合发展，把智能制造作为两化深度融合的主攻方向	2015 年 5 月国务院《中国制造 2025》
	· 建设现代化经济体系离不开大数据发展和应用。推动互联网、大数据、人工智能和实体经济深度融合，继续做好信息化和工业化深度融合这篇大文章，推动制造业加速向数字化、网络化、智能化发展。要深入实施工业互联网创新发展战略，系统推进工业互联网基础设施和数据资源管理体系建设。 · 加快推动数字产业化，依靠信息技术创新驱动，不断催生新产业新业态新模式，用新动能推动新发展。要推动产业数字化，利用互联网新技术新应用对传统产业进行全方位、全角度、全链条的改造，提高全要素生产率。 · 要聚焦主导产业，加快培育新兴产业，改造提升传统产业，发展现代服务业，抢抓数字经济发展机遇。 · 把推动制造业高质量发展作为构建现代化经济体系的重要一环	2017 年 12 月习近平在中共中央政治局第二次集体学习的讲话； 2018 年 4 月习近平在全国网络安全和信息化工作会议的讲话； 2019 年 5 月习近平在江西考察的讲话； 2019 年 9 月习近平致世界制造业大会贺信

续表

数字经济新问题	国家领导人相关讲话、中央经济工作会议、国务院政府工作报告及文件的思想、观点、要点	来源／出处
新一代信息技术和实体经济融合构建现代产业体系的机制	· 加快数字化发展，打造数字经济新优势，协同推进数字产业化和产业数字化转型； · 坚持创新驱动发展，加快发展现代产业体系。发展工业互联网，促进产业链和创新链融合	2021 年 3 月李克强《政府工作报告》
金融科技和实体经济融合的创新机制	· 金融是实体经济的血脉，为实体经济服务是金融的天职，是金融的宗旨，也是防范金融风险的根本举措	2017 年 7 月习近平在全国金融工作会议的讲话
	· 要构建区块链产业生态，加快区块链和人工智能、大数据、物联网等前沿信息技术的深度融合，推动集成创新和融合应用； · 要抓住区块链技术融合、功能拓展、产业细分的契机，发挥区块链在促进数据共享、优化业务流程、降低运营成本、提升协同效率、建设可信体系等方面的作用； · 推动区块链和实体经济深度融合，解决中小企业贷款融资难、银行风控难、部门监管难等问题	2019 年 10 月习近平在中共中央政治局第十八次集体学习的讲话
	· 强化对市场主体的金融支持，发展普惠金融	2020 年 7 月习近平主持召开企业家座谈会的讲话
	· 创新供应链金融服务模式； · 金融机构要坚守服务实体经济的本分	2021 年 3 月李克强《政府工作报告》
创新主要引领和支撑数字经济发展的机制	· 要大力推进创新驱动发展，下好创新这步先手棋，激发调动全社会创新创业活力，加快形成以创新为主要引领和支撑的经济体系	2015 年 7 月习近平在吉林调研时的讲话
	· 要坚持数据开放、市场主导，以数据为纽带促进产学研深度融合，形成数据驱动型创新体系和发展模式，培育造就一批大数据领军企业，打造多层次、多类型的大数据人才队伍； · 加快形成以创新为主要引领和支撑的数字经济	2017 年 12 月习近平在中共中央政治局第二次集体学习的讲话
	· 要注重创新驱动发展，紧紧扭住创新这个牛鼻子，强化创新体系和创新能力建设，推动科技创新和经济社会发展深度融合，塑造更多依靠创新驱动、更多发挥先发优势的引领型发展； · 要坚持创新驱动发展，在数字经济、电子商务、人工智能、大数据等领域培育合作增长点	2018 年 4 月习近平在全国网络安全和信息化工作会议的讲话； 2019 年 6 月习近平在上海合作组织成员国元首理事会第十九次会议上的讲话
	· 把数字化、网络化、智能化、绿色化作为提升产业竞争力的技术基点，推进各领域新兴技术跨界创新； · 发展平台经济、共享经济，更大激发社会创造力； · 促进科技创新与实体经济深度融合，更好地发挥创新驱动发展作用	2016 年 5 月中共中央、国务院《国家创新驱动发展战略纲要》； 2020 年 5 月李克强《政府工作报告》； 2021 年 3 月李克强《政府工作报告》

续表

数字经济 新问题	国家领导人相关讲话、中央经济工作会议、国务院 政府工作报告及文件的思想、观点、要点	来源 / 出处
数字经济适应 性监管与治理 模式创新	· 要运用大数据提升国家治理现代化水平。要建立健全大数据辅助科学决策和社会治理的机制，推进政府管理和社会治理模式创新；要充分利用大数据平台，综合分析风险因素，提高对风险因素的感知、预测、防范能力。 · 要加强政企合作、多方参与，加快公共服务领域数据集中和共享，推进同企业积累的社会数据进行平台对接，形成社会治理强大合力	2017 年 12 月习近平在中共中央政治局第二次集体学习的讲话
	· 要运用现代科技手段和支付结算机制，适时动态监管线上线下、国际国内的资金流向流量，使所有资金流动都置于金融监管机构的监督视野之内	2019 年 2 月中共中央政治局第十三次集体学习的讲话
	· 强化反垄断和防止资本无序扩张。 · 反垄断、反不正当竞争，是完善社会主义市场经济体制、推动高质量发展的内在要求。要加强规制，提升监管能力，坚决反对垄断和不正当竞争行为。 · 金融创新必须在审慎监管的前提下进行。	2020 年 12 月中央经济工作会议
	· 强化金融控股公司和金融科技监管，确保金融创新在审慎监管的前提下进行	2021 年 3 月李克强《政府工作报告》
中国数字化改 革实践促进数 字经济的政策	· 使市场在资源配置中起决定性作用和更好发挥政府作用。 · 产业政策要准，就是要准确定位结构性改革方向。微观政策要活，就是要完善市场环境、激发企业活力和消费者潜力	2013 年 11 月党的十八届三中全会《中共中央关于全面深化改革若干重大问题的决定》； 2015 年 12 月中央经济工作会议
	· 把握好新一轮产业革命、数字经济等带来的机遇，既应对好气候变化、人口老龄化等带来的挑战，也化解掉信息化、自动化等给就业带来的冲击，在培育新产业新业态新模式过程中注意创造新的就业机会； · 面向国家重大需求，面向国民经济发展主战场，全面实施促进大数据发展行动，完善大数据发展政策环境； · 逐步形成以国内大循环为主体、国内国际双循环相互促进的新发展格局，提升产业链供应链现代化水平	2017 年 1 月习近平在世界经济论坛的主旨演讲； 2017 年 12 月习近平在中共中央政治局第二次集体学习的讲话； 2020 年 7 月习近平主持召开企业家座谈会的讲话
	· 要继续出台支持政策，全面推进"互联网"，打造数字经济新优势； · 要大力发展数字经济，加大新型基础设施投资力度； · 统筹推进传统基础设施和新型基础设施建设	2020 年 5 月李克强《政府工作报告》； 2020 年 12 月中央经济工作会议； 2021 年 3 月李克强《政府工作报告》

资料来源：笔者团队根据公开资料收集整理。

三、数字经济新问题的内在结构关系

表1-1提炼的数字经济新问题表明，数字经济的新问题有三个明显特点：

第一，数字经济新问题的内涵与实体经济深度融合紧密关联。如新一代信息技术和实体经济深度融合，信息化和工业化深度融合，数字经济和实体经济深度融合，金融科技和实体经济深度融合，区块链和实体经济深度融合，科技创新与实体经济深度融合等。因此，脱离与实体经济深度融合的数字经济理论研究，容易"脱实向虚"，甚至会偏离国家对发展数字经济的重大需求方向和初衷。

第二，数字经济新问题的方向上强调以供给侧结构性改革为数字经济发展的主线。数字经济发展需要围绕供给侧结构性改革来进行，即围绕增强供给结构对需求变化的适应性和灵活性来进行。这与第一点强调与实体经济深度融合在理论逻辑上高度自洽，因此，脱离以供给侧结构性改革为主线来探讨数字经济理论，容易陷入"只见树木不见森林"的研究窘境，也不是国家发展数字经济需要的理论成果。

第三，强调创新驱动主要引领和支撑数字经济的发展。数字化创新构成生产方式和经济结构性根本性变革的主要引导和支撑因素，即数据驱动的创新活动或创新数字化过程主要引导和支撑数字经济发展。同时，数字化创新的有效市场与数字化治理的有为政府之间的有机协同，如2017年1月习近平总书记在世界经济论坛的主旨演讲中指出，发展数字经济既要化解掉信息化、自动化等对就业的冲击，也要在培育新产业新业态新模式过程中创造新的就业机会。因此，脱离数字化创新驱动来谈论数字经济发展的新问题或新规律，忽视有效市场配置与有为政府作用协同的市场监管和治理研究，难以对中国数字化改革实践产生有价值的理论指导和实质性影响。

上述分析能够指导开展数字经济理论研究，同时，据此将表1-1提炼的数字经济八个新问题归纳为三类：

第一类是驱动数字经济创新的问题，包括问题（1）和问题（2）。数据成为新生产要素，构成数字经济区别于以往工业经济乃至信息经济的主要特征，以数据为关键要素的数字经济实现机制，就是探讨数据如何从可能的生产要素转变为现实生产要素，以及数据要素的市场化配置机制。数据要素的市场化配置会驱动供给侧结构性改革。一般地，供给侧包括劳动力、土地、资本、制度创造、创新等生产要素。供给侧结构性改革旨在通过调整经济结构使生产要素实现最优配置，进而提升经济增长的质量和数量。供给侧结构性改革促进数字经济的内在机制，必然涉及大数据驱动的产品或服务适应性创新问题，形成数字经济供给侧适应性

创新。本书第四章将详细探讨这部分内容。

第二类是数字经济运行的问题，包括问题（3）~问题（6）。数字经济的供给侧适应性创新会影响到实体经济和数字经济融合发展的市场制度，如平台经济、共享经济的资源配置，数字合约构建的技术信任在数字经济资源配置中发挥"连接器"的作用等。新一代信息技术和实体经济融合变革现代产业体系的结构适应性，一方面，新一代信息技术应用于国民经济各领域与实体经济深度融合，形成数字产业化路径；另一方面，智能制造、工业互联网、物联网促进产业转型升级，区块链等数字技术促进金融科技和实体经济融合的产业创新，形成产业数字化路径。无论是哪条路径，本质上都是通过与实体经济深度融合来变革现代产业体系的结构适应性。唯有如此，数字化创新才能发挥出引领和支撑数字经济发展的作用，这就涉及互联网、大数据、人工智能等数字化创新引领和支撑数字经济发展的机制问题。

第三类是数字经济政策问题，包括问题（7）和问题（8）。数字经济适应性监管与治理模式创新的问题，主要是在大数据平台双边市场结构的经典分析基础上，剖析数字平台垄断的市场势力新特征，阐述数字平台兼并与扩张的适应性监管逻辑。同时，由金融科技的适应性监管创新，延伸到数字经济国家治理现代化的原则与实现路径等，也属于重要的研究议题。中国数字化改革实践促进数字经济的政策问题，涉及中国数字经济的政策目标与政策工具供给等内容。中国数字化改革实践既有自上而下的顶层设计集中推动，也有自下而上的地方先行逐步扩散，形成中央与地方多层次的数字化改革实践，尤其是针对推动数字经济发展陆续出台和落实的一系列政策措施，以及这些措施如何影响中国数字经济的创新发展，均亟待进行分析、总结和提炼。

上述三类新问题之间的逻辑是：首先，驱动数字经济创新的新问题聚焦于数字经济为何能创新（Why）的问题，数据作为新生产要素是理论出发点，形成数字经济的供给侧适应性创新，引发数字经济运行的新问题；其次，数字经济运行的新问题侧重于数字经济如何形成价值（How）的问题，包括数字经济的市场机制、新一代信息技术和实体经济深度融合变革产业体系结构适应性、数字化创新引领和支撑经济增长等新问题；最后，数字经济政策的新问题重点探讨数字经济规制与政策供给（What）的问题，如中国数字化改革实践的政策分析属于探讨数字经济如何运行得更好，使政策更有效，风险更可控等帕累托改进问题。图1-1对数字经济八个新问题的内在结构关系进行了形式化提炼，该结构关系也可作为数字经济研究的理论框架。

图1-1不仅为搭建中国情境的数字经济理论框架提供了依据，而且也为提炼

数字经济的新特征提供了研究基础。

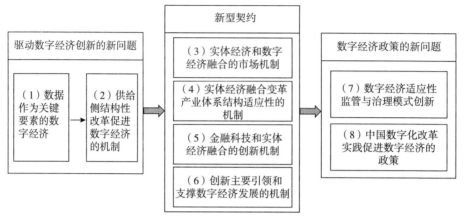

图 1-1　数字经济八个新问题的内在结构关系

第二节　数字经济的概念与新特征

一、数字经济的概念

上述从生产要素、生产方式、经济结构三方面总结和提炼出数字经济的三大新特征，为明确数字经济的概念奠定了基础。目前，国内外学术界对数字经济的内涵与外延尚未形成较为一致的认识，但对数字经济的主流认识是将之视为一种新的经济活动或经济形态。在 2016 年 G20 杭州峰会上《二十国数字经济发展与合作倡议》认为，"数字经济是指以使用数字化的知识和信息作为关键生产要素、以现代信息网络作为重要载体、以信息通信技术的有效使用作为效率提升和经济结构优化的重要推动力的一系列经济活动"[1]。有研究认为，数字经济指由数据和数字平台驱动的经济活动，是以数字化技术为基础，以数字化平台为主要媒介，以数字化赋权基础设施为重要支撑进行的一系列经济活动（许宪春和张美慧，2020）。2021 年，国家统计局《数字经济分类》将数字经济定义为，"以数据资源作为关键生产要素、以现代信息网络作为重要载体、以信息通信技术的有效使用作为效率提升和经济结构优化的重要推动力的一系列经济活动"。

无论是将数字经济视为经济活动还是经济形态，都强调数字经济具有数据作

---

[1]　http://www.cac.gov.cn/2016-09-29/c_1119648535.htm?form=groupmessage.

为新生产要素的特征或具有数据驱动创新的特征，前者多是从经济学角度归纳的特征，后者多是从管理学角度归纳的特征。在此，基于上述思想，从理论严谨性出发给出数字经济的概念，数字经济指数据作为关键生产要素重构既有生产要素配置，引发生产方式和经济结构根本性变革的一系列经济活动或经济形态。

上述从理论视角提出的数字经济概念在内涵上强调三点：一是数据作为关键生产要素是数字经济得以存在和发展的逻辑起点。没有现代信息网络作为载体，没有信息通信技术的广泛使用，就无法形成可以作为关键生产要素的数据资源。因此，"数据作为关键生产要素"的界定已包含现代信息网络、信息通信技术对数字经济的基础支撑价值，没必要在概念中重复强调。二是数据作为新生产要素对土地、劳动、资本、技术、管理、知识等既有生产要素配置形成重构，体现了数字经济的第一个新特征。三是数据要素对既有生产要素配置的重构，不仅引发经济形态中生产方式的根本性改变，而且导致经济结构发生根本性变化，体现了数字经济的第二个和第三个新特征。

同时，上述数字经济概念在外延上强调两点：一是数字经济与信息经济的联系与区别。具体表现为以下三个方面：①数据和知识构成数字经济的关键生产要素，且数据构成知识的主要来源之一，知识和资本构成信息经济的关键生产要素，知识深化与资本深化在信息经济中交互影响；②与信息经济相比，数字经济变革现代产业体系的方式不同，前者促进现代产业的聚集与融合，后者则从根本上变革现代产业体系的结构适应性；③在数字经济中，数字化创新成为经济结构发生根本性变革的主要引领和支撑力量，在信息经济中，信息技术创新主要发挥辅助和支持作用。因此，可以认为数字经济是信息经济发展的高级阶段。二是数字经济与共享经济、平台经济、开源经济、通证经济及金融科技的联系与区别。共享经济、平台经济、开源经济、通证经济等属于不同的数字经济分支活动，形成不同的数字经济新业态或新商业模式。从金融科技角度来看，数字货币、智能投顾、金融机器学习、虚拟银行、智慧银行等既属于金融服务创新研究的主题，也属于数字经济理论研究的主题。从数字经济新问题与新特征的角度来看，数字经济理论研究的重点在金融科技和实体经济融合创新的议题，而非纯金融科技创新议题（冯永琦和张浩琳，2021）。

二、数字经济的新特征

从不同角度可以归纳总结出数字经济的若干新特征，但这些新特征应该与数字经济的新问题紧密相关，根据上述分析，可总结出数字经济的新特征有三个：一是数据作为关键生产要素重构既有生产要素配置；二是生产方式数字化转型变革产业体系的结构适应性；三是数字化创新引领和支撑经济结构的根本性变革。

1. 数字经济的第一大新特征：数据作为关键生产要素重构既有生产要素配置

在数字经济中，数据不仅是继土地、劳动、资本、知识、技术和管理之后的第七个生产要素，而且数据进入市场配置后会对既有的土地、劳动、资本等生产要素的配置方式和效率形成重构，成为关键生产要素。这与之前的信息经济构成主要区别，在信息经济中数据只是生产要素之一而非关键生产要素，知识和资本才是关键生产要素。

2. 数字经济的第二大新特征：生产方式数字化转型变革产业体系的结构适应性

生产方式数字化转型来自新一代信息技术和实体经济深度融合，制造领域的智能制造、工业互联网成为两者深度融合的集中体现和实现方式，服务领域两者深度融合的实现方式包括金融科技、大数据智能化商务与服务平台等。新一代信息技术和实体经济深度融合的内核是信息化和工业化深度融合，信息化带动工业化形成数字产业构建现代产业的发展路径，如传统产业数字化转型；工业化促进信息化形成产业数字化构建现代产业的发展路径，如钢铁、汽车制造、运输服务等行业大规模应用数字化技术形成对嵌入式软件、硬件和通信设施的强大市场需求，不仅促进了数字化产业发展，而且促进了广泛应用数字化技术产业的持续创新发展。这既是生产方式数字化转型变革现代产业体系结构适应性的内在逻辑，也是数字经济区别于信息经济的标志之一。信息经济中生产方式尚未实现数字化转型，因而未能推动现代产业体系的结构适应性发生根本性变革。

3. 数字经济的第三大新特征：数字化创新引领和支撑经济结构的根本性变革

数字化创新指数字技术驱动的创新活动，如数据驱动的创新或基于人工智能（AI）的创新活动等。经验判断在数字经济创新活动中依然十分重要，但企业创新、协同创新、平台生态创新、用户参与创新、开放式创新，乃至国家创新体系等活动，越来越基于数字化创新方式来实现，大数据和 AI 成为数字化创新的驱动因素和知识发现的主要来源。这种社会分工与专业化过程，使生产方式的数字化转型与变革主要依靠数字化创新来引领和支撑。例如，基于 AI 的药物开发创新活动可以准确预测哪些药物对特定患者组别是安全有效的，通过生成候选药物，基于 AI 的数字化创新不仅可以有效加速药物开发周期，而且推动传统制药企业变革既有生产组织方式。又如，2018 年，夏娃（Eve）机器人科学家发现了从牙膏中提取的一种成分——三氯生（Triclosan）可以治疗抗药性疟疾。当前，越来越多的生物制药企业应用 AI 确定医药研发方向 [①]。由此可见，数字化创新正在成

---

① https://mp.weixin.qq.com/s/qjmp7tjVoXld9pTRvlqPTA.

为引领和支撑各类产业生产方式发生根本性变革的主导因素，并通过产业创新促使经济结构发生根本性变革。

第三节　数字经济新规律与创新模式

一、数字经济新规律的内在结构

上述讨论表明，探讨数字经济新规律需要注意三点：一是亟待探讨的数字经济新规律内涵要与实体经济深度融合紧密关联，脱离与实体经济深度融合的数字经济新规律研究，会偏离国家对发展数字经济的重大需求方向和初衷；二是亟待探讨的数字经济新规律在方向上要以供给侧结构性改革为主线，脱离以供给侧结构性改革为主线来探讨数字经济新规律，容易陷入"只见树木，不见森林"的研究窘境；三是亟待探讨的数字经济新规律要体现创新驱动主要引领和支撑数字经济发展的要求，体现数字化创新的有效市场与数字化治理的有为政府之间的有机协同要求，否则难以对中国数字化改革实践形成有价值的理论指导和影响。

根据数字经济的八个新问题，本节相应提炼出亟待探讨的数字经济八大新规律。这八大新规律从不同层面、不同角度包含数据作为关键生产要素重构既有生产要素配置，生产方式数字化转型变革产业体系的结构适应性，数字化创新主要引领和支撑经济结构根本性变革的数字经济三大新特征。根据图 1-1 的结构，本节将亟待探讨的数字经济新规律划分为三类：一是驱动数字经济创新的新规律；二是数字经济运行的新规律；三是数字经济政策的新规律（见图 1-2）。

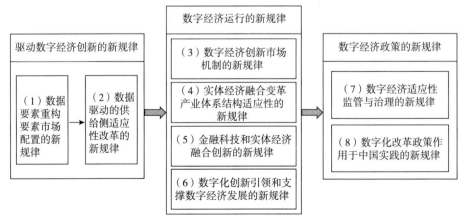

图 1-2　亟待探讨的数字经济八大新规律内在结构

二、驱动数字经济创新的新规律

驱动数字经济创新的新规律包括数据要素重构要素市场配置的新规律及数据驱动的供给侧适应性改革的新规律。

1. 数据要素重构要素市场配置的新规律

数据要素重构要素市场配置的新规律是数字经济创新逻辑的出发点。作为生产要素的数据是一组能够被用于生产经济物品的指令。这组指令本身不能被直接用于生产经济物品，但能在生产过程中创造新知识或形成对未来的预测，进而指导经济物品的生产（Jones and Tonetti，2020）。数据具有虚拟性和非竞争性特征，由此产生边际产出递增、强正外部性、产权模糊和衍生性等特点。现有数据作为关键生产要素重构既有生产要素配置的探讨主要有三类：一是数据生产要素影响决策行为、生产效率等微观研究，如数据驱动的决策过程，数据生产要素提升企业效率和开放式创新的内在机制，数据生产要素扩大企业边界或增强企业边界模糊性等（徐翔等，2021）；二是数据要素市场化配置研究，如数据要素市场化的要件、数据资产、数据要素市场的构建与运行、数据要素市场规范化等；三是数据作为关键生产要素重构资本、技术、劳动、知识等既有生产要素配置的机制，如数据如何从可能生产要素转变为现实生产要素（何玉长和土伟，2021）、数据生产要素与既有生产要素的互补性等。

在工业经济中，知识、技术、管理等生产要素也会重构劳动、资本、土地要素，数据重构既有要素市场配置与之前的重构有何本质区别，或数据重构既有要素市场配置对原有要素作用有何本质性改变，构成数据要素重构要素市场配置新规律亟待探讨的关键科学问题。

2. 数据驱动的供给侧适应性改革的新规律

与欧美国家的结构性改革不同，中国供给侧结构性改革优先探索新需求是什么和在哪里，解决"供给什么"的问题（周密和刘秉镰，2017）。因此，供给侧结构性改革的核心是对既有要素与产品耦合形成的不同组合与关联结构进行适应性变革。适应性变革的方向由市场需求决定，数据驱动的供给侧适应性改革本质是结构适应性变革，即由需求侧数据驱动的产业结构适应性变革，供给侧结构的重构过程是产业结构的变动过程（何大安和许一帆，2020）。因此，中国经济数字化改革加速、产业和企业数字化转型创新等，都是供给侧结构性改革关键实现方式的具体体现。企业数字化转型创新的目标，在宏观经济上表现为在供给侧提高对需求的适应性和灵活性。

目前，数据驱动的供给侧适应性改革的新规律主要从企业、产业和宏观经济三个层面来探讨：企业数字化转型的管理适应性变革、产业数字化转型的产业结构适应性变革、经济数字化转型的生产方式适应性变革。其中，数据驱动的生产方式适应性变革，数据驱动的产业结构或经济结构适应性变革，供给侧适应性结构重构与数字经济创新之间的相互作用机理，构成供给侧结构性改革促进数字经济机制研究的三大主题和重点方向。

三、数字经济运行的新规律

数字经济运行的新规律具体包括数字经济创新市场机制的新规律、实体经济融合变革产业体系结构适应性的新规律、金融科技和实体经济融合创新的新规律、数字化创新引领和支撑数字经济发展的新规律。

1. 数字经济创新市场机制的新规律

市场机制通常指市场供求、价格、竞争、风险等要素间互相联系及作用的机理，主要包括供求机制、价格机制、竞争机制和风险机制。相应地，数字经济创新市场机制的新规律主要涉及数字契约、平台竞争、基于流量和流量预期的价格体系及数字经济中市场与计划协同构建的机制四个领域。首先，信任是市场经济的灵魂，数字契约创新市场信任的机制构成数字经济创新市场机制新规律研究的主要议题。数字契约也称技术契约或技术合约，广义的数字契约是指信息技术自身包含有治理功能，狭义的数字契约是指运用信息技术为降低契约不完备性带来的机会主义而形成的隐性行为规范。其次，数字契约通常与平台经济联系在一起，隐藏在数字契约背后的技术信任不仅维系平台经济运行，也改变平台竞争方式。再次，在价格机制上，直播带货和私域流量等价格体系既不完全按劳动时间计量，或按销售商品为计量单位，也不完全属于信用货币价格体系（李帮喜和崔震，2019），是一种基于流量和流量预期的价格体系。这种新型价格体系与既有价格体系融合，构成数字经济新规律现象。最后，企业平台化发展一方面降低市场的信息非对称程度，另一方面扩大市场的信息非对称程度，数字经济相比传统经济形态形成两极化趋势，更具市场经济特征和计划经济特征（刘伟，2020）。数字经济中的"计划经济"机制与"市场经济"机制如何调适或协同构建，成为亟待探讨的数字经济新规律问题之一。

数字契约创新市场信任机制如何构建数字经济供求机制，基于平台竞争如何创新数字经济竞争机制，基于流量及流量预期的价格机制与既有价格机制的融合如何创新数字经济价格机制，企业平台化与平台化竞合形成的领先市场、新业态、新模式如何创新市场风险机制，以上构成了数字经济创新市场机制新规律研究的四类关键科学问题。

2. 实体经济融合变革产业体系结构适应性的新规律

现代产业体系是指以创新为主要动力、以产业集群为载体的产业网络系统，具有产业网络化、产业集群化和产业融合化特征，表现为全过程产业链、产业集群等产业组织形式（刘钊，2011）。现有研究主要从三个方面进行了探讨：一是新一代信息技术提升产业网络化、集群化和融合化程度，促进产业结构转型升级研究（魏庆文等，2018），发现尽管数字产业化是促进产业结构升级的基础性和先导性条件，但产业数字化促进产业结构升级的效应更显著（陈晓东和杨晓霞，2021）；二是新一代信息技术和实体经济深度融合促进产业结构绿色合理化与转型升级研究，如美的集团通过长期持续的投资与研发，实现了从大规模制造向智能制造的跨越式转型（肖静华等，2021），初步实现变革制造体系结构适应性的目标，从家电制造向科技企业转型；三是实体经济融合通过产业结构转型升级促进经济增长研究。新一代信息技术和实体经济深度融合的核心是信息化和工业化深度融合，发现尽管深度融合提升经济增长效率是确定的，但对经济增长的公平性影响却是不确定的，即融合影响经济增长效率与公平存在不完全相悖的效应（谢康等，2021）。

目前研究主要借助信息化和工业化融合模型探讨产业结构转型升级，缺乏基于新一代信息技术和实体经济深度融合模型探讨现代产业体系结构适应性的探讨，如实体经济深度融合通过技术扩散影响产业网络化、集群化和融合化的机理，实体经济深度融合或信息化和工业化深度融合如何通过促进产业网络化、集群化和融合化形成产业体系结构的适应性机制，深度融合两条路径交互变革产业体系结构适应性的机制等，构成实体经济融合变革产业体系结构适应性新规律的关键科学问题。

3. 金融科技和实体经济融合创新的新规律

金融稳定理事会（FSB）将金融科技（Fintech）定义为：由大数据、区块链、人工智能、云计算等前沿技术推动，对金融市场及金融服务业务产生重大影响的新业务模式、新技术应用、新产品服务等。或者说，金融科技是数字技术和金融服务深度融合的产物，其核心是数字技术带来的金融服务创新（Thakor，2020）。现有金融科技和实体经济融合创新的研究主要有两类：一类是金融科技和实体经济融合创新的内在机制，如探讨基于区块链的通证经济使不可分割、难以流转的各种权利在实体经济中可以消费、验证，从而促进实体经济发展的内在机理（庄雷，2020），又如探讨区块链共识机制构建供应链金融新型信用体系的内在机制及对实体经济发展的影响；另一类是金融科技和实体经济融合创新如何促进产业结构转型升级和经济发展，如探讨金融科技发挥资源配置效应和创新效应形成与实体经济深度融合（宋敏等，2021），金融科技通过资金供给和提供与技术密集型制造企业生产运营体系相匹配的综合金融服务来驱动实体经济发展，并通过驱动实体经济发展倒逼金融业加速市场化等（段永琴等，2021）。

目前研究金融科技的学者众多，但对于金融科技和实体经济融合创新的研究议题相对分散，议题之间缺乏体系化。围绕金融科技和实体经济融合创新的新规律，亟待探讨的关键科学问题包括但不限于：区块链共识机制对金融科技和实体经济融合创新的影响机制、金融科技和实体经济融合对供应链数字金融服务创新的影响机制、供应链数字金融服务可分性与聚合性促进实体经济创新的机制及路径、供应链数字金融服务可分性与聚合性的系统性风险及控制、数字货币促进金融科技和实体经济融合创新的内在机制。

4. 数字化创新引领和支撑数字经济发展的新规律

本节遵循熊彼特对创新的定义，即创新是将生产要素与生产条件的新组合引入生产系统，从而建立一种新的生产函数。互联网、大数据、人工智能形成的新组合，构成三类主要的数字化创新。与以往技术革命相比，这三类数字化创新活动对于提升经济生产率的影响是一致的，但也出现若干不同的新特点。研究认为，互联网能够显著促进经济增长，在全球范围内，互联网普及率每提高 10%，人均 GDP 年增长率增加 0.57%~1.5%（Czernich et al.，2011；Chu，2013），在中国该数值稍偏低些。同时，大数据创新引领和支撑经济增长的过程主要以类似 Arrow 和 Romer 指出的干中学方式进行（徐翔和赵墨非，2020），即大数据创新促进经济增长的内在机制依然是通过驱动知识生产来提升生产率进而实现经济增长（Agrawal et al.，2018）。人工智能引领和支撑经济增长的研究，主要集中在人工智能促进经济增长、人工智能影响劳动市场和收入不平等领域。其中，人工智能影响劳动市场的研究主要从工作自动化的风险、就业均衡的影响、就业结构的影响等方面进行探讨，人工智能对收入不平等的影响主要从降低劳动收入份额和增加资本收入份额，以及扩大劳动力的工资不平等方面进行探讨（曹静和周亚林，2018）。

现有研究讨论了新一代信息技术主要通过产业机制成为中国经济发展动力变革的重要支撑等议题（马文君和蔡跃洲，2020），但对数字化创新引领和支撑数字经济发展的新规律缺乏系统梳理和提炼，亟待探讨的关键科学问题包括但不限于：数据资本影响经济增长的非平衡稳态增长路径特征、人与智能机器人两类主体交互的挤出和挤入效应影响数字经济劳动市场的机制、数字化创新影响社会福利与收入分配的机制。

四、数字经济政策的新规律

数字经济政策的新规律具体包括数字经济适应性监管与治理的新规律、数字化改革政策作用于中国实践的新规律。

1. 数字经济适应性监管与治理的新规律

市场监管是国家为克服市场失灵，依法采取的规范与制约经济主体行为的机制和制度。治理则针对经济主体的机会主义行为进行约束、矫正、调整或优化。供给侧适应性改革是数字经济发展的主线，数字经济市场监管与国家治理需要与供给侧适应性改革的要求相符，因而数字经济市场监管与国家治理也需要形成适应性创新。探讨数字经济适应性监管与治理的新规律，理论上可以与数字经济发展主线的研究逻辑相一致。平台垄断与反垄断的适应性监管与治理，区块链技术与金融科技的监管与治理，数字经济监管与治理影响实体经济的机制，是当前研究的热点议题。研究认为，市场监管部门需采取更具适应性的反垄断审查与规制方式应对数字经济的监管挑战（唐要家和尹钰锋，2020）。例如，通过区块链技术与法律制度的结合确定区块链技术的规制重点和方向，通过监管沙盒模式，面向用户权益保护与风险防范来创新监管体制（程雪军，2021），形成区块链技术监管与治理模式的适应性创新。数字经济监管与治理影响实体经济的机制研究，主要从产业和企业两个层面来探讨，前者探讨市场监管与建立现代产业体系的内在机制（吴汉洪，2018），后者探讨对金融科技新业态的监管会更显著增加企业融资的创新行为倾向等（唐松等，2020；李华民等，2021）。

现有研究多强调需要构建数字经济的适应性市场监管模式，总体上对数字经济适应性监管与治理的新规律缺乏系统性分析。数字经济适应性监管与治理新规律的关键科学问题包括但不限于：数据驱动的监管沙盒模式适应性机制、用户细分的监管适应性模式、运用数字技术前瞻性预防金融科技应用不当而衍生新型风险的传导机制、数字经济监管与治理影响实体经济的内在机制。

2. 数字化改革政策作用于中国实践的新规律

数字化改革是基于数字化方式变革经济社会发展模式，形成与之相适应的制度变迁，进而促进经济高质量发展。因此，数字化改革的政策目标是通过数字化改革提升供给侧结构适应性，从而实现经济高质量发展。数字经济的产业政策、金融货币政策、财政税收政策及投资贸易政策等，构成数字化改革的政策工具。

目前，数字化改革政策作用于中国实践的新规律研究主要集中在供给侧适应性改革为主线的数字经济政策供给，有为政府与有效市场相结合的数字经济政策工具配置，继承与创新相交互的数字经济政策调整变迁三个领域。以供给侧适应性改革为主线的数字经济政策供给的新规律，如数字经济产业空间布局强调数据要素对传统区位因子物理空间互补与替代的配置重构，也强调数字平台对人才、知识、技术、管理等区位因子互补与替代的配置创新。有为政府与有效市场相结合的数字经济政策工具配置的新规律，反映中国特色社会主义市场经济实践的具体情境要求。

研究发现，中国省级政府数字经济综合性政策在目标层面侧重于应用创新，在工具层面偏向使用供给型政策工具（杨巧云等，2021）。继承与创新相交互的数字经济政策调整变迁的新规律，反映中国实践的政策延续性与创新性的情境要求，如中国金融科技政策在支持手段、支持对象、政策目标和管理规范四个领域有显著的政策主题变迁特征和规律（杨凯瑞和申珊，2021）。同时，数字经济产业政策、金融货币政策、财政税收政策及投资贸易政策均要求具备适应性调整特征，如财政政策支持体系通过适应性调整以适应消费、生产、市场建设、产业发展生态等不同政策对象和目标的要求（樊轶侠和徐昊，2020），又如政府补贴、税收优惠、信用贷款和行业准入制度四类产业政策对数字经济产业技术创新的影响等（余长林等，2021）。

目前，数字化改革政策作用于中国实践的新规律研究尚未形成系统化探讨，尚未聚焦在提升供给侧结构适应性的政策目标上。未来亟待探讨的关键科学问题包括但不限于：以供给侧适应性改革为主线的数字经济政策供给的创新机制，有为政府与有效市场相结合的数字经济政策工具配置的创新机制，数字经济制度变迁与中国数字经济发展路径之间的相互作用机制，以及数字经济产业政策、金融货币政策、财政税收政策和投资贸易政策等政策工具发挥作用的新机制。

五、基于新特征、新规律的数字经济创新模式

在微观经济学框架下，供给与需求是两个基本的经济透视角度。从供给角度来看，数字经济时代的产品创新赋予了新的内涵，如基于大数据、人工智能的研发创新，无论是创新的内容还是创新的形式都与传统的产品创新不同。因此，数字经济的供给分析不能停留在相对静止的产品供给角度，需要从基于大数据、人工智能的企业与用户协同演化动态能力角度（肖静华等，2014），重新审视数字经济条件下的供给特征。同样地，从需求角度来看，数字经济时代的用户也打上了时代的烙印。从以往的乌合之众，通过互联网、大数据形成的数据化参与研发创新，用户不断增权，变成具有重要影响力的市场主体（肖静华等，2018），从而改变以往经济学对消费偏好或个体行为特征的内涵或边界。

从供给与需求均衡角度分析，供给与需求的均衡存在性及其均衡变动方向，

构成经济模型分析的主体内容。数字经济时代的供给与需求均衡的存在性分析依然重要，但供给与需求均衡的不存在性或随机特征也将变得越来越重要，因为数字经济时代的均衡越来越被随机性或复杂性所取代，总体均衡与局部均衡之间的结构或关系有可能更多地被二级乃至三级局部均衡分析所取代，类似于福利经济学中以往难以求得帕累托最优转而寻求次优或三优解那样。可以相信，随着数字经济对国民经济的渗透力不断加强，随机性和复杂性分析将逐步从微观经济分析的边缘向中心逼近。

一般地，经济创新活动主要以企业创新为基础。企业创新又主要体现在产品创新领域。因此，从产品创新供给端、用户的需求端和供给与需求均衡及其均衡变动方向三个角度，探讨数字经济的创新理论，可以从基础上更好地推进数字经济的理论创新。

以大规模制造为基础的标准化、流程化、结构化为特征的工业化创新模式，不仅缔造了工业经济的高效运行方式，而且孕育出满足规模经济要求的管理思维、制度和文化。与工业经济创新模式相比，数字经济创新模式有何新特征？现有研究主要从三方面阐述数字经济创新模式特征：一是强调数字经济创新模式具有创新主体多元化、创新组织网络化、创新过程的包容性特征，认为创新过程中客户和用户的广泛参与及其异质性需求的扩大，使网络化的创新组织方式得以强化（张昕蔚，2019）；二是强调平台的快速迭代创新构成数字经济创新模式的关键特征，认为迭代创新是企业采取"小而快"的创新工作，用极简的原型和较小的更迭快速进入市场，与用户进行深层次互动，进而获得经用户证实认知的过程（朱晓红等，2019）；三是强调平台经济、共享经济、粉丝经济、网红经济等数字经济新业态的创新模式具有高度适应性特征，这与多元主体参与创新活动的创新涌现密切相关，又强化多元主体参与创新活动的动机（李川川和刘刚，2022；吴超等，2017）。上述数字经济创新模式的三个具体特征可以归纳为一个关键特征，即数字经济创新模式集中体现在企业与用户互动的适应性创新上。据此认为，企业与用户互动的适应性创新，构成数字经济区别于工业经济创新模式的关键特征。或者说，企业与用户互动的适应性创新，构成数字经济的主流创新模式。理论研究表明，适应性创新模式会促进区域技术进步（余泳泽和张先轸，2015）。从理论上说，以企业与用户互动适应性创新为特征的数字经济创新模式，构成促进数字经济技术进步和发展的基础之一。

数字经济创新模式的多主体参与适应性创新特征，与数字经济新特征和新规律密切相关。主要体现在以下三个方面：

第一，中国情境下数字经济创新模式是数字经济新特征、新规律的具体表现。

具体来说，破解中国经济长期稳定增长带来的产能过剩、高杠杆等供给侧结构性改革难题，构成中国数字经济发展不能脱离的情境特征。同时，中国制造业等实体经济在全球经济竞争中规模大而不强、亟待转型升级，也构成中国数字经济发展不能脱离的现实约束。因此，需要需求侧与供给侧有效互动实现数字经济运行的高效协同，在微观层面上集中体现在企业与用户互动的适应性创新活动中。

第二，生产方式数字化转型既对国民经济发展产生深刻影响，也对宏微观经济管理的适应性变革构成一系列挑战，中国数字经济创新模式必然是中国情境的数字经济新特征、新规律的体现，人口众多参与的创新活动不仅带来高度涌现的随机性，而且提供丰裕的大数据资源基础，企业与用户互动的适应性创新构成推动生产方式数字化转型的主流创新模式。

第三，数字经济新特征、新规律不仅在宏观经济发展和产业转型层面发挥作用，而且影响到数字经济以何种创新模式维系经济的运行发展，企业与用户互动适应性创新促使区域或产业形成适应性创新模式，进而促进区域或产业技术进步。

第二章

数字经济中企业与用户互动的适应性创新 *

如第一章所论，数字经济指数据作为关键生产要素重构既有生产要素配置，引发生产方式和经济结构根本性变革的一系列经济活动或经济形态。因此，探讨数字经济创新模式，需要从数据作为关键生产要素为起点来展开。区别于工业经济的大规模制造等社会基础，数字经济基于数据资源的用户行为与社会基础，构成分析数字经济适应性创新模式的重要视角，因为只有将基于数据资源的用户行为与社会基础阐述清楚，才有可能较好地阐述数据如何成为生产要素的社会机制，进而可以更为具体地说明数据作为新生产要素的数字经济创新模式。

第一节　基于数据资源的企业—用户行为与社会基础

一、基于数据资源的用户行为

在互联网非大数据环境下，产品创新主要通过与领先用户交流合作、市场调研、问卷调查、街访、数据库数据采集等手段获取用户需求。其中，探讨领先用户特征，激励领先用户参与产品创新成为非大数据环境下企业与用户互动创新的重要手段（Hippel and Katz，2002），由此构建用户需求分析模型来剖析需求点和变化方向。但在互联网大数据情境下，电商平台、社交平台形成的大数据为企业分析用户需求提供了新资源。这种新资源改变了传统用户需求分析模式，形成了基于大数据平台的用户画像和用户行为分析。基于大数据的用户画像与用户行为分析，离不开对用户知识抽取方法的探讨和应用。目前，自然语言处理、语义Web、机器学习、知识工程、知识发现、文本挖掘等方法，构成基于大数据平台的用户画像与用户行为分析的基本技术方法。本节不对上述方法做深入分析，而

---

　*　本章主要以谢康"数字经济创新模式：企业与用户数据化互动创新"（《中国社会科学院大学学报》2023 年第 2 期）以及谢康、吴记、肖静华"基于大数据平台的用户画像与用户行为分析"（《中国信息化》2018 年第 3 期）内容为基础改写而成。

024

是对互联网大数据环境对企业与用户关系的影响、基于大数据平台的用户画像分析和用户行为分析进行具体探讨，为构建大数据驱动的企业与用户互动创新方法研究提供初步的理论基础。

1. 大数据对企业与用户关系的影响

互联网环境下用户对企业管理的参与度不断加深，社会媒体形成的大数据改变了以往的商业模式和运作模式（Hippel and Katz，2002；冯芷艳等，2013；徐宗本等，2014），通过大数据了解和分析用户需求变化，与用户高频互动成为开放式创新的主要方向之一。这种趋势的增强源于互联网大数据深深改变了企业与用户的关系。首先，互联网环境为企业提供了将用户更高效地纳入创新过程的条件，企业通过建立开放式创新的模式为用户创造价值；其次，互联网大数据通过用户广泛的信息增权提高了用户的议价能力，促使用户对企业产品研发等形成重要影响；最后，互联网不仅使用户与企业实时互动成为可能，同时促进各类虚拟社群的兴起，使企业与用户的互动方式发生本质变化。

在互联网大数据环境下，企业与用户价值创造关系的改变主要体现在企业角色变化、用户角色变化和价值创造方式变化三个方面，即企业成为为用户解决问题的服务提供者，用户成为与企业共创价值的价值合作者（Vargo and Lusch，2008），如部分凭借知识贡献或特殊魅力发挥创新影响力的意见领袖或领先用户，与企业共同研发创新。同时，互联网环境下价值创造是互动形成的，价值由受益者决定。企业与用户价值创造关系和方式的改变，促使传统研发模式转型为大数据驱动的企业与用户互动创新模式。一方面，企业利用互联网技术形成新的创新模式，如基于社交网络的创新外包等；另一方面，企业利用互联网大数据增强研发能力，如提高用户参与频率和参与质量、精准锁定领先用户等，形成与用户互动创新的动态能力。

概括地说，互联网大数据对企业与用户关系的影响，体现在改变企业与用户的连接和交互关系，使企业与用户的价值交换结构和权重发生变革。这在宏观上促进了信息化与工业化的深度融合（谢康等，2012），在微观上将企业与用户互动创新从非大数据驱动转变为大数据驱动。在大数据驱动情境下，企业对用户及行为特征的刻画，主要依赖于基于大数据平台的用户画像和用户行为分析。

2. 基于大数据平台的用户画像分析

就广义而言，用户可以指购买消费品的用户，也可以指购买工业品的供应链企业。本书讨论的用户聚焦于终端消费的用户。但是，与非大数据情境下的用户主要指购买或使用企业自身产品的用户个体含义不同，大数据情境下的企业"用户"具有全体特征，不仅包括企业自身的用户，也包括购买或使用竞争产品的用户及市场上的潜在用户，甚至包括跨行业的所有潜在用户。因此，基于大数据平台的用户概念，其外延可扩展到全体用户。从价值共创视角来看，基于大数据平台的用户是由其价值提供和价值共创的结果来决定的，而不是由是否购买企业产品或是否参与企业某项活动来划分的。

用户画像就是将用户信息标签化，通过收集和分析用户的基本特征、社会属性、生活习惯、消费习惯等数据，抽象出一个虚拟用户的特征全貌，从而帮助企业全方位、多层次地了解用户行为特征，把握用户行为方向（亓丛和吴俊，2017）。目前，建立用户画像成为大数据驱动的用户行为分析的流行方式之一，通过对用户标签化，构建数据模型来探讨"全样本"用户的行为特征，正成为互联网环境下企业产品研发创新与营销创新的趋势。从技术管理角度来看，基于大数据平台的用户画像构造分为三步：第一步是搭建用户画像技术架构，如数据整理、平台和应用等；第二步是用户画像数据分类；第三步是用户画像构建，包括精准识别用户、动态跟踪用户行为轨迹、结合静态数据评估用户价值、确定用户标签与权重、不同群体优先级排列等（席岩等，2017）。

综合上述讨论及对企业大数据用户画像构建的实地调研，可以认为，基于大数据的用户画像有两个基本要点：一是通过将市场中的用户特征按不同层面、不同维度赋予不同的标签体系，再通过需求将不同标签组合形成的情境化用户特征，构成用户画像分析的基本逻辑。因此，基于大数据的用户画像分析，就是按用户标签化降维、按需求进行标签重组、按特征筛选标签、投放市场验证、根据反馈大数据修正标签及迭代完善知识库的步骤来完成的（见图2-1）。二是基于大数据的用户画像是一个用户画像集，从不同维度可以构建用户基本属性画像、用户行为特征画像、用户产品特征画像、用户互动特征画像等，如从用户对产品的系列偏好、功能偏好、外观偏好、体验偏好及工艺偏好等维度构建用户产品特征维度模型，形成对用户产品特征画像的刻画。例如，Kim和Park（2017）结合文本挖掘和案例推理技术的算法，对苹果App Store评论数据进行分析，实现产品创新机会和对标产品的识别功能。

根据图2-1可知，从用户画像生成逻辑可以看出，基于大数据平台的用户画像有三个主要特征：

第一，用户画像是一个虚拟化的用户全集的概念，是真实用户某个层面、某个维度特征的数据化重组后的虚拟体现，因此，用户画像刻画的用户特征不再是单个用户的个体特征，也不是全体用户的平均化特征，而且根据企业需求形成的特定用户群体特征，即情境化用户特征。因此，可以基于用户画像构建千人千面的用户。

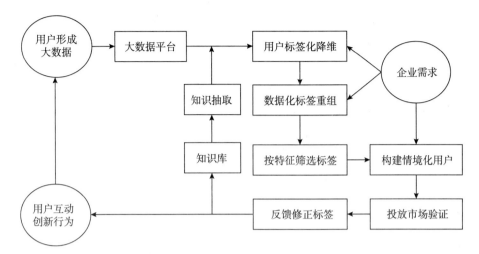

图 2-1　基于大数据平台的用户画像分析框架

　　第二，用户画像反映了情境化用户的大概率行为，不代表情境化用户的全局性必然行为。基于大数据平台的用户画像通过对用户属性或维度的标签化和结构化，形成对用户行为的分层分类分析，而不是用户数量之间的统计分析，代表了情境化用户的一种全局性大概率行为特征。诚然，通过对用户画像集的持续迭代、知识库的持续迭代等工作，可以提高对情境化用户行为概率的判断水平。因此，可以基于用户画像进行用户行为分析。

　　第三，用户画像是一个具有向量特征的结构化和半结构化数据集，可以构建出反映某种兴趣、情绪等心理特征的情境化用户。借助深度学习等人工智能方法，能够刻画出具有智能特征的自我演化的新用户，即现阶段真实市场中可能不存在的情境化用户。企业对此类虚拟用户特征的分析，可以从中寻找到创新产品市场培育的领先方向。因此，可以基于用户画像进行市场培育方向的先导分析。

3. 基于大数据平台的用户行为分析

　　在用户画像构建和分析基础上，根据企业需求可以对基于大数据平台的用户行为进行分析。从技术角度来看，基于大数据平台的用户行为，是指通过页面之间的路径关系分析、频道关联分析、最终转化率分析、热点分析及访问兴趣分析等途径，识别用户行为的群体特征，从中挖掘群体用户在某个节点的异常行为，触发产品研发或优化需求（胡宇辰和郭宇，2013）；从管理角度来看，基于大数据平台的用户行为，是指基于大数据用户画像的行为特征，如参与动机、参与行为和参与结果等，或用户交互特征、用户产品使用率和使用时间等。在大数据用户行为知识抽取中，用户情感倾向性抽取对于用户行为分析尤为关键。例如，

Lin 等（2017）收集 eWOM 评论数据并通过基于计算机的情感分析方法，对评论词进行情感分类并跟踪词频动态特性来挖掘顾客需求的演变。

　　基于大数据平台的用户行为分析，首先，需要构建用户画像模型，即在用户画像模型基础上，对用户行为按不同层面、不同维度进行标签刻画，即用户行为的标签化降维。其次，根据企业需求，通过针对领先用户的知识抽取方法识别出领先用户。企业利用大数据对领先用户进行精准识别，其后对产品研发类型与领先用户类型进行高效匹配，再借助大数据对领先用户的创新或创意进行知识产权或发明权征信查询，明确创新产权。同时，企业通过针对普通用户的知识抽取方法刻画普通用户，并不断优化制度设计激励普通用户持续形成大数据，以利于企业提取更全面的市场消费方向和潮流。再次，基于大数据平台分别构建领先用户行为模型和普通用户行为模型，根据需求将用户行为标签重组，分别提炼出领先用户和普通用户的情境化行为特征，再分别在真实用户群中进行精准验证。最后，企业将反馈市场验证的结果，完善修改用户行为标签，将知识发现成果纳入知识库，形成更高精准度的知识抽取。企业的反馈修正标签又会对真实市场中的用户行为产生影响，促使其迭代形成新一轮的用户大数据。图 2-2 勾勒出上述基于大数据平台的用户行为分析框架。

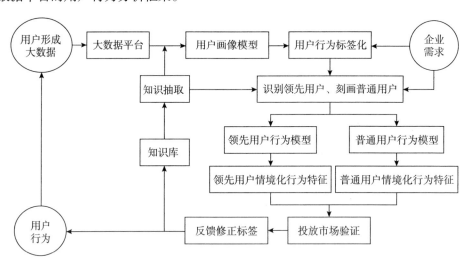

图 2-2　基于大数据平台的用户行为分析框架

　　要实现上述对基于大数据平台用户行为的更精准分析，一方面，需要借助用户画像数据建模、用户行为特征分析算法、用户细分方法、用户行为分析分类模型、用户兴趣与情绪模型及基于大数据的用户价值评估模型等方法；另一方面，需要将传统的用户行为理论及方法在大数据情境下进行改造和拓展，将其与基于大数据的用户行为分析方法相结合，引入相关的计量经济学方法进行数据处理和分析，构建面向企业需求的大数据用户分析框架和用户行为的计量经济模型，可以对基于大数据的用户行为进行分析，或不断完善用户行为的计量经济模型，将其嵌入图 2-2 中的领先用户行为模型和普通用户行为模型中，对领先用户和普通用户行为分析进行持续的精确化改进。

举例来说，中国某知名电商淘品牌企业拥有上百万的活跃会员，企业希望通过基于大数据平台的用户行为分析来提高用户购买价值、改善产品创新和设计、发掘潜在的新用户。为此，该企业采集了在线品牌社区、官方新浪微博、微信公众号、APP 应用等社交媒体平台上企业与用户非结构化的交互数据，并将这些数据与企业内部的结构化的交易记录等相关联，形成用户行为分析大数据。对于非结构化的交互数据，企业通过社会网络分析形成用户之间交互网络属性、用户与产品交互网络属性等特征；同时，企业也会采用文本挖掘中的情感分析技术和主题模型分析用户的情感偏好和话题偏好等特征。对于结构化的内部数据，企业采用 RFM 模型、聚类分析等区分用户购买价值特征、产品偏好特征等。此外，该企业还结合用户人口统计特征采用深度学习、SVM 算法等监督学习算法来预测用户的潜在价值和偏好，形成用户的潜在特征。基于这些分析，企业了解并形成了用户基本行为特征集。企业在进行产品促销和研发过程中，搜寻出产品促销和研发匹配的用户群体，通过该用户群体关联的活动轨迹和偏好属性来更好地设计促销和研发模式。进一步地，在改进产品促销策略和产品设计的过程中，该企业还采用双重差分、生存分析等计量模型分析策略改进对用户购买和流失行为的影响，从而验证或完善企业的策略。通过上述方法，企业发现，基于大数据平台的用户行为分析能指导其更好地实施产品研发和营销策略，带来产品销量和用户价值的提升。

4. 深度融合趋势下的大数据用户分析

移动互联网、云计算成为推动电商平台和社交平台大数据生成的重要推手，正在迅速崛起的工业互联网、人工智能将成为企业和社会各平台大数据生成的又一重要力量。在互联网、大数据、人工智能等新一代信息技术与实体经济深度融合趋势下，企业创新更加强调对用户需求的精准把握和预测，产品研发创新和营销创新更加依赖基于大数据平台形成的用户分析结果。因此，做好基于大数据平台的用户需求分析，不仅可以对产品创新模式、企业营销模式变革进行持续迭代改进，而且也可以有效推动企业互联网转型的管理创新（吴瑶等，2017）。

深度融合趋势下的大数据用户分析有两个重要抓手：一是需要对大数据用户

画像特征进行准确把握；二是需要对大数据用户创新知识抽取方法进行综合应用。目前，如何解决好面向中文自然语言的自动知识抽取方法，构建大数据用户分析的知识图谱，成为基于大数据平台用户分析与知识抽取方法需重点探讨的方向之一，如构建针对产品研发创新和营销创新的知识库或语料库，为企业开放式创新行为提供准确的词汇解释，成为构建大数据用户创新知识抽取方法的关键环节。总之，尽管基于大数据平台的用户画像和用户行为分析还存在诸多挑战，但深度融合趋势下的大数据用户分析，将成为企业乃至社会各行业决策管理的重要基础，成为大数据驱动创新时代"以用户为导向"的新型模式，这是全球大数据经济和管理发展的潮流和方向。

二、企业与用户互动创新的社会基础

从技术视角来看，没有现代信息技术或数字技术就没有数字经济，没有数字网络就没有大数据。因此，不少研究将信息技术或数字技术视为数字经济的资源基础，将互联网视为大数据资源的形成环境或基础。这一视角固然合理。然而，工业经济中也存在知识、信息和数据及其管理。数字经济中的知识、信息和数据及其管理为何可以构成驱动因素或作为新生产要素，它们是如何成为驱动因素或生产要素的？对此问题的探索依然有待具体和深入。目前，数据作为新生产要素的研究成果不断涌现，本书侧重从社会行为视角探讨大数据资源的存在基础和条件，由此剖析数字经济的创新模式。

既有案例表明，与非互联网环境相比，互联网环境下产品创新逻辑的变化在于企业与用户互动创新的即时性和随机性。例如，成长品或活性服务体现出数据驱动的供给决策与需求决策之间的自适应调节关系。正如自然生产的产成品是动物最初的劳动对象，物理化学产品构成工业经济的劳动对象那样，以成长品或活性服务为代表的适应性创新产品，构成数字经济的新型劳动对象。肖静华等（2020）提出，产品由成品与成长品构成的数字经济产品二分法，就隐含了数据驱动的供给决策与需求决策之间的自适应调节关系。

例如，如果将以往传统的平面广告称为成品，那么，程序化创意产品则可以称为成长品。后者指数据和人工智能算法驱动的广告创意内容与形式的多样化延展与精准化用户匹配的一种数字化创意产品。这种产品有三个特征：一是基于用户大数据的实时反馈形成创意多样化延展与用户精准化匹配，实现程序化创意与用户互动的高频特征与即时性；二是创意多样化延展与用户精准化匹配依据即时反馈的数据进行复杂、多样、非线性的高频迭代互动与优化；三是难以预测创意多样化延展与用户精准化匹配的实现路径，表现出程序化创意实现过程的复杂性。

因此，如果将成品描述为0，成长品描述为1，那么在0与1之间连续变化的产品状态可以定义为产品适应性创新水平，处于0与1中间状态的产品称为适应性创新产品。这里的适应性是指通过调整系统进而降低脆弱性或增加弹性的自组织、自适应的学习与反馈迭代循环过程。对此，将在第四章中给予详细阐述。

由上述事例可见，程序化创意多样化延展与用户偏好精准化匹配过程的自适应调节关系，不仅独立于后续产品价格体系的信息机制，而且前置于该信息机制，即先有这种自适应匹配关系的存在再有产品价格体系的信息揭示。或者说，虽然这种自适应调节关系会影响到程序化创意产品的市场定价，但产品市场定价的信息与该自适应调节关系不存在直接关联，也就是说，产品的供给与需求自适应调节关系独立于产品的市场价格，主要受产品的大数据资源、人工智能模型、数字平台网络效应等因素的影响，显示出数字技术驱动的市场创新特征。这符合数据驱动的基本特征，即数据在社会行为获得意义的过程中发挥核心作用，并因此引出自动化推理的核心作用[①]。

"我的世界"（minecraft）游戏产品是另一个数字技术驱动的产品供给与需求自适应调节关系独立于其价格信息机制的事例。在这款用户参与内容（UGC）的自由建造沙盒游戏中，平台方、运营方、专业玩家和普通玩家构成四类不同的参与角色。其中，游戏开发平台负责提供底层技术架构和平台，如提供便捷开发工具、开放底层接口、提供完善技术支持等，运营企业负责销售和培育玩家，技术性玩家开发各种模组（MOD）提供给普通玩家使用并收取费用，支持数亿普通玩家广泛参与。从适应性创新产品的角度来看，这款游戏产品具有三个典型特征：一是即时反馈，如技术性玩家与普通玩家之间即时高频互动反馈；二是即时调整，运营企业与技术性玩家、平台方三者间即时调整优化；三是游戏地图的动态增长，形成没有边界、没有结局、没有等级和分数等难以预测的变动方向。这种难以预测发展方向的复杂性，使玩家在游戏中既可以享受探索与创造的无穷乐趣，也给参与者形成获得无限空间的收入预期，如大比例收入分成，每月定期结算等诱惑，从而吸引全球玩家。这种用户参与内容的适应性创新产品与价格体系的关系表明，价格体系不是真实或全部反映市场信息，产品供给与需求匹配的决策也前置，且独立于价格信息机制，主要受数字技术、数据资源和数字平台网络效应等因素的影响。

上述程序化创意广告和"我的世界"游戏产品表明，互联网环境下企业与用

---

①　Pietsch, W.. Aspects of Theory-ladenness in Data-intensive Science［EB/OL］. http://philsciarchive. pitt. edu/10777/1pietsch_data-intensive-science_psa.pdf, 2013.

户互动的适应性创新，是指企业与用户之间基于数据形成的具有即时反馈信息结构、即时调整优化能力、难以预测发展路径的互动创新活动及其行为过程。企业与用户互动的适应性创新正在改变以往企业赖以生存和竞争的资源基础。理论上，企业资源具有价值、稀缺、难以模仿和不可替代四个特征，因而企业的资源和能力具有异质性和难以流动性（Newbert，2007）。同时，企业既可以通过组织创新活动获取内部资源，也可以通过战略联盟等方式形成外部资源（Stieglitz and Heine，2007）。以智能制造为例，数据驱动的智能制造创新通过资源的标准化、流程化、数据化和互联化，从形态、性质、价值和结构四个方面改变了企业原有的资源基础特征。这种改变最明显的特征在于数据成为竞争性资源，使资源基础从独占与难以流动特征部分地转变为共享与流动特征，形成大数据合作资产。对此，将在第五章中给予详细阐述。

三、企业与用户互动的大数据平台

根据从资源到能力的理论逻辑，基于大数据的资源基础将形成数据驱动的组织能力。其中，平台经济是数据驱动的组织能力创新的一个典范，基于数据平台如数据驱动的供应链平台，可以实现资源实时共享、企业协同运作和网络端到端链接的生态化平台供应链创新。这样，平台经济依靠高效的数据采集和传输系统、发达的算力以及功能强大的数据处理算法所支持的数字平台，集成社会生产、分配、交换与消费活动，推动社会生产方式数字化转型，促进社会生产力发展。然而，所有这一切都离不开一种社会行为，即互联网环境下企业与用户互动的适应性创新活动。或者说，互联网环境下企业与用户互动的适应性创新，构成大数据资源的社会基础。因此，从这个视角分析，可以将企业与用户互动的适应性创新视为数字经济区别于工业经济创新的一种新型创新模式。

企业与用户互动的适应性创新活动离不开社会不断涌现的大数据平台。与一般标准的大数据平台相比，企业与用户互动创新大数据平台有两个主要特征：一是体现在企业与用户之间数据交互的高频率和高迭代性；二是大数据平台应用体系上强调实现对产品创新体系与用户互动体系的高度集成。

首先，在互联网、大数据、人工智能等新一代信息技术迅速发展的环境下，企业不断创新原有的产品研发模式。华为、海尔、美的等大型企业建立的全球开放创新平台，韩都衣舍、茵曼等中小企业构建的多种众包创新机制，以及全球各地兴起的创客运动与创客空间等，使企业与用户互动创新成为产品创新的主流方向之一。同时，西门子、波音、通用等企业基于大数据产品研发模拟仿真系统，实现产品研发创新的全项目建模和管理，为创新产品研发模式提供了方向。在上述背景下，将既有的产品研发体系与大数据驱动的企业与用户互动创新体系衔接起来提升创新绩效，成为推动企业与用户互动创新大数据平台迅速发展的动力。因此，企业与用户互动创新大数据平台必然具有数据交互的高频率和高迭代性。

其次，与以往产品数据管理（PDM）、企业资源系统（ERP）、客户关系管理（CRM）、仿真设计平台或呼叫中心（Call-Center）等与产品创新相关的系统相比，支撑企业与用户互动创新的大数据平台需要将产品创新工具与用户互动工具之间进行系统集成。一方面，需要聚焦于为企业产品创新提供创新性应用服务，即大数据驱动的产品创新服务，通过大数据形成的用户画像和用户行为分析为产品创新提供新工具；另一方面，可以为企业与用户互动行为提供更加便捷和普遍的实现方式或应用场景，如移动端的各种便捷的用户创新工具等。

因此，企业与用户互动创新大数据平台在应用层上，需要重点构建大数据平台的产品创新管理体系和用户互动应用体系这两大体系。

大数据平台的产品创新管理体系包括大数据平台、PDM、三维计算机辅助设计（CAD）、仿真设计系统等产品研发端管理系统，也包括 CRM、Call-Center 等用户端管理系统，以及上述两方面的系统集成。其中，PDM 与大数据平台的集成结构，既决定了大数据平台产品创新管理体系的基本结构，也对新产品研发的质量可靠性产生重要影响。但是，类似于 ERP 集成一样，大数据平台也同样面临与企业现有 PDM 或其他管理系统的大集成或分散管理问题。

与嵌入 ERP 或独立系统状态相比，基于大数据平台的 PDM 可以更好地将用户纳入产品创新过程中，使用户数据与设计、工艺、过程控制、交付操作等产品技术过程数据，与计划进度管理、质量管理过程、风险管理过程以及产品体系管理等产品管理过程数据进行实时交互，进而提高新产品研发从供应链端即开始的大数据管理。其交叉复现与分析功能为新品质量管理的精细化操作提供了更好的平台，进而有效提高产品可靠性。一般来说，企业信息化基础不同，采纳大数据的发展阶段不同，会对企业采取何种大数据平台管理策略产生影响。大数据平台对既有产品创新相关系统采取集中式或分散式管理体系，会形成相应类型的产品创新管理体系，进而对产品开发质量与可靠性产生不同影响。

四、大数据平台与企业用户互动适应性创新

企业与用户互动创新大数据平台在重点满足企业产品创新及与用户互动创新要求的基础上，主要在以下四个方面展开应用服务：一是为企业产品研发的各个环节提供互动创新的用户资源和大数据决策资源；二是为社会不断涌现的创客空间、众包平台、其他企业的开放式创新平台，以及社会中个人的创新行为提供互

动用户资源，尤其是与产品创新相关的大数据资源；三是为企业内部制造、供应链、营销、售后技术服务等部门提供互动用户资源及大数据资源；四是为企业与用户互动创新人工智能的发展提供大数据支撑平台，成为企业与用户互动创新协同演化动态能力形成的社会载体之一，促进企业与用户各自的创新动态能力的提升。

企业产品创新一般由创意涌现、产品验证、市场验证、新品主流化验证及新品生命周期管理五个环节组成。其中，创意涌现与产品验证环节组成产品创新第一阶段，也是对产品创新价值与质量成本控制最重要的阶段；市场验证和新品主流化验证环节组成产品创新第二阶段，这个阶段决定了新产品上市后对企业创新活动的实质性回报；新品生命周期管理环节为产品创新的第三阶段，新产品进入成熟、稳定的常态化阶段，逐步被新一代产品所替代。例如，在第一阶段中，企业与用户互动创新大数据平台主要发挥两项作用：①对创意的及时感知和捕捉；②对用户关于新品工艺与功能评论的即时采集与数据挖掘，由此形成知识发现，并迅速对新品进行改进和调整。例如，美的集团下属大数据公司——深圳美云智数科技有限公司的大数据平台发现，有款美的产品经常被个别用户在社交媒体上"吐槽"新产品的"杂音重"，经产品工程师和大数据平台多维度知识抽取分析，也难以确定具体原因。为此，售后服务部门和工程师借助大数据平台将"吐槽"用户进行精准识别后，亲临用户住处进行实地调研，发现问题所在，并迅速进行产品工艺和设计调整，从而解决了用户的使用痛点。又如，在第二阶段中，美云智数大数据平台发现某款产品上市后销售不如预期，经在社交媒体和电商平台上采集竞品大数据后分析，发现美的产品的设计型号和功能方向不符合中国用户的习惯，产品研发部门就此迅速调整。结果，大数据驱动的新品上市后很快占据市场销售的龙头位置。美云智数的大数据驱动创新实践表明，互动创新大数据平台可以为企业产品研发的各个环节提供用户资源和大数据决策资源，进而发挥大数据驱动的创新价值。

互动创新大数据平台的第二个主要应用领域，是为社会不断涌现的创客空间、众包平台、其他企业的开放式创新平台，及社会中个人的创新行为，提供互动用户资源尤其是与产品创新相关的大数据资源。创客运动和创客空间与各种众包创新模式，均代表了互联网环境下用户参与创新的新趋势，为企业与用户互动创新提供了新模式。企业与用户互动创新大数据平台首先需要与企业外部拥有相对集中领先用户的平台进行数据对接与交换，为企业与领先用户的互动创新提供信息交流的环境条件。从创意到产品的创客创新过程包括创意涌现、设计与研发、原型制造、众筹融资与市场验证及产品迭代过程，大数据平台与创客或创客空间的跨平台协同与创新合作，可以有效集成这个过程，从而为企业与领先用户之间的互动创新提供新模式。众包等新产品开发模式亦如此。

互动创新大数据平台的第三个主要应用领域，是为企业内部制造、供应链、营销、售后技术服务等部门提供互动用户资源及大数据资源。在制造领域，尤其是智能制造领域，企业与用户互动创新大数据平台构成智能制造中人工智能的基础，若缺乏这个基础智能制造就无从谈起。例如，姚锡凡等（2017）将大数据分析技术与主动计算相结合，尤其是事件驱动的主动计算，提出主动制造的大数据驱动新型制造模式，强调激励用户参与产品设计，依靠大数据平台实现用户隐性知识的集成。因此，从主动制造的视角来看，互动创新大数据平台为智能制造中的产品创新体系提供大数据基础。在实践中，波音公司、西门子公司、上海通用五菱等企业，先后借助互动创新大数据平台提升产品质量。自2012年以来，索菲亚家居将前端与用户互动创新的数据平台与后端柔性制造系统进行持续集成优化。截至2017年12月底，索菲亚家居将1350多个城市的3000多家终端门店用户需求进行大数据平台管理，实现将用户创意与产品需求与柔性制造系统之间的大数据交互对接，使大数据平台与中国定制家具行业中超过70%的柔性生产线之间进行数据交互、挖掘与迭代。索菲亚智能工厂的运行，显示出互动创新大数据平台对智能制造保持产品质量的强大支持功能。又如，京东、中国宝洁等企业借助与大数据商务智能企业的合作，快速实现与电子商务全价值链用户的精准数据流交互，实现营销中"千人千面"的创新模式。

互动创新大数据平台的第四个主要应用领域，是为企业与用户互动创新人工智能的发展提供大数据支撑平台，成为企业与用户互动创新协同演化动态能力形成的社会载体之一，促进企业与用户各自的创新动态能力的提升。企业与用户互动创新大数据平台不仅可以为企业与用户搭建互动交流的数据平台，而且随着人工智能技术的迅速发展，成为产品创新尤其是责任式创新中创新治理的重要平台后，可以为各行业的责任式创新提供创新伦理与创新责任的第三方精准治理角色。因为互动创新大数据平台拥有企业与用户之间的各种互动交流数据，从而客观上可以提供第三方征信的治理功能。同时，企业与用户互动创新大数据平台的应用发展，一方面促进企业针对用户需求的动态能力的提升，另一方面促进用户针对创新产品需求的动态能力的提升，从而使互动创新大数据平台成为企业与用户协同演化动态能力提升的社会载体，促进企业与用户协同演化动态能力的提升。

总之，随着社会中互动创新大数据平台的应用和普及，企业产品创新模式逐步从借助大数据开展产品创新，即大数据支持的企业与用户互动创新模式，向大数据驱动的企业与用户互动创新模式转型。所谓大数据驱动的企业与用户互动创新，是指互联网环境下形成的大数据构成企业与用户互动创新的原动力，基于此的企业与用户互动行为可以促进企业与用户的创新绩效。在这个转型过程中，互动创新大数据平台的构建与应用发挥不可替代的基础性和技术性作用，尤其是数字经济时代的产品创新离不开对用户参与活动的考察。

如上节所述，互联网等现代信息技术为大数据资源的形成提供了重要的技术基础，互联网环境下企业与用户互动的适应性创新则为大数据资源的形成提供了重要的社会基础，两者结合为数据作为生产要素提供了实现可能性。从这个视角分析，企业与用户互动的适应性创新构成数字经济的创新模式。或者说，数字经济存在多种形式的创新模式，但与工业经济相比，数字时代用户增权和消费需求高度细分，企业与用户互动的适应性创新则构成数字经济的主流创新模式之一。

一般地，适应性是指通过调整系统进而降低脆弱性或增加弹性的自组织、自适应的学习与反馈迭代循环的特性，构成生命体应对外部环境变化的基础。企业与用户互动适应性创新是大数据驱动的企业与用户互动创新特征的一种集中体现，因而企业与用户互动的适应性创新构成数字经济的创新模式。

第二节 企业与用户互动的生产力适应性创新

一、企业用户互动数据与市场信息机制

生产力是具有劳动能力的人与生产资料相结合而形成的改造自然的能力。劳动者或人、生产资料或工具、劳动对象或资源构成生产力三要素。其中，人是生产力的核心要素。效用是偏好的函数，市场上的理性人是约束条件下最大化自身偏好的人。无论是作为生产者还是作为用户参与市场活动，个体都被刻画为约束条件下最大化自身偏好。因此，最大化自身偏好这一目标是相对稳定的还是动态的，会形成不同的适应性生产过程，从而对市场均衡产生不同影响。按照显示偏好理论，现实生活中的偏好要通过人们的行为来推测。人们获得的用户选择数据越多越全面，对其产生这些选择的潜在偏好的估计就越准确。市场价格体系的信息揭示机制也是如此。

一般地，市场供给与需求均衡通过价格体系来调节，价格体系呈现的信息颗粒度及其变动成本影响市场均衡变动及其方向。如果价格决定市场均衡是建立在供给与需求信息集粗颗粒度非对称假定基础上，那么，价格体系信息颗粒度的精细化及其边际变动成本的急剧下降，将有可能改变原有价格体系的调节机制。具体地，当数字技术导致市场供给与需求之间、供给与供给之间、需求与需求之间

的信息集非对称从粗颗粒度转变为精细颗粒度后，价格体系呈现出来的粗颗粒度信息集就难以继续发挥供给与需求唯一调节器的功能。或者说，数字经济的价格体系难以继续发挥像工业经济价格体系那样的唯一市场调节角色，数据或数字平台驱动的供给活动能够从用户数据行为中抽取市场偏好，而不是单纯从价格体系中识别偏好信息，从而形成多元化的动态市场偏好供给决策。

显然，这是一种基于用户细粒度数据的动态市场偏好假定，有别于工业经济中用户粗信息颗粒度的稳定市场偏好假定。在数字经济的某个市场时点上，动态市场偏好假定的一个逻辑延伸结果，是价格体系刻画的供给与需求信息滞后或部分滞后于厂商基于数据驱动的供给与需求均衡的决策行为，使厂商供给与用户需求均衡决策均前置于市场价格体系反映的均衡信息，价格体系甚至可能反映的是厂商或用户前置决策的一种偏离市场局部均衡的信息。在以往的工业经济中，市场竞争是形成高效率价格信息机制的最为关键的因素之一，也是"看不见的手"对生产要素与资源进行重新分配的调节传导机制。然而，市场也存在失灵，需要"看得见的手"进行校正和优化。对这两种信息机制有大量论述，不是本书关注的。在此强调的观点是，在动态市场偏好假定下，大数据驱动的市场决策行为与用户数据化参与市场行为之间的自适应调节，成为有别于以往"看不见的手"或"看得见的手"的第三种市场信息机制。

理解上述基于动态市场偏好假定的第三种市场信息机制，需要进一步探讨数据驱动的供给决策与需求决策之间的自适应调节关系。这种自适应调节驱动数字经济市场信息机制的适应性创新，也构成数字经济生产力适应性创新研究的基本问题。下面，借助两个数据驱动决策的事例讨论，以更好地理解数据驱动的供给决策问题。在这两个事例中，均隐含了稳定市场偏好假定。

一个是某汽车品牌汽车外观设计决策事例。企业领导根据市场直觉经验和个人偏好干预产品外观设计方案，在审查 SUV 样车时提出发动机下护板太丑等类似的外观设计问题。这样，产品外观调整为领导偏好的外观，但新款车型推出市场后销售不理想。尔后，企业基于 70 多个汽车品牌，1 万多家主要网站和 2 万多家经销商网络构建大数据平台，形成对产品品类、市场价格、客户意见、质量口碑、舆情热点和经销商圈等全样本的实施动态分析，发现领导偏好的汽车外观没有错，适合 20 世纪 60~70 年代初出生的 45~55 岁用户偏好，但不符合市场主力消费的泛 "90 后"用户偏好。因此，针对 25~35 岁消费群体，企业提出了 SUV 外观设计理念及方向，据此推出新款车型后销售超出预期。该事例表明，当前企业供给决策不是完全来自市场价格机制。除价格机制提供产品供给决策信息外，数据与数字平台也提供产品供给决策信息，数据驱动的供给决策主要是发现并贴近相对稳定的市场偏好。

另一个是某家电企业电烤箱设计决策事例。企业按照国外电烤箱规格将产品设计为 38 升大容量款，按市场流行方向主打烤牛扒、烤鸡等卖点。然而，产品推出市场在 400 元价位段销售并不理想。对此，企业借助大数据平台分析发现，除产品功能不够丰富外，最主要的问题在于市场主流消费偏好由烤牛扒、烤鸡等消费方向转变为烤蛋糕、烤曲奇等消费方向。对此，企业在 3 个月后开发主打烘焙文化的 32 升电烤箱系列，针对竞争产品定价进行合理定价，新款产品推出市场后反超竞争产品占据销售第一。在这个事例中，市场偏好由烤肉类文化转变为厨房烘焙文化反映出相对稳定特征，数据驱动的供给决策是发现并贴近稳定特征，没有形成数据驱动的供给决策与需求决策之间的自适应调节关系。

从上述两个事例，可以得到两个结论：一是与相对稳定偏好假设不同，数字经济的动态偏好假设认为价格体系揭示的是供给与偏好匹配自适应调整后的信息，而非供给与需求适应的即时信息。能够做到这一点，不是价格体系信息机制本身不适应数字经济时代的要求，而是数字技术形成的数据资源、数字平台及其网络成为供给与需求匹配自适应调节关系的新的信息机制。二是数据和数字平台构成数字经济的新型生产工具，适应性创新产品或活性服务[①]构成数字经济的新型劳动对象，两者的结合构成数字经济的新型生产资料。

二、数字经济的生产力适应性创新

数字经济的生产力适应性创新集中体现在两个方面：一方面，数字经济中人与数据、数字平台相结合形成的组织动态能力或创新能力；另一方面，数字经济中人工智能与数据、数字平台相结合形成的人与人工智能协同的组织动态能力或创新能力。从本质上来看，前一方面的生产力在农业经济或工业经济中也都存在，后一方面的生产力则是数字经济中独有的生产力类型，刻画了数字经济的生产力适应性创新特征。简言之，在数字经济中，具备数字化生存技能的人的活动，特别是人与人工智能协同的活动，数据与数字平台，以及适应性创新产品或活性服务，已经构成了数字经济新动能与稳定运行必不可少的条件。

人与人工智能的适应性协同活动（以下简称人机协同）构成数字经济中最具创新性的生产力要素。社会通过人机协同提升劳动效率、促进组织学习流程优化，

---

① 埃森哲在《2018 年中国企业数字转型指数报告》中提出活性客户关系的概念，指基于用户大数据分析实现个性化推荐和服务，并基于这些客户数据开发数字化产品和服务，同时保持持续的迭代和创新。本书将这类基于用户数据开发数字化服务、基于数字化服务迭代形成新的数字化服务的服务活动称为活性服务。

以及拓展人类认知而提升劳动质量，深刻影响数字经济作为经济增长新动能的质量。例如，借助人工智能识别复杂变量关系的能力，人类从大数据中生成新知识，弥补人的认知局限和算力局限，人工智能成为与人共同学习的劳动主体（Seeber et al.，2020）。这样，数字经济的生产力要素主体不再限于人本身，而是扩展为人与人工智能的双劳动主体。其中，人类为现实劳动主体，人工智能为虚拟劳动主体，人机协同就是现实劳动主体与虚拟劳动主体之间的适应性协同创新活动。目前，尽管人机协同尤其是情感认知计算依然是人工智能领域待解决的一大难题，但可以预计在数字经济发展中，现实主体与虚拟主体通过协同感知、协同认知和协同控制实现双劳动主体优势互补的混合智能活动，从而应对高度动荡与复杂任务的挑战（王艺霖等，2020）。例如，在建筑师与人工智能协同创作模式中，人工智能能够像助理建筑师那样完成建筑师布置的设计任务，并与建筑师形成协同互动的设计合作关系，将"个人"设计模式转变为"类团体"设计模式，从脑力和体力两个方面减轻建筑师的工作压力（孙澄等，2020）。显然，这种协同创作模式会形成对人的行为重塑，与之前计算机辅助设计等工具应用行为之间存在本质区别。

这样，人机协同的生产力进步主要受三类因素的影响：一是受人类传统经验积累与认知演化的影响，如受基于记忆与推理的视觉场景理解的认知学习网络进步的影响；二是受人工智能的类智能水平的影响，如受深度学习效率提升的影响；三是受人机协同质量的影响，如混合智能中人的行为重塑及其带来的综合劳动生产率的提升也会影响人机协同。在人机协同生产力进步的三类主要影响因素中，大数据都是隐藏在其中的最重要的共同生产要素。这从人机协同生产力视角解释了为什么数据是继劳动、资本、土地、知识、技术和管理之后的第七种生产要素。新近的研究表明，数据要素的价值远不仅如此，人与人工智能协同还创造出新的组织学习方式，从而更深刻地变革人类组织的学习模式和认知方式（吴小龙等，2022）。

因此，企业与用户互动的生产力适应性创新特征可以归纳为：互联网环境下企业与用户互动的适应性创新形成大数据资源，数据要素构建出人与人工智能双劳动主体的经济活动，数据和数字平台构成新型生产工具，适应性创新产品或活性服务构成新型劳动对象，两者结合形成新型生产资料。在此基础上，人和人工智能双劳动主体与新型生产资料的适应性协同创新，形成数字经济的生产力适应性创新。这种创新逻辑在企业层面、产业层面和宏观经济层面形成更高的要素协同效率，如在企业层面智能制造形成的规模经济与范围经济一体化融合形成的制造服务化盈利模式，在产业层面新一代信息技术和实体经济深度融合形成的产业融合、产业结构升级与优化，在宏观经济层面经济数字化转型带来的资源配置优化与平台经济重构资源配置方式，都可以从上述生产力适应性创新逻辑的角度给予理论解释。

总之，企业与用户互动的生产力适应性创新具体表现为生产要素数字化形成中的生产力适应性创新，尤其是数据要素构建出人与人工智能双劳动主体的经济活动，数据和数字平台构成新型生产工具，适应性创新产品或活性服务构成新型劳动对象，两者结合形成数字经济的新型生产资料。当数据成为新生产要素，劳动、土地、资本等生产要素数字化，以及数据在各生产要素中发挥桥梁型生产要素作用而形成生产力适应性创新时，经济形态才转变为数字经济。

第三节　企业与用户互动的生产关系与生产方式适应性创新

数字经济的生产关系除以往人在物质资料生产过程中形成的社会关系外，还包含人在数据生产过程中形成的社会关系。具体地，企业与用户互动的生产关系适应性创新体现在以下三个方面：企业与用户互动形成的数据要素分配与再分配机制、劳动主体在数据生产中的地位及数据要素与劳动主体相互关系形成的制度基础。

一、数据要素的分配与再分配

基于生产力的适应性创新，数字经济的生产关系也会形成相应的适应性创新。这种适应性创新首先体现在数据作为生产要素参与分配与再分配的机制创新上。数据并非是数字经济的产物，掌握或拥有数据未必一定可以参与分配与再分配。参与分配与再分配的前提条件，是数据从可能生产要素转变为现实生产要素。其中，企业与用户互动的适应性创新不仅形成大数据资源，而且是大数据资源转变为现实生产要素的关键影响因素。

在不考虑数据所有权或控制权时，数据需要通过与劳动、知识、管理等生产要素相结合形成现实生产要素。其中，数据分析能力是最为关键的劳动要素。数据与劳动相结合不会必然成为现实生产要素，社会为数据与劳动结合提供的技术基础条件对数据是否成为现实生产要素发挥重要调节作用。只有当社会提供良好的技术基础时，数据与劳动相结合才会直接形成现实生产要素，如果社会缺乏良好的技术基础，即使数据与劳动相结合也不会直接成为现实生产要素，需要与组织的知识和管理要素相结合才会成为现实生产要素。因此，数据作为生产要素参与分配与再分配机制，同组织的数据分析能力、组织知识与管理要素相结合的程度，乃至与社会技术基础设施状况紧密相关。在这种情形下，数据要素参与分配与再分配既需要从其产出贡献来综合评价，也需要从数据作为可能生产要素转变为现实生产要素过程的关键相关因素来综合评价，体现出数据要素参与分配与再分配机制的复杂性。这种复杂性通常源于企业与用户互动的适应性创新。

从所有权或控制权角度，数据资源的分配与再分配机制具有多样性，数据产权的确权过程与结果具有外部条件不确定性与内部流程复杂性，需要对数据要素进行分层分类的确权适应性变革，体现出数字经济生产关系的适应性创新特征。同时，在考虑数据所有权或控制权时，不同类型的大数据合作资产参与分配与再分配机制也各不相同（Majchrzak and Malhotra, 2013）。具体地，企业与用户互动形成的大数据合作资产从两个方面促进数字经济生产关系的适应性创新：一方面，大数据合作资产刺激企业与用户的数字连接，促进彼此可以根据对方变化进行实时调整，如通过改变信息结构进而影响创新参与者的资源控制力、分配方式，以及相互间的协调与合作；另一方面，大数据合作者通过提升数字化收敛性激发创造性，增加由企业与用户构成的创新网络的知识和资源的异质性，再通过协同演化提升异质数字化资源的有效整合来促进企业与用户社会关系的适应性创新。

二、劳动主体在数据生产中的地位

区别于工业经济中生产、交换、分配和消费四个基本环节相对清晰的边界，数字经济的运行模式无论是生产或交换，分配或消费都被数据化，使生产、交换、分配和消费环节被标准化与流程化而形成一体化，生产等四个基本环节边界模糊化甚至不存在边界。这样，数字经济中劳动者在生产中的地位实质上被转变为在数据生产中的地位。

按照德国劳动力市场 4.0 的观点，劳动力市场 4.0 是与经济 4.0 或工业 4.0 相匹配的市场形态。在这种市场形态中，数字技术使劳动主体具有更高的灵活性，劳动时间具有虚拟化与分散化特征，组织内部与外部的劳动关系具有灵活性，从而影响数字经济的劳动主体的资质、结构与数量及雇佣关系。可见，数字经济中劳动者在数据生产中的地位随着情境不同、组织不同、管理层级不同而呈现出多样性与可塑性，反映出数字经济中生产关系的适应性创新特征。

与之前的工业技术一样，数字技术也对劳动者在数据生产中的地位产生正负两方面影响。例如，美国信息技术带来高技能劳动者需求上升的同时，低技能劳动力需求也在上升，需求下降的是中等技能劳动力，呈现 U 形分布（Acemoglu and Autor，2011）。由于数字技术属于技能偏向型技术进步，劳动者与数字技术之间的关系既有可能是替代的，也有可能是互补的，取决于劳动者的禀赋与技能或环境条件。研究表明，尽管数字技术增加高技能劳动力的工资和就业，但降低技能劳动力的工资，即数字技术与高技能劳动力之间存在互补性，与低技能劳动力之间存在替代性，如电脑替代打字员、ERP 替代统计员等。或者说，数字技术与抽象劳动之间是互补的，与常规性劳动之间是替代的（Akerman et al.，2015）。例如，机器人的使用会减少就业，每千人中增加一个机器人，就业人口比例会下降 0.18%~0.34%，但机器人并未造成总体就业损失，而是改变就业结构，即机器人虽减少制造业就业，但增加服务业就业（Akerman et al.，2015）。这些证据表明，数字技术的技能偏向型技术进步会诱发社会收入不平等和市场结构的不均衡。

数字技术对社会分工的影响呈现三方面特征：一是数字技术进步对就业同时有负向的抑制效应和正向的创造效应，基于数字技术的自动化降低传统任务的就业，但同时增加新任务的创造而增加就业（Acemoglu and Restrepo，2017）；二是数字技术带来的就业极化现象，对中等水平的就业岗位替代最为严重，高技能与低技能行业的就业岗位增加（Autor，2015）；三是数字技术促进生产过程中资本要素的份额提高，资本报酬增加，但同时加剧社会收入不平等，形成社会收入不平等的马太效应（DeCanio，2016）。

针对数字技术影响劳动者在数据生产中地位的两面性，以及对社会分工影响的两面性，数字经济的生产关系需要适应性创新，以应对数字技术的技能偏向型技术进步形成的互补与替代双重结构的适应性要求。这种生产关系的适应性创新在一定程度上可以缓解以往工业经济中存在的效率与公平相悖关系（谢康等，2021）。

三、数据要素与劳动主体相互关系形成的制度基础

企业与用户互动的适应性创新还影响到数字经济时代的组织运行方式等制度基础，促进数据要素与劳动主体的紧密结合。科层制（Bureaucracy）是在工业经济环境下形成的、由训练有素的专业人员根据一定规则进行管理运作的组织体制，是工业经济中劳动、资本等要素与劳动主体相互关系形成的制度基础，维系着工业经济的运行与发展。在工业经济中，无论是金字塔结构，还是扁平化结构，或项目制结构和事业部制等不同的组织结构形式，其规则、权力、行动内核都是以科层制的理性精神为制度基础，通过效率优先，追求精确性、持续性和统一性与工业化规模经济的要求相适应。

数据要素有别于资本、土地等工业经济要素，劳动主体由单一主体转变为

现实与虚拟双主体。这样，数字经济中数据要素与劳动主体相互关系形成的制度基础，就形成有别于科层制的新型制度基础，在本书第六章中称为网格制（Gridstitution[①]），是指在数字经济环境下形成的、由行动者通过网格化方式进行资源协调和管理运作的组织体制。正如第六章所述，网格制的规则、权力、行动内核具有三个特征，即资源的集中和分散是相对和变动的，使组织流程、制度与形式具有很强的灵活性而适应环境的高度动荡，组织多层次规则异构性和多主体决策自主性，以及前端多主体与后端大平台资源协同形成多元化创新。从工业经济的科层制向数字经济的网格制与科层制融合的制度变迁，构成数字经济中数据要素与劳动主体相互关系形成的制度基础。

数字经济的网格制可以独立存在，但更多的会与科层制相互融合而存在。它不仅限于企业的组织制度中，而且存在于产业乃至社会组织活动中，甚至可以将数字经济中的社会视为一种复杂庞大的网格制。用户在数据生产中的地位，人工智能在数据生产中的地位，用户及其隐私权在数据要素分配与再分配中的地位等等，都受到网格制这种隐秩序的影响甚至支配。实际运行中网格制需要更多地与科层制相结合，方能更高效地成为数字经济的制度基础。数字经济依然需要依靠科层制的理性精神、流程和规则来保障组织集体行动与个体行为的效率，同时需要依靠网格制的异构规则与自主决策精神来提高组织集体行动与个体行为的灵活性。数字经济的分层模块化社会结构，既保障了网格制嵌入科层制来提高组织刚性中的灵活性，也保障了科层制嵌入网格制来提高组织柔性中的效率，两者的相互嵌合随环境与条件不同而呈现出不同的嵌合结构，使数字经济与工业经济的刚性相比多了灵活性，与工业经济柔性化的效率相比又提高了效率。

综上所述，数字经济的生产关系适应性创新特征可以归纳为：互联网环境下企业与用户互动的适应性创新形成大数据资源，数据要素不仅具有数字经济的新生产力价值，而且数据要素的分配与再分配机制构建数字经济的生产关系，形成数字经济生产关系适应性创新的基础。数字经济中的生产、交换、分配和消费四个基本环节的数据化，为刻画社会行动者行为的标准化、程序化与自动化提供了技术条件和信息基础，形成高度联通社会的资源重组（江小涓，2017）。其中，人与人工智能的双劳动主体在数据生产中协同，构建起现实劳动与虚拟劳动结合的混合智能劳动。数字技术的技能偏向型技术进步带来的混合智能劳动，既会对人的现实劳动产生部分替代，又会对人的现实劳动形成部分互补而呈现出复杂易变性，这取决于劳动者禀赋与技能、技术应用场景、劳动情境和社会基础设施等

---

① 网格制（Gridstitution）是网格（grid）与制度（institution）的一个组合词。

多种内外部因素。因此，数字经济的生产关系也呈现出高度的适应性创新特征。同时，这种特征决定着数据要素与劳动主体相互关系形成的制度基础，需要从工业经济的科层制转变为数字经济的网格制与科层制相结合的制度。

总之，企业与用户互动的生产关系适应性创新具体表现为人与人工智能双劳动主体在数据生产中的协同，构建起现实劳动与虚拟劳动结合的混合智能劳动，使数字经济的生产关系呈现出适应性创新特征，网格制与科层制的结合成为数字经济的制度基础。在该制度基础上，当企业与用户互动的生产关系适应性创新不是单纯地由技术、知识和管理等要素驱动，而是转变为数据驱动时，经济形态才转变为数字经济。

数字经济生产力适应性创新

第三章

企业与用户互动的要素适应性创新 *

数据要素化是数据资源转变为经济增长重要推动因素的关键，但数据资源不会自动变成生产要素，需要与大数据分析等劳动要素相结合才会从可能生产要素转变为现实生产要素，因此，数据要素化过程的特征、规律与配置效率构成数字经济创新模式的内在基础。本章主要从数据要素化过程机制的特征、数据要素化过程机制的规律及其对资源配置效率的影响三方面进行探讨。

第一节　数据要素化的机制特征与规律

一、数据资源、生产要素与数据要素

对于数据而言，其本身不会自发地产生价值。从信息处理的视角来看，只有当大数据具备噪声低、分布准确、可用范围广泛的特征时，企业才可以利用大数据分析工具洞察商业机会，将数据提炼为知识而用于决策（Chen et al.，2015），如企业与用户互动形成大数据来进行产品研发决策（肖静华等，2018）。就是说，只有企业基于大数据形成描述性、预测性、规范性等商业洞察，才能真正实现价值创造和绩效改善。这种融入大数据的生产过程，就是大数据从可能的生产要素成为现实生产要素的过程。简言之，大数据资源不能单独成为现实生产要素，这在企业层面表现为大数据资源不会单独对企业绩效产生影响。

在企业层面，大数据驱动管理创新研究形成三个共识：一是大数据构成数字经济时代的一种企业竞争资源，这种资源具有提升企业动态能力的作用，如强调数据赋能的概念（罗仲伟等，2017），即通过技术、技能等方式提升主体能力，实现价值创造，后续研究进一步拓展并提出具有模式颠覆、关键能力变革乃

* 本章主要以谢康、夏正豪、肖静华"大数据成为现实生产要素的企业实现机制：产品创新视角"（《中国工业经济》2020 年第 5 期）为基础，结合谢康、易法敏、古飞婷"大数据驱动的农业数字化转型与创新"（《农业经济问题》2022 年第 5 期）部分内容改写而成。

至新竞争范式的数据使能概念（陈剑等，2020）；二是大数据资源基础提升组织学习能力，如企业通过大数据处理与分析来提高探索式与利用式组织学习的能力（Ghasemahaei and Calic，2019，2020）；三是大数据创造价值需要组织的关键结构与能力进行适应、调整与更新，避免组织原有流程和业务模式形成惯性阻碍大数据分析对管理决策的影响（Baesens et al.，2016）。

马歇尔（Marshall）将生产要素定义为维系国民经济运行及市场主体生产经营过程中所必须具备的基本社会资源，其最主要的特征在于为经济发展系统提供基础与动力来源。在农业经济时代，劳动与土地被归结为生产要素。第一次工业革命后，资本在生产中的作用逐渐强化并被纳入生产要素范畴。同时，随着企业所有权与经营权的分离、新技术对市场格局的持续冲击、专业分工的细化，管理、技术和知识逐步成为生产要素。后续由于大型存储设备、运算单元与算法等软硬件的快速发展，企业在进行商务活动的过程中出现的大量结构化、半结构化与非结构化数据被记录下来，又成为当今数字经济时代的"新石油"。例如，通过及时处理世界各地准确的个人位置信息，企业每年可获得 6000 亿美元的潜在价值。考虑到数据本身的资源特性，以及在生产活动中拥有的潜能，将数据视作生产要素之一具有时代的必然性和现实的可能性。

生产要素的加工至少包括人、物及其结合。其作为一种可能的生产能力，需要投入生产过程才能形成最终有价值的产出。因此，生产要素的加工路径是影响产出价值的关键因素（Yenokyan et al.,2014）。既有研究对劳动、资本、土地、知识、技术和管理的价值实现路径进行了论证和检验，如柯布—道格拉斯生产函数、知识管理和内生经济增长模型等。与劳动、资本、土地、知识、技术和管理一样，当数据与生产资料分离时，它们只是可能的生产要素。要成为现实生产要素，数据必须与劳动、技术和管理等相结合。考虑到生产要素参与收入分配是在初次分配领域的企业中进行（洪银兴，2015），且企业作为生产主体，持续经营的根本在于通过独立且难以复制的某种生产要素组合与加工方式实现价值创造，尤其在创新领域，出于追求垄断利润而形成的创新动力，企业成为利用已有知识将不同生产要素以新的规则和步骤进行组合的行为主体。

生产要素不仅需要具备价值创造潜力，而且需要与生产资料相结合，即生产要素的价值实现或提升需要投入生产过程。据此，使用企业实现机制的概念来定义大数据与其他管理要素相结合形成价值创造的实现过程。企业实现机制的概念不限于大数据分析能力、信息运用能力和主体间的信息连接能力这一狭义范畴，还包括大数据资源、大数据分析、组织变革与创新绩效之间的联系。目前，大数据资源、大数据分析、组织变革与产品创新绩效之间的联系成为企业管理理论的前沿课题，数据作为新生产要素的实现路径也成为经济学视角的热点问题，探讨大数据成为现实生产要素的企业实现机制，可以将生产要素理论与企业大数据实践衔接起来，推动数字经济的新生产要素研究。

选择从产品创新视角阐述大数据成为现实生产要素的企业实现机制，体现在以下两个方面：一是从实现过程来看，产品创新是企业活动中各种生产要素最具集成特征的一环，具有代表性（肖静华等，2018）；二是从绩效角度来看，产品创新绩效对企业长期绩效有稳定贡献（张婧和段艳玲，2010），且考察企业整体绩效不可避免地会受到经济环境、政策情况等难以控制的一系列因素影响。因此，以产品创新为视角切入问题，既可聚焦研究目标又不失代表性。

尽管现有研究已充分论证了企业应用大数据将获得的潜在益处，但大量公司仍无法通过使用大数据提高其创新绩效（Ghasemaghaei and Calic，2019），超过60%的企业大数据项目无法跨越实验与融合阶段并最终被放弃。大数据资源的潜在价值与客观实践相矛盾的现状，表明大数据从可能的生产要素成为现实生产要素的企业实现机制，在产品创新领域属于亟待解决的重要理论问题。

二、大数据成为现实生产要素的假设

1. 大数据资源、大数据分析与产品创新绩效

资源是组织内非特定的资产，企业往往需要通过不同资源和机制的组合将其转化为产品或服务（Raphael et al.，1993）。大数据资源是指大数据情境下帮助企业持续运作的要素组合统称。企业构建的大数据资源一般包含相应的财务配置、物理硬件、数据内容和人力资源四个方面，大数据资源的建立意味着企业具备处理拥有 4V 特征的大数据基本条件（陈剑等，2020），在此基础上可以形成基础数据资源。这类资源通过挖掘、精练与解读形成有价值信息过程可被定义为大数据分析（Ross et al.，2013），评价标准包含信息提炼质量以及组织成员在日常业务流程中使用大数据进行决策的程度。可见，企业的大数据资源基础作为硬件背景，在一定程度上影响着大数据分析的质量。因此，提出以下验证性假设：

H1：大数据资源对大数据分析具有正向影响。

此外，大数据资源被广泛认为是改变企业产品创新方式、获得竞争优势的关键。部分研究揭示了大数据资源改变企业产品研发方式的现状，即企业投入大量资源，广泛且大量地收集数据以期超越竞争对手（Marshall et al.，2015）。理想情况下，由于大数据可以帮助获得和使用市场中更多的信息来满足用户需求，因此大数据资源的构筑可以直接产生资源红利提升企业的产品创新绩效（Zhang et al.，2017）。因此，提出以下验证性假设：

H2：大数据资源对产品创新绩效具有正向影响。

然而，并非所有企业都能从大数据投资中获益。即使企业拥有大数据资源，当企业缺乏大数据应用意识及相应的组织流程时，数据形成的分析结果仅能作为管理者决策的辅助参考，真正的决定性因素仍依赖管理者的经验和观点（McAfee and Brynjolfsson，2012）。现有研究也表明，当企业具备良好的大数据分析能力时，才有可能通过关联性发现形成描述性洞察助力业务价值挖掘、通过预测性洞察做出趋势判断、通过规范性洞察形成行动路线规划，降低用户需求不确定性、产品供给不确定性和竞争对手不确定性来提高产品创新绩效（Ghasemaghaei and Calic，2019）。因此，提出以下验证性假设：

H3：大数据分析对产品创新绩效具有正向影响。

承接上述验证性假设 H1、假设 H2 与假设 H3 提出的大数据资源分别对大数据分析与产品创新绩效具有正向影响，以及大数据分析对产品创新具有正向影响，当企业构建并完善大数据资源基础、形成信息与知识搜索空间拓展时，其通过多维度、多样化数据实现关联性发现并助力业务价值挖掘、趋势判断与行动路线规划的能力也将得到提升（Ghasemaghaei and Calic，2019）。例如，市场实验是一个公司创新的基本学习机制，过往的新产品开发需要大量实验来测试市场和技术问题，当大数据分析人员通过内外部的数据收集、关联、分析，形成对现有产品市场状态更全面、更实时的理解（Sivarajah et al.，2017），再运用机器学习、统计模型等方式预测未来趋势并推导最优行动路线规划后，一方面可降低部分曾经新产品试投放所需的资金与时间成本，另一方面也可从多方反馈中收获计划外的商机，即大数据资源通过大数据分析产生的商业洞察会对产品创新绩效产生正向影响。因此，提出第一个拓展性假设：

H4：大数据分析在大数据资源与产品创新绩效之间发挥中介作用。

2. 大数据分析、组织学习和组织惯例更新路径

大数据分析不仅强化企业的信息处理能力、提升管理者对市场的洞察能力，而且影响到组织学习的方式，乃至组织惯例的更新。组织学习有探索与利用、内部与外部等多种分类，依照 Rerup 和 Feldman（2011）的研究逻辑，重点关注大数据分析对试错式学习（experimental learning）与获得式学习（acquisitive learning）的影响。主要原因在于以下两个方面：一方面，环境的高动荡性对企业进行趋势研判带来更大挑战，尤其在产品创新层面，产品更新周期的缩短与方式的多样化共同催生的适应性创新（Sele and Grand，2016），越发强调企业应对高动荡环境所需的动态能力。另一方面，员工、客户与用户等企业创新参与方的增多而形成的开放式创新体系（李海舰等，2014），企业在扩展现有知识的搜索空间与能力，实现多样化重组形成创新的同时，也会伴随探索与利用活动的交叉进行（Wu et al.,2019）。企业倾向于通过多渠道、多维度的数据反馈,采取快速迭代、持续调整的策略形成适应性学习，这一过程难以严格区分是探索还是利用。为更贴合大数据时代特征并保持数据的有效性，选择试错式与获得式的学习分类，以刻画更能反映大数据时代组织所需的实验、反馈、调整与泛化等学习特征。

试错式学习强调企业利用现有的组织内部知识，通过快速实验迭代、成员间知识共享等方式实现新知识创造，最终形成组织能力上的精练、转换、扩展和更新（Zhao et al., 2011）。例如，企业通过建立内部知识管理系统等平台，在促进私有知识共享的同时也产生大量供内部分析用的行为数据，两者共同构成内部可实现的知识挖掘。试错式学习被认为是企业产品创新的起点之一，大数据分析提供的数据层面的洞察有助于企业更好地进行组织内部的试错式学习。

获得式学习是企业根据其他组织的行为而调整、改变甚至替换自身行为的学习过程，突出描述组织从外部获取知识并内化的能力（杨桂菊和李斌，2015）。其中，获得式学习的内容既可来源于竞争对手，也可来自其他行业组织或政府。例如，美的集团的大数据子公司美云智数长期采集不同行业的市场大数据，为用户提供外部大数据分析服务，使用户通过获得式学习取得较明显的绩效。因此，提出以下验证性假设：

H5a：大数据分析对试错式学习具有正向影响。

H5b：大数据分析对获得式学习具有正向影响。

组织学习过程与组织惯例更新的过程密切相关，或组织惯例更新起步于组织学习（Cohen et al., 1989），组织学习和知识的传递被融合在惯例复制与变异的过程中。Rerup 和 Feldman（2011）研究了试错式学习与新惯例制定方式之间的联系。随着企业内部持续进行的实验、试错等探索行为，各式信息被记录并存储为组织记忆，当信息得以流动、整合并在组织内部社会化为共有知识时，组织解释图式得以更新，从而帮助组织形成适应现实环境的组织惯例更新。与试错式学习相对应的，获得式学习可以促进重复、异质性知识传播，结合外部组织事项的可见性、时效性，以及事项中嵌入的信息数量与质量，组织可对外部信息和知识进行处理、内化，并修正内部知识系统，使其嵌入或融入个体、技术、结构与惯例中（杨桂菊和李斌，2015）。企业通过观察和模仿习得的有效的生产与管理技巧和技能,促进企业为更好适应环境而发生惯例更新。因此,提出以下验证性假设：

H6a：试错式学习对组织惯例更新具有正向影响。

H6b：获得式学习对组织惯例更新具有正向影响。

一般而言，组织惯例是多个主体共同实施的重复的、可识别的、互相依赖的行动规则与模式。由于外部环境、内部知识创新等动态性的介入，引发组织惯例适应性变革而出现更新。因此，组织惯例更新表现为组织主动、快速地进行搜寻、识别以适应环境。惯例更新的速率与新技术引入、市场变化等外部环境息息相关。这种现象在企业利用大数据进行产品创新的过程中表现得更为明显（Chen et al.，2015）。动态能力更强、环境适应程度更高的企业更能促进产品创新绩效（Brynjolfsson et al.，2016）。因此，提出以下验证性假设：

H7：组织惯例更新对产品创新绩效具有正向影响。

结合假设 H1、假设 H4、假设 H5、假设 H6 所预测的关系，可以认为，企业配置的一系列大数据资源，构成其应对大数据环境所需的基础。基础的构建情况可以影响企业在大数据环境中的信息提炼质量与数据参与决策程度，包括由实时、大量的数据分析提供关于顾客、市场、竞争对手和新产品的洞察，减少与对应绩效间的模糊因果关系，提高资源利用效率，形成创新能力基础（Ghasemaghaei and Calic，2020）。企业在拥有了大数据分析能力的基础上，一方面，可以促进组织通过内、外部的知识获取，达成组织能力上的精练、转换、扩展与更新；另一方面，组织学习也将作为流程变革、惯例更新的先导与基础。组织惯例更新通过动态地将组织学习过程提供的有效行动固化为组织记忆或特有流程，使企业真正具备适应外部快速变化的环境的能力。事实上，一个有价值的大数据分析需要进行组织嵌入以实现其价值，即技术更新与惯例更新两者之间需要相互匹配才能实现绩效提升。在组织惯例变革过程中，产品研发决策制定者从直觉、经验和基于内部垂直数据的管理模式转变为相信种类更多、来源更广，甚至对固有经验形成冲击的数据驱动的决策制定（Pang and Dong，2018），即企业需要从探索性使用逐步演化成一个更加制度化的使用方式。上述描述表明，对企业而言，大数据分析在商业洞察层面产生的冲击与创造的潜在价值需要通过组织内部的传导机制才能在绩效提升上得以实现。也就是说，企业构建的大数据资源，在形成分析能力的基础上，将通过促进两类组织学习并形成更适应大数据新环境的惯例更新，实现企业能力的提升以改善创新绩效。因此，提出第二个拓展性假设：

H8：大数据分析、组织学习与惯例更新在大数据资源与产品创新绩效之间存在链式中介效应。

行业竞争压力与企业所在行业的 IT 使用强度均会影响企业的管理与流程变革。Basole 等（2013）通过回顾 1977~2008 年的有关企业 IT 技术创新与变革相关的研究发现，行业竞争压力是触发企业进行信息技术乃至组织流程层面变革的重要因素。当外部竞争压力较低时，企业即使在主观意识上主动构筑新技术资源，仍可能因缺乏变革动力而降低新技术的使用以及维持原有组织惯例流程。具体而言，由于大数据分析本质上是一种知识资源的创造、获取与利用，当面临高竞争压力时，企业将寻求通过商业洞察乃至知识创造来减少不确定性，而这一过程的进行，也将促进企业通过内、外部的组织学习方式形成组织能力，进而建立新的知识创造惯例，最终在战略层面提升决策制定效率。因此，提出第三个拓展性假设：

H9：竞争压力通过促进大数据分析对组织学习的正向影响，进而调节组织学习和组织惯例更新在大数据资源与产品创新绩效间的链式中介作用。

随着大数据应用的技术门槛降低及其价值创造得到普遍认可，大量企业已逐步建成大数据资源基础（Akter，2016），但结合互补资产逻辑，Oliver 等（2018）认为，不同企业在原本 IT 使用强度上的差异，使它们的起点不尽相同。从业务价值角度来看，IT 对不同行业带来的绩效影响存在明显差异。例如，与其他行业相比，IT 生产与 IT 密集型行业拥有更高的 IT 相关生产收益率。2017 年经济与商业研究中心（CEBR）对大数据分析能力的研究指出，考虑到部分行业的业务价值实现特征，IT 使用强度是企业采用大数据分析提高其生产率的重要调节因素。部分企业即使在大数据资源的基础上培育出大数据分析能力，但由于已知的数据洞察与业务价值间无法建立有效联系，此时的数据分析洞见也无法改善绩效。因此推断，企业 IT 使用强度较低、IT 资产可补充性较低、基础数据分析应用较少的行业，从大数据分析中获得创新价值的难度也较高。上述差异可通过多群组回归分析[①]进行验证，基于此，提出第四个拓展性假设：

H10：与 IT 使用强度高的行业相比，IT 使用强度低的行业不具有从大数据分析到产品创新绩效的直接效应。

综上所述，本书将企业大数据资源至产品创新绩效之间的中介路径，总结为大数据分析、组织学习和组织惯例更新三个部分，提出如图 3-1 所示的大数据成为现实生产要素的企业实现机制研究模型，以此刻画数据作为桥梁型新生产要素的主要特征。该模型的具体情境有两个：一是假定企业已经拥有大数据资源，且具备大数据分析能力；二是企业能力由大数据分析、组织学习和组织惯例更新三个主要子能力构成，且大数据分析能力对组织学习产生影响。需要指出的是，组织学习提升大数据分析能力是另一种研究的情境。

---

①　对于 IT 使用强度这一构念，考虑解释变量为连续变量，企业的行业特征为分类变量的现实，本节采用多群组回归分析，因此并未在结构方程图上具体呈现构念的箭头指向（温忠麟等，2006）。通过在回归模型中加入 0、1 虚拟变量调节两组 IT 使用强度，显示从大数据分析到产品创新绩效路径的两种不同情况。

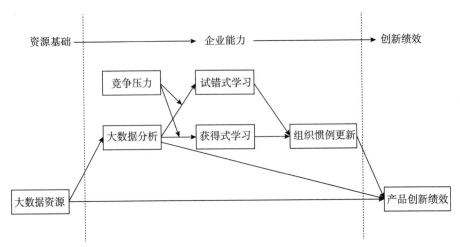

图 3-1 大数据成为现实生产要素的企业实现机制研究模型

第二节 数据要素化机制的实证检验

一、研究设计

1. 数据收集与样本特征

本节主要采用企业问卷调查结合国泰安数据库收集数据并进行实证分析，调研范围主要在珠江三角洲地区。为确保数据的完整性与可靠性，主要通过商学院的 EMBA 课堂与 MBA 课堂发放问卷调查。

在问卷调查统计之前，邀请三位大数据领域资深专家与从业人员对测量题项的合理性、用词准确性和研究变量关联性进行意见征询，随后将所修订问卷进行小范围预测试，选取广州市与厦门市某两所 985 高校 EMBA 课堂 101 位学员作为受访者，要求其在填写过程中提出对题项的主观意见。随后对 101 位学员的测试问卷的数据进行小样本因子分析，在此基础上对问卷题项的表达进行微调，进而形成后期正式投放使用的调查问卷。2019 年 9 月 21 日至 10 月 30 日，在广州、山东、北京、重庆、厦门等多个地区的高校 EMBA、MBA 群体及企业商会发放正式问卷 531 份，并得到 476 份有效填写的问卷，回收率达 89.6%，剔除被调查对象的职位为基层员工、被调查企业与大数据相关员工比例为 0、填写问卷时间过短、所属企业重复等无效问卷，最终获得了 374 份有效企业样本数据（见表 3-1）。

表3-1　样本企业的描述性统计分析

类别	分类	数量	类别	分类	数量
企业所在行业类别	制造业	135	大数据相关工作的员工比例	小于1%	70
	批发与零售业	17		1%~5%	199
	交通运输业	6		大于5%	105
	住宿餐饮	10		合计	374
	互联网与信息技术服务业	110	企业成立年限（年）	小于1年	9
	金融业	39		1~3	49
	房地产业	23		4~10	127
	租赁与商业服务业	14		大于10	189
	文化体育娱乐业	7		合计	374
	其他	13	销售收入（亿元）	小于1	109
	合计	374		1~10	112
上市公司	是	113		11~100	70
	不是	261		101~400	28
	合计	374		401~800	19
所有制性质	央企	24		大于800	36
	地方国有企业	31		合计	374
	民营企业	224	近三年企业员工的平均数量（人）	小于50	82
	合资企业	27		50~100	61
	外商独资企业	55		101~500	72
	其他	13		501~2000	64
	合计	374		2001~5000	37
				大于5000	58
				合计	374

　　问卷采用Likert五标度打分法,填写者需要在"非常不认同"至"完全认同"的五个区分维度间做选择。问卷收集后,首先对测量题项的均值、标准差、偏度与峰度进行统计分析,发现样本的偏度与峰度符合分布要求,初步认定本研究收集的数据样本适合进行后续分析。

2. 变量测量工具

本研究问卷使用的题项均来自国内外文献的成熟量表。为保证量表质量，做了以下两项工作：一是对文章采用的英文量表执行翻译—回译程序，并成立专题小组对问卷进行修订，尽可能避免语义模糊或歧义；二是在预测试过程中通过访谈和调研对部分题项进行修改和完善，使题项表述尽可能符合被测试对象的实际情况与理解方式。其中，大数据资源包括人力资源、数据资源、财务资源、物理资源四个方面，参考 Gupta 和 George（2016）等文献，设计四个题项。大数据分析借鉴 Chen 等（2015）的研究，包括产品需求获取阶段、产品设计阶段、产品测试阶段等，设计五个题项。试错式学习主要参考 Rerup 和 Feldman（2011）等量表，包括迭代方式、迭代策略、迭代决策与迭代效率等四个方面。获得式学习主要参考 Zhao 等（2011）等量表，包括从外部同行业或跨行业的知识获取等。组织惯例更新则借鉴王永伟等（2012）的研究，设计五个题项。产品创新绩效的测量参考 Foss 等（2011）的研究，设计四个题项。

采用 Herfindahl-Hirschman 指数（HHI）对行业的竞争力进行分类，以衡量企业所在行业的规模集中度，从客观数据角度刻画企业的竞争压力。具体操作如下：在 374 家企业样本数据中，利用国泰安数据库找出对应样本内上市公司 2018 年 HHI。对于非上市公司，以问卷中设计的题项初步分类企业所属行业。考虑到问卷填写可能存在的疏漏或偏差，在整理数据时通过企查查和天眼查明确企业主营业务进行行业分类，确定全体样本的同年份 HHI[①]。在行业 IT 使用强度分类上，根据 Stiroh（2001）标准，将电子设备等 IT 生产，互联网、金融服务等 IT 密集型行业归为 IT 使用强度高行业，传统制造业、建筑行业等归为 IT 使用强度低行业。此外，企业所有制性质、所属行业等因素，在既有研究中曾表现出对产品创新绩效的影响，为尽可能排除非关注因素对结果的干扰，选取五个可能对产品创新绩效产生影响的变量作为控制变量。

3. 问卷的信效度检验

首先进行 Harman 单因素试验以判定是否存在共同方法偏差。结果表明，未旋转的第一个主成分解释量为 32.783%，低于已有研究建议的门槛值 50%，表示不存在单一因子解释所测变量大部分方差的问题。根据验证性因果分析结果，单

---

① HHI 以细分行业为分类标准，测度每一单一市场的市场集中度指标。在测度方法上，为逼近真实的市场竞争环境，期望尽可能还原每个样本中企业对应的细分行业。然而，由于受限于数据的可获取性，本节难以从数据库中获取变量的全样本数据，虽然这不会改变实证结果的总体结论，但会影响模型对现实的逼近程度，这是未来需要改进的。

因子模型数据拟合效果（χ^2/df=7.608>3；RMSEA=0.108>0.08；TLI=0.808<0.9；CFI=0.811<0.9）显著不及后续构建的五因子模型（χ^2/df=2.118<3；RMSEA=0.054<0.08；TLI=0.938>0.9；CFI=0.944>0.9）。为避免单因素检验方法的拟合对比偏差，也采用双因子模型检验（顾红磊和温忠麟，2014），结果显示模型拟合指标未明显提高（χ^2/df=3.8833；RMSEA=0.072；TLI=0.898；CFI=0.904）。以上检验结果表明，共同方法偏差程度处于可接受水平，不会对研究结果产生实质影响（高天茹和贺爱忠，2019）。

量表的信效度检验如表3-2所示。量表的内部一致性系数均超过0.7，表明量表有较好的信度。在变量的区分效度上，对大数据资源、大数据分析、组织学习与组织惯例更新、产品创新绩效的五因子模型进行验证性因子分析，均达到相应的数据构成要求（载荷值>0.5，CR>0.7，AVE>0.5）。对量表进行探索性因子分析，得到KMO值为0.94大于0.7，说明数据具有良好的相关性。研究涉及的各个变量的平均提炼方差的平方根均大于该变量与其他变量的相关系数，表明测量具有较好的辨别效度。

表3-2　验证性因子分析（N=374）

因子	测量题项	载荷	AVE	CR
大数据资源 Cronbach α=0.92	1. 公司已获取足够内外部数据资源支持产品研发	0.88	0.79	0.94
	2. 公司已招聘足够大数据分析技能人才支持产品研发	0.91		
	3. 公司已获得足够的大数据分析技术设备支持产品研发	0.90		
	4. 公司大数据分析部门已经获得足够的资金支持	0.91		
大数据分析 Cronbach α=0.92	1. 公司能对大数据进行处理从而得到高质量信息	0.85	0.76	0.94
	2. 公司常使用大数据分析了解顾客潜在产品需求	0.89		
	3. 公司常使用大数据分析了解竞争对手新产品销售情况	0.87		
	4. 公司常使用大数据分析辅助新产品设计	0.91		
	5. 公司大数据分析经理知道如何配合产品研发部门工作	0.85		
试错式学习 Cronbach α=0.84	1. 公司鼓励员工在新产品研发过程中尝试新的工作方法	0.81	0.68	0.89
	2. 公司经常复盘和反思新产品销售情况并提出改进思路	0.82		
	3. 公司新产品研发经验可以在相关部门迅速分享	0.86		
	4. 公司员工可以根据自身经验参与新产品研发决策制定	0.80		

因子	测量题项	载荷	AVE	CR
获得式学习 Cronbach α=0.80	1. 公司非常关注行业中"标杆"企业的新产品研发活动	0.80	0.63	0.87
	2. 公司常与外部同行交流获得新产品研发的知识和经验	0.81		
	3. 公司在新产品研发流程变革实施过程为员工提供指导	0.75		
	4. 公司经常为员工提供新产品研发相关的专业性训练（邀请课程培训、讲座、购买书籍）	0.81		
组织惯例更新 Cronbach α=0.93	1. 公司鼓励员工定期提交新产品研发流程修改相关建议	0.81	0.72	0.94
	2. 公司很快采纳员工提出的新产品研发流程改进建议	0.83		
	3. 公司会定期评估正运行的新产品研发流程效率	0.87		
	4. 公司经常主动进行新产品研发流程变革	0.88		
	5. 公司会对新产品研发流程变革后的实施效果进行评估	0.84		
产品创新绩效 Cronbach α=0.87	1. 与行业平均水平相比，公司新产品推出市场速度更快	0.86	0.71	0.91
	2. 与行业平均水平相比，公司新产品成功率更高	0.88		
	3. 与行业平均水平相比，公司新产品占有率更高	0.84		
	4. 与行业平均水平相比，公司新产品利润率更高	0.79		

4. 变量统计分析

根据表 3-3 可知，结合构念测量题项数，由均值占总分的比率可以发现，大数据资源、大数据分析、试错式学习、获得式学习和组织惯例更新这五个主要测量构念的得分率分别为 59%、64%、69%、73% 和 68%，意味着大部分受调企业认同大数据分析能力、组织学习与惯例更新对产品创新绩效有积极影响，侧面佐证了企业对大数据价值的认可。统计结果与预期基本相符。在相关性分析方面，大数据分析的构念与试错式学习和获得式学习均为显著正相关关系，这两类组织学习又与组织惯例更新显示出较强的正相关关系，初步支持研究假设 H4、假设 H5 和假设 H6。此外，行业竞争压力与大数据分析、组织学习等构念存在显著相关性，相关系数分别为 0.57、0.46 和 0.37 [1]，说明行业竞争压力可能对企业的大数据应用动力、嵌入组织的紧密度乃至产品创新等多个层面产生不容忽视的影响。

---

① 对 HHI 进行了取倒数处理，即此时 HHI 数值越高，行业竞争压力越大。

表 3-3　主要变量的描述性统计与相关系数分析（N=374）

	均值	标准差	大数据资源	大数据分析	试错式学习	获得式学习	组织惯例更新	创新绩效	行业竞争
资源	2.95	0.97	1						
分析	3.18	0.97	0.49***	1					
试错式	3.44	0.81	0.22**	0.54***	1				
获得式	3.64	0.78	0.25**	0.48***	0.69***	1			
惯例	3.38	0.87	0.26**	0.64***	0.62***	0.66***	1		
创新	3.25	0.83	0.34***	0.56***	0.61***	0.60***	0.65***	1	
竞争	1550	1322	0.343***	0.57***	0.46***	0.37***	0.54***	0.40***	1

注：N=374；**、*** 分别表示 1%、0.1% 显著性水平。

为获得更为稳健的检验证据，需进行链式中介检验。选用 SPSS 和 STATA 15 软件进行结构方程建模与统计分析。随后运用 bootstrap 链式中介检验考察大数据分析、组织学习和组织惯例更新这三个构念的中介作用。最后，运用潜调节结构方程模型法和有调节的链式中介模型算法进行竞争压力的调节效应检验。此外，由于行业 IT 使用强度变量属于分类变量，可以通过分组回归检验差异。

二、实证检验与结果分析

1. 链式中介模型检验

通过 SEM 方法分别构建测量模型（模型 A）、替代模型（模型 B）、基础模型（模型 C）、嵌套模型 1、2（模型 D 和模型 E）进行对比。其中，在模型 A 中，未提前预设估计路径；模型 B 中不存在中介效应，即大数据资源、组织学习与惯例更新等构念均直接影响产品创新绩效，为替代模型；在模型 C 中，大数据资源与大数据分析对产品创新绩效不存在直接效应，大数据资源经由中介路径到产品创新绩效，即基础模型；模型 D 在基础模型上增加了大数据资源、分析、组织学习等所有构念到产品创新绩效的直接路径，即模型 C 嵌套于模型 D；模型 E 则仅在基础模型上增加了大数据资源、大数据分析两个构念到产品创新绩效的直接路径，此时模型 C 也嵌套于模型 E。

首先，通过测量模型（模型 A）与替代模型（模型 B）评估变量间是否存在其他关系的可能性，并进一步将其与后续模型对比。结果表明，模型 A 与模型 B 的拟合指标均未达到标准水平，但模型 B 略优于模型 A（见表 3-4）。此外，鉴于模型 B 与包含中介路径的其他模型属于非嵌套模型，进一步通过贝叶斯信息准则对上述模型进行择优判断。其中，模型 B 的 BIC 值为 1581.78，模型 C、模型 D、模型 E 中，BIC 值最高的模型 C 的值为 1006.93，ΔBIC 为 574.85，包含中介路径的模型 C、模型 D、模型 E 优于测量模型和替代模型。

其次，模型 D、模型 E 属于嵌套模型，由于包含直接路径的模型 D 与模型 E 在各项主要的拟合指标上较之基础模型 C 有更好的表现，嵌套模型 D、模型 E 略优于基础模型 C，更能反映数据间关系。而模型 D 与模型 E 在各项主要指标上均达到可接受水平，且各有优劣，整体拟合情况十分接近。因此，进一步对比这两个模型的卡方变化显著性，结果显示模型 D（χ^2=608.306）与模型 E（χ^2=614.522）相比，$\Delta\chi^2$（2）=6.216 变化不显著，增加直接路径并未显著改善模型拟合度，因此选择更简洁的路径模型。综合上述分析，嵌套模型 2（模型 E）更能有效反映变量之间的数据关系。

表 3-4　结构方程模型拟合情况对比检验

	模型 A 测量模型	模型 B 替代模型	模型 C 基础模型	模型 D 嵌套模型 1	模型 E 嵌套模型 2
χ^2/df	5.141	4.202	2.213	2.118	2.141
GFI	0.732	0.785	0.871	0.885	0.881
Adjusted-GFI	0.681	0.739	0.853	0.859	0.855
Parsimonious GFI	0.614	0.647	0.720	0.719	0.720
RMSEA	0.105	0.093	0.057	0.054	0.055
CFI	0.812	0.857	0.944	0.952	0.950
NFI	0.778	0.822	0.906	0.912	0.910
Parsimonious NFI	0.704	0.731	0.806	0.800	0.839

参照 Taylor 等（2008）、Haycs 等（2011）提出的多步中介变量 bootstrap 检验法进行检验，理论模型的运行结果及 bootstrap 的检验结果如图 3-2 和表 3-5 所示。

在包含大数据分析、组织学习等中介路径的模型中，首先，从大数据资源到产品创新绩效的直接效应不显著，说明大数据资源到产品创新绩效被企业能力完全中介；其次，大数据资源对大数据分析具有显著正向影响，大数据分析对产品创新绩效的路径系数为 0.280，表明大数据分析能够正向影响产品创新绩效。且大数据分析在大数据资源与产品创新绩效间的中介效应显著（β=0.198，$p<0.001$）。

同时，大数据分析对试错式学习的路径系数为 0.691，对获得式学习的路径系数为 0.685，表明大数据分析能力正向促进试错式学习与获得式学习。试错式学习与获得式学习分别以 0.456（p<0.001）与 0.589（p<0.001）的路径系数正向影响组织惯例更新，组织惯例更新又以 0.515（p<0.001）的路径系数正向影响产品创新绩效，表明企业在拥有大数据分析能力的基础上，一方面，可以促进组织通过内、外部的知识获取，达成组织能力上的精练、转换、扩展与更新；另一方面，组织学习也将作为流程变革、惯例更新的先导与基础，即企业需要通过组织学习真正地将大数据分析提供的描述、预测等能力以某种从内、外部习得的方式嵌入组织当中。组织惯例更新通过动态地将组织学习过程提供的有效行动固化为组织记忆或特有流程，使企业真正具备适应外部快速变化的环境的能力。

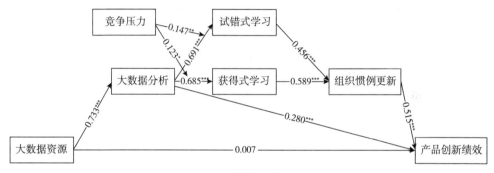

图 3-2　链式中介模型估计

注：为保持图形简洁，未将控制变量的路径系数画入图示模型中；*、**、*** 分别表示 5%、1%、0.1% 显著性水平。

表 3-5　主模型中介效应估计

路径	间接效应估计（Std.）	下限（95%CI）	上限（95%CI）
总计间接效应	0.538	0.243	0.726
具体间接效应分解			
BR—BA—PP	0.198	0.049	0.323
BR—BA—TL—OR—PP	0.146	0.058	0.269
BR—BA—AL—OR—PP	0.194	0.079	0.304

最后，大数据分析、组织学习与组织惯例更新在大数据资源与产品创新绩效间的链式中介效应显著，分别为 β=0.146，p<0.001（试错式学习），β=0.194，p<0.001（获得式学习），且 0 值均不包含在三组间接效应 bootstrap=5000 的 95% 置信区间中，说明链式中介效应显著且稳健。上述分析直观表明，大数据资源到产品创新绩效被大数据分析、组织学习与惯例更新这三个部分组成的企业能力完

全中介，意味着大数据资源与其他资源类生产要素具有相似特征，即资源本身并不能直接为企业带来绩效改善。当企业充分运用大数据资源提炼出商业洞察、商业信息，实现大数据分析的步骤，便可提供创新绩效改善中 36.8% 的解释效应，印证了 Ghasemaghaei 和 Calic（2019）提出的大数据分析提供的启发式相关性、顿悟式学习可以帮助企业洞察市场和应对变化的结论。

2. 调节效应检验

为更好地控制测量误差，采用潜调节结构方程模型法。借鉴 Cetorelli 和 Strahan（2006）及 Oliver 等（2018）的研究，通过行业集中度（HHI）间接刻画企业的竞争压力，以贴合不同行业企业面临的真实压力环境。借助 Stride 等（2015）提出的有调节的链式中介模型算法，结合 HHI 为连续变量的特征，通过变量的交互项来检验调节效应。结果表明：首先，竞争压力与大数据分析的交互项对试错式学习的影响路径显著（β=0.147，p<0.01），表明当行业竞争压力相对低时，企业更希望通过组织内部的潜力挖掘和流程变革来提高竞争力；其次，大数据分析与竞争压力的交互项对获得式学习同样有正向显著影响（β=0.123，p<0.05），说明竞争压力在大数据分析与获得式学习之间同样起调节作用，当行业竞争压力高时，企业为应对更强有力的竞争挑战，既会通过内部学习也会通过外部学习来提升组织能力。总体上，相对于获得式学习，竞争压力对试错式学习的调节更强。

通过 Edwards 等（2007）提出的差异分析法对有调节的中介效应进行检验，考虑到关注的调节效应分析在大数据分析能力与组织学习之间，且大数据资源对大数据分析有显著的正向影响，大数据资源到产品创新绩效又被完全中介，可对链式中介路径进行简化（见表 3-6），当企业竞争压力低时①，大数据分析通过试错式学习、组织惯例更新到产品创新绩效的中介效应值为 0.098（p<0.01），此时 bootstrap=5000 的置信区间为 ⌊0.040，0.198⌋，不包含 0 的结果说明链式中介效应仍显著；当竞争压力高时②，大数据分析通过试错式学习、组织惯例更新到产品创新绩效的中介效应值为 0.171（p<0.001），bootstrap=5000 的置信区间为 ［0.072，0.277］，与企业竞争压力低时相比，链式中介效应的显著程度更高。

不同竞争压力下的中介路径的间接效应值之间存在显著差异（p<0.01，CI ∈ ［0.036，0.120］），说明当企业面临更高的竞争压力时，试错式学习作为中介路径的链式中介效应更显著。以获得式学习为中介路径之一的被调节链式中介分析

---

① 样本企业 HHI 均值之下一个标准差。

② 样本企业 HHI 均值之上一个标准差。

同上（见表3-7），结果说明，当企业面临较大的竞争压力时，获得式学习作为中介路径的链式中介效应也变得更为显著，且与试错式学习相比，中介效应的差异更大。该结果表明，企业面临的竞争压力是其组织学习积极性的重要影响因素，当市场竞争压力较低时，企业进行组织变革的动力不足，进而导致大数据投入对绩效改善的影响效应下降。

表3-6　被调节的链式中介效应分析（试错式学习）

调节变量	大数据分析—试错学习—组织惯例更新—产品创新绩效		
	间接效应估计（Std.）	下限（95% CI）	上限（95% CI）
高竞争压力	0.171	0.072	0.277
低竞争压力	0.098	0.040	0.198
差异	0.072	0.036	0.120

表3-7　被调节的链式中介效应分析（获得式学习）

调节变量	大数据分析—获得式学习—组织惯例更新—产品创新绩效		
	间接效应估计（Std.）	下限（95% CI）	上限（95% CI）
高竞争压力	0.228	0.095	0.386
低竞争压力	0.132	0.054	0.213
差异	0.096	0.048	0.205

在验证竞争压力调节假设的基础上，尝试以多群组回归分析探索不同IT使用强度对后续的链式中介模型结果带来的潜在差异。企业所在行业的IT使用强度对产品创新绩效的影响有显著性差异（见表3-8）。首先，分组数据的拟合结果得到的 χ^2/df 的差异值为4.98，显著性水平小于0.05，初步表明两组类别具有显著性差异；其次，"大数据分析—组织学习""组织学习—组织惯例更新"等关键路径参数差异的临界比均为显著，进一步佐证两组的差异。比较模型2和模型6与模型4和模型8可以发现，与IT使用强度高的行业相比，IT使用强度低的行业不具有从大数据分析到产品创新绩效的直接效应，意味着这类行业内企业在数字化转型中难以直接通过大数据分析获得效益，需要通过内外部的组织学习实现组织惯例更新，才能最终提升产品创新绩效，由此印证了大数据资源与分析能力并非独立于企业原本信息技术之外。上述结果一方面佐证了这类企业进行数字化转型的必要性与必然性；另一方面体现了大数据使用的条件，包括需要考虑行业本身的业务价值特性，以及确保拥有一定的事务型IT这类互补信息资源作为

大数据建构基础。对于所在行业为高 IT 使用强度的企业，通过大数据分析提供
预测或模糊因果梳理就能直接影响产品创新绩效，而这部分中介效应占总效应的
38%，即企业内仍有超过 60% 的产品创新绩效解释力依靠提升组织惯例变革的
能力提供。

表 3-8　企业所在行业 IT 使用强度的调节效应检验

变量	IT 强度高	IT 强度低	IT 强度高		IT 强度低	
	惯例更新	惯例更新	产品创新绩效		产品创新绩效	
	模型2	模型4	模型5	模型6	模型7	模型8
常数项	0.101 （0.242）	−0.778 （−1.972）	−0.289 （−0.501）	−0.315 （−0.553）	−0.265 （−0.515）	−0.197 （−0.375）
所在行业	−0.016 （−0.277）	−0.127* （−2.851）	0.109 （1.526）	0.112 （1.597）	−0.017 （−0.283）	−0.005 （−0.088）
所有制性质	0.061 （1.134）	0.031 （0.710）	0.075 （1.105）	0.060 （0.904）	0.049 （0.839）	0.046 （0.788）
销售收入	0.025 （0.303）	0.043 （0.784）	0.217* （2.080）	0.211 （2.050）	−0.074 （−1.001）	−0.078 （−1.048）
成立年限	0.041 （0.633）	0.020 （0.438）	−0.011 （−0.128）	−0.020 （−0.247）	0.075 （1.219）	0.073 （1.186）
大数据员工比例	−0.102 （−1.207）	0.037 （0.702）	0.092 （0.871）	0.116 （1.101）	−0.003 （−0.038）	−0.006 （−0.085）
大数据分析	0.331*** （4.989）	0.318*** （5.837）	0.280*** （3.366）	0.204* （2.261）	0.187* （2.562）	0.068 （1.008）
试错式学习	0.402*** （4.893）	0.464*** （6.774）	0.211** （3.045）	0.168* （2.660）	0.384*** （4.181）	0.342*** （3.355）
获得式学习	0.265*** （3.429）	0.224** （3.134）	0.187** （2.923）	0.126* （2.225）	0.322*** （3.364）	0.302*** 3.223
惯例更新				0.231** （3.059）		0.209* （2.729）
样本量	176	188	176	176	188	188
调整 R^2	0.548***	0.481***	0.443***	0.452***	0.406***	0.404***
F 值	27.756***	21.252***	12.576***	12.043***	12.674***	12.379***
VIF 值	1.891	1.72	1.622	1.893	1.76	1.90

注：括号中的数值为 t 统计量。*、**、*** 分别表示 5%、1%、0.1% 显著性水平。

综上所述，假设检验结果如表 3-9 所示。

表 3-9　研究假设的检验结果小结

研究假设	结果对假设的支持	研究假设	结果对假设的支持
H1	支持	H6a	支持
H2	不支持	H6b	支持
H3	支持	H7	支持
H4	支持	H8	支持
H5a	支持	H9	支持
H5b	支持	H10	支持

　　总之，从链式中介最终呈现的企业创新绩效改善结果来看，一方面，由大数据资源基础提炼的企业大数据分析，具备直接改善创新绩效的能力，因此，当企业缺乏数据资源这一条件时，整个中介路径无法成立。围绕数据构成的价值实现路径，体现了数据作为生产要素无法被其他要素替代其价值的特性。另一方面，现阶段的数据对于商业发展的一大突出作用，体现在其不仅可以成为生产力的重要组成部分，而且具有促进企业内部运作效率提升的能力。在此基础上，后文将进一步展开数据作为生产要素必然性及其价值呈现的探讨。

第三节　数据要素重构既有要素配置效率

　　作为商业主体实现价值创造的基础单元和条件，生产要素的重要特质在于既可以提高企业运行体系中原有要素的价值转化效率，也可以通过内部加工过程直接实现要素本身的价值创造，且这一过程以大幅提高要素原有价值为基础。在互联网环境下，数据与劳动、土地、资本、技术等一样，也具有了生产要素的这些重要特质。但数据只有与劳动等相结合才会从可能的生产要素成为现实生产要素。因此，大数据如何从可能的生产要素成为现实生产要素的实现机制，构成数据作为生产要素的理论核心之一。这在企业经营管理层面，就是企业如何从大数据收集和处理的投入中获得实际绩效改善的回报问题。

　　实证结果表明，大数据资源到产品创新绩效被大数据分析、组织学习与组织惯例更新这三部分组成的企业能力完全中介，且竞争压力和企业所在行业的 IT 使用强度会对大数据分析与产品创新绩效间的关系进行调节。如果将大数据分析视为"劳动"的替代变量，组织学习视为"知识"的替代变量，组织惯例更新视为"管理"的替代变量，同时将行业竞争压力视为"资本"的替代变量，行业的IT使用强度视为"技术"的替代变量[1]，那么，建构的"大数据资源—企业能力—创新绩效"的企业实现机制模型，刻画了数据与劳动、技术等五种生产要素的关系，可以视为大数据成为现实生产要素的一种实现机制，再次论证了数据只有与劳动、资本、知识、技术和管理相结合，才会从可能的生产要素成为现实生产要素，从而产生价值而形成财富分配的源泉之一。

一、数据要素化的实现机制

大数据资源与其他资源类生产要素具有相似特征，即资源本身不能直接为企业带来绩效改善，大数据资源需要通过与大数据分析（劳动）、组织学习（知识）及组织惯例更新（管理）相结合，才会从可能的生产要素成为现实生产要素而对产品创新绩效（价值实现）产生影响。大数据分析可由劳动者或人工智能来完成，劳动者既具有劳动偏向型进步特征，也可能具有技能偏向型进步特征，或两者兼有，形成社会技能变革、工作组合技能变革和数字化的新职业创造（Akerman et al., 2015），考虑到在具备价值创造基础的生产要素分类中，劳动者的知识技能、文化技术水平等带来的价值创造属于"劳动"范畴，因此将大数据分析与劳动视作一种特征映射，大数据分析作为劳动要素的替代变量。

本章的实证检验印证了 Ghasemaghaei 和 Calic（2019）强调的大数据分析通过提升管理人员、技术人员等个体能力而改善绩效的观点，也印证了大数据分析可以为企业提供更好的动态环境的适应性结论（Chen et al., 2015）。与既有研究结论不同的是，强调大数据分析既反映了企业的大数据技术能力，也刻画了企业的人力资本质量。企业具备大数据分析能力可以直接影响产品创新绩效，即数据与劳动相结合可以直接成为现实生产要素，但这种转变并未充分释放价值。只有当数据进一步与知识和管理相结合，才会更完全地释放其潜在价值。

首先，大数据分析通过试错式与获得式学习推动企业的组织变革，形成组织惯例更新以获得更充分的现实生产要素价值。实证检验结果表明企业仅投资大数

---

[1] 现实中，劳动、知识等生产要素内涵的丰富性与形式的复杂性远非大数据分析、组织学习等构念所能刻画的。为突出数据与其他生产要素的具体关系，本节将生产要素与模型构念的映射关系理解为一种特征映射而非全局映射。例如，大数据分析水平的高低依赖于劳动者的个体或集体能力，因此作为劳动要素的替代变量。同时，在大数据和人工智能情境下，大数据分析具备的描述性（关联归纳）、预测性（规律捕捉）和规范性（行动优化），也能为劳动者提供启发式知识。其他生产要素与模型构念的映射关系同理。

据资源、加强大数据分析能力的培训和提升是不充分的，需要同时强化组织的内、外部学习，并积极推动相应的组织流程变革，才会获得数据成为现实生产要素的核心商业价值，由此构建起大数据和人工智能时代的企业核心竞争力。例如，美的集团子公司美云智数在实现大数据创新过程中，既从组织内探索、更新、迭代内部知识，也跨企业、跨行业学习他人的成功经验。概括地说，组织学习（知识）构成数据与劳动相结合成为现实生产要素的催化剂。

其次，上述结果再次强化了组织惯例更新来源于组织学习的结论，表明组织学习过程与组织惯例更新的过程密切相关。然而，在企业数字化转型中，经常会面临"不转等死，转不好找死"的战略选择窘境，通过组织学习促进动态惯例变革提升适应性成为企业数字化战略转型的关键（谢康等，2016），这在数据成为现实生产要素的过程中也如此。组织惯例更新在数据成为现实生产要素的路径中位于不可替代的核心地位，因为只有当新惯例与已有惯例达成动态稳定状态时，企业才真正具备了适应大数据环境的创新能力。因此，在数据成为现实生产要素的企业实现机制中，组织惯例更新属于使整体机制长期运转和发展的稳定器。简言之，知识通过管理才会产生价值，管理构成数据与劳动相结合成为现实生产要素的定影剂。

本章进一步验证了既有文献对大数据分析影响组织学习或组织惯例更新的结论（Chen et al.，2015），以及大数据构建企业新型动态能力的观点（Akter，2016）。与现有研究不同的是，深化了大数据分析影响组织学习，进而形成惯例变革促进价值创造的具体路径，区别于从探索式与利用式组织学习视角考察大数据对组织学习的影响，试错式与获得式组织学习视角更适合分析产品创新特征，深化和丰富了既有大数据分析影响组织学习与惯例更新的观点。

综上所述，数据成为现实生产要素的实现机制如下：劳动构成数据成为现实生产要素的必要不充分条件，数据通过与劳动相结合形成知识积累，进而更好地与管理相结合，才会使数据更充分地成为现实生产要素。或者说，大数据资源需要通过大数据分析来强化组织学习，进而推动组织惯例更新来获得创新绩效，这构成大数据创造价值的企业实现路径。

二、数据要素化过程的情境条件

根据上述调节效应的检验结果，对大数据成为现实生产要素的情境条件进行讨论。

首先，在农业和工业时代，资本与劳动会受到自然环境以及国家、区域等因素的限制，而随着企业数字化转型和数字经济的快速发展，资本要素从核心生产要素转变为情境条件要素参与到数字经济的价值创造中。现有研究表明，造成资本结构的差异主要归因于不同产业之间竞争状况的不同（姜付秀和刘志彪，2005），市场竞争强度对资本结构具有显著影响，借鉴"X—效率"假说，在市场结构集中且固化的垄断与寡头垄断行业，由于缺乏竞争压力，企业往往会存在效率低下的问题，同时也会导致生产投入要素（尤其是资本要素）的价值转化效率下降。考虑行业竞争压力与资本要素间存在明确且密切的互动关系，因而将行业竞争压力作为资本要素的替代变量。通过探讨竞争压力影响大数据成为现实生产要素的条件特征来剖析数据、资本、劳动、知识与管理的关系。

如前所述，即使企业都拥有大数据资源和大数据分析能力，行业竞争压力的变化也会使企业选择不同的价值创造路径。竞争压力相对低时，企业侧重于运用大数据资源和大数据分析来形成组织内部知识的积累，由此推动组织流程变革来实现价值创造；当竞争压力大时，企业既会将大数据资源和大数据分析用于强化组织内部学习，也会将其运用于组织外部学习形成知识积累，由此推动组织惯例更新来创造价值。在数据与劳动结合成为现实生产要素过程中，资本对劳动与知识和管理间的过程发挥调节作用。资本密集程度高的行业，内部和外部知识积累均构成数据与劳动相结合成为现实生产要素的主要路径。资本密集程度相对低的行业，数据主要通过内部知识积累再通过管理来成为现实生产要素。相对于外部知识积累路径，资本对内部知识积累推动组织变革成为现实生产要素更为敏感。作为生产要素的数据具有整合其他生产要素的作用。

其次，技术构成工业时代的关键生产要素之一。信息与通信技术（ICT）等基础设施代表了互联网时代的技术基础特征之一，因此，在模型中将行业的IT使用强度视为技术的替代变量，由此分析数据与劳动、技术、知识和管理的关系。结果表明，所在行业的IT使用强度低时，企业难以通过大数据分析直接提高产品创新绩效，而需要通过组织学习和组织惯例变革来实现价值创造。例如，即使个别企业大规模投资大数据资源和大数据分析项目，但也会因为整个行业无法形成丰富多样的大数据而导致项目投资失败。在技术基础薄弱的行业中，数据与劳动相结合要成为现实生产要素，唯有通过加强知识积累和管理变革来实现。因此，数据与劳动相结合不会必然成为现实生产要素，关键要看数据与劳动相结合时的技术基础的情境条件如何。

当拥有良好的技术基础时，数据与劳动相结合可形成现实生产要素，但存在一定的效率损失。根据实证结果，即使在技术基础良好的情境条件下，要使数据高效率转变为现实生产要素，数据与劳动相结合依然需要通过知识和管理这两个要素来形成现实生产要素。与既有文献对知识、管理和数据作为生产要素参与分配的理论讨论不同，依托实证结果不仅阐述了数据与劳动相结合后如何与知识和管理相结合创造价值的具体过程，还分析了资本和技术如何对这个过程进行调节，丰富了现有对非劳动生产要素参与分配的理论探讨。

三、微观视角的数据要素化过程规律

微观视角的数据要素化过程理论通过构建"大数据资源—企业能力—创新绩效"的链式中介模型，探讨大数据资源形成产品创新绩效的企业实现机制，揭示数据与五大生产要素（劳动、资本、技术、知识、管理）的关系特征，形成对数据作为生产要素的新认知。主要认为数据要素化过程呈现出以下三方面主要规律：

第一，大数据资源被大数据分析、组织学习与惯例更新构成的实现机制完全中介，即对于绝大部分企业而言，仅投资大数据资源这一行为并不能直接带来绩效改善，形成大数据分析能力是大数据资源改善企业产品创新绩效的必要条件。然而，不是所有企业都可以通过大数据分析直接获得产品创新绩效，只有所在行业 IT 使用强度高的企业才具备该能力，行业 IT 使用强度低的企业则难以做到，因为社会的技术基础作为互补资产此时难以提供其实现条件，且行业运作与盈利特征也会限制企业从 IT 中获取能力。然而，无论何种 IT 使用强度的行业，大数据资源通过大数据分析促进组织学习进而推动组织惯例更新，都是企业获得产品创新绩效的主要实现路径。组织学习在其中发挥增强功能，组织惯例更新在其中起固化作用。同时，不同的行业竞争压力会对企业选择何种组织学习方式构成影响。当行业竞争压力大时，企业倾向于选择试错式学习与获得式学习相结合的方式推动组织变革；当竞争压力相对小时，企业倾向于通过内部的知识积累来推动组织创新。在大数据创造价值的实现机制中，相对于组织外部学习路径，行业竞争压力对大数据分析通过组织内部学习推动流程变革的影响更显著。

第二，数据已经成为社会经济数字化转型的生产要素之一，并通过与劳动等五个生产要素的结合形成现实的生产要素。与土地、资本等要素一样，单纯的数据资源只是可能的生产要素，要成为现实生产要素需要与其他要素或资源相结合，尤其是劳动。因此，劳动构成数据成为现实生产要素的必要条件之一。

第三，数据与劳动相结合不会必然成为现实生产要素，关键要看数据与劳动结合时的技术基础条件如何。当社会提供良好的技术基础时，如优良的 ICT 基础设施条件，数据与劳动相结合就会直接形成现实生产要素，虽然形成的现实生产要素存在生产效率损失。但如果缺乏良好的技术基础，即使数据与劳动相结合，也不会直接成为现实生产要素。一般地，即使社会的技术基础良好，数据与劳动

相结合依然需要通过与知识和管理相结合来形成现实生产要素，而且相对于两者结合直接转化的现实生产要素，通过与知识和管理相结合现实的生产要素效率更高。因此，数据与劳动结合后再与知识和管理相结合，构成数据成为现实生产要素的主体实现路径。同时，无论技术基础的条件如何，知识和管理要素都会强化数据成为现实生产要素的可能和效率，知识在其中发挥效率提升的催化剂作用，管理则发挥效率提升的定影剂作用。此外，当资本密集程度低时，数据与劳动结合主要通过内部知识积累及其管理变革来成为现实生产要素；当资本密集程度高时，通过内部知识和外部知识推动管理变革，都是数据与劳动相结合成为现实生产要素的主要实现路径。

整合上述数据要素化过程的三个规律性认识结论，可以认为，在互联网、大数据、人工智能和实体经济深度融合中，企业或政府不能仅仅满足于对新一代信息技术的软硬件和数据资源的投资，还需要加强对大数据分析能力的投资，且这方面投资至少不能少于对软硬件和数字资源的投资。先投资软硬件和数字资源，再投资大数据分析能力的阶段性投资战略，将劣于两者同步投资的战略。同时，在投资大数据资源和大数据分析能力时，需要同步考虑通过组织内、外部学习来促进组织流程变革，只有这样才会从深度融合中获取更多的投资回报。因此，即使社会信息基础设施成本低廉，如果企业或政府只投资大数据资源，而不投资能力来促进组织学习和流程变革，就难以从大数据资源中获得投资回报。由此可见，数据发挥着生产要素之间的"润滑剂"作用，有助于调节劳动、知识、管理、资本和技术要素成为现实生产要素的效率。这反映在宏观经济层面就意味着，大数据参与经济主体的价值分配，将有助于改善传统资源的配置扭曲问题。

借助上述从企业微观视角观察的数据要素化过程机制特征与规律，可以指导对产业或宏观视角的分析。现有理论强调，要素配置通过"结构红利"效应带来生产效率的提高，进而促进经济持续增长（Hoffmann and Walther，1958），数据重构既有要素配置效率促进生产效率的提升，同样构成提升数字经济生产效率进而促进经济高质量发展的重要源泉。数据重构既有要素配置效率，指数据要素基于自身的数字技术特征和"结构红利"效应，创新既有要素配置结构形成的再配置效率。

四、要素配置效率与数据重构既有要素配置效率

要素配置效率是指由于要素配置结构扭曲导致要素由低效率地区（部门）流向高效率地区（部门）所提高的要素效率（孙学涛，2021）。要素再配置效应基于要素的边际产品价值和边际成本的比较。产业结构变迁通过要素再配置实现

生产效率的提升是经济增长的重要源泉之一，这种要素再配置对经济增长产生的影响称为要素重置效应（赵春雨等，2011）。实证表明，减少要素错配而不增加资本投入，就能大幅提高发展中国家的经济产出水平和生产效率（Hsieh and Klenow，2009）。改善和提升要素配置效率，构成经济高质量发展的重要源泉。

数字技术应用、数字化转型对扭转中国资本市场、劳动力市场等要素市场扭曲发挥了积极作用。数字技术的发展主要是通过缓解要素市场扭曲和提升产品市场化来改善资源配置效率，如激发市场优胜劣汰机制，增加低效率企业被淘汰的概率进而改善资源配置效率（魏新月，2021）。因此，数据重构既有要素配置效率促进生产效率的提升，也构成数字经济驱动中国经济高质量发展的重要源泉。数据重构既有要素配置效率的形成与数据自身的数字技术特征紧密相关，也与其创新既有要素配置的结构相关。一般而言,数据要素的虚拟性要发挥"结构红利"效应不能脱离劳动、资本等其他要素（如数据分析、网络投资）而独立存在。

数据重构既有要素配置效率的微观实现机制研究主要涉及三种视角：一是企业生产效率视角，归纳出数据要素主要通过信息挖掘与能力提升、协同创新与供应链协同及产品创新与质量提升等路径提升企业效率（Veldkamp and Chung，2019；Farboodi and Veldkamp，2020a，2020b）。二是产业组织视角，从数据生产要素规模与ICT投入关系探讨企业间的竞合关系（Farboodi et al.，2019）。或者，从数据资本与产业组织竞争关系来展开探讨。徐翔和赵墨非（2020）将数据资本定义为以现代信息网络和各类型数据库为重要载体，基于信息和通信技术的充分数字化、生产要素化的信息和数据。这表明，数据生产要素或数据资本会促使数字经济中迎来"赢者通吃"的超级产业组织（Autor et al.，2020）。三是数据要素与其他要素关系视角，强调数据要素促进资本要素进而提升生产效率（Belo et al.，2019），表明数据要素需要与其他要素有机结合共同促进经济发展。同时，发现数据在重构既有要素配置中发挥桥梁型生产要素的作用，对企业创新同时具有收益递增或收益递减两种影响（谢康等，2020）。

数据重构既有要素配置效率的宏观实现机制研究也主要涉及三方面：一是ICT资本提升数据重构既有要素配置效率进而促进经济增长的研究（邵文波和盛丹，2019），但存在将ICT资本纳入经济增长模型使ICT资本对全要素生产率贡献过高的现象，导致模型预计的经济增长速度超出实际增长速度（Tambe and Hitt，2010），但不纳入又难以刻画ICT资本对全要素生产率的贡献；二是数据资本借助"干中学"的经济效应提升数据重构既有要素配置效率进而促进经济增长的研究（徐翔和赵墨非，2020）；三是人力资本结构等提升数据重构既有要素配置效率进而促进经济增长的研究（何小钢等，2019）。

五、农业数据要素化与配置效率

数据要素通过要素驱动、融合激发、协同提升、反馈正配机制，改变着经济运行的微观基础，促进结构优化、模式创新与制度变革，推动生产、组织、交易效率提升，也提高了资源正配的水平（王谦等，2021）。在农村电商中，电子商务平台企业开发的大数据产品能够辅助电商农户有针对性地改进自身薄弱环节，制定更加科学准确的网店经营决策，更有效地提升产品销售绩效。低收入农户在大数据技术的辅助下，也可以弥补自身在经验积累和人力资本上的差距，获得更高的边际收益（曾亿武等，2019）。在农业生产领域，作为新兴生产要素的数据，它也发挥着引导生产要素配置优化重构的作用。

1. 数据要素引导要素配置结构优化和资源利用

根据要素配置理论，生产要素按照边际收益规律递减和递增特性，可分为传统生产要素（土地、劳动力、资本）和新型生产要素（技术、知识、数据），产业升级的过程就是要素配置结构不断变革与演化的过程。提高要素配置和利用效率是经济发展的核心问题，要素配置方式受资源禀赋的约束，要素利用效率则受技术及其可获性的约束；制度如果能充分反映资源禀赋的实际状况及其变化，同时具有足够的弹性，能够促使其及时有效地采用最新的适用技术，或在不同范围、不同层面上协调新技术的采用，就能够优化要素配置并提高传统要素配置效率（钟甫宁，2021）。

数字经济时代，数字技术和数据等新型要素主导或引领其他要素聚合形成先进生产力，因此，数字技术等新型生产要素的高效配置，是推动数字经济成长的关键所在（刘翔峰等，2019）。例如，电子商务在中国农村的发展引发了土地、劳动力、资本等要素结构重新配置，通过推动土地规模化流转（李思琦等，2021；刘子涵等，2021）、农民返乡创业（檀学文等，2016）和社会资本进农村（周浪，2020）等，大大促进了农业农村发展，其根本原因在于，电子商务这种代表新型要素的数字技术应用，在政策推动下重构了农业生产要素配置效率。

2. 数据要素重构农业生产要素配置效率

数据作为一种新型生产要素，是将现有生产要素进一步联系起来的桥梁型生产要素（谢康等，2020），当数据与生产资料分离时，它们只是可能的生产要素；要成为现实生产要素，数据必须与劳动、技术和管理等相结合，发挥其边际收益递增的功能；数据成为新生产要素并非只是生产要素种类或数量的增加，更是促进现有生产要素之间形成更密切的交互关系，进而形成推动产业升级的动力（谢康等，2020）。农业发展的核心问题是在季节性生产和现有资源禀赋条件下如何高效率地利用和配置资源（钟甫宁，2021），数据要素的这种对其他要素效率的倍增作用特性，使它一旦在农业产业中形成现实的生产要素，驱动农业的生产要素结构将发生深刻变化，新技术、新人力资本、新知识等新型要素的引导作用将进一步发挥，数据要素会像农村电商那样，重构土地要素配置效率推动农业集约化发展，重构农业劳动配置效率提升农业生产效率，重构农业技术配置效率提高农业机械化协作等。具体体现在以下三方面：

（1）农业大数据应用推动农业资源整合利用，提高农业生产和经营效率。农业的数字化会影响广泛的农业产业经济活动，数字化可以整合农业生产和经营活动过程及其资源，并利用数据改进价值链的决策过程。人工智能技术由现场传感器、卫星或无人机收集的有关土壤湿度、天气条件和植物状态的数据，可以提供高效使用水、化肥和杀虫剂等资源的方式建议，从而提高产量、食品质量和生产者收入。处理大量数据和收集信息还可以提高生产者和用户的供需匹配度和灵活性，农业生产者可以借助大数据分析提高预测、准备、响应和适应相关变化的能力（Rolandi et al.，2021）。

在具体应用方面，美国 Landsat 卫星、欧洲哨兵 2 卫星系统、印度遥感（IRS）卫星、RapidEye 星座、GeoEye-1 系统、WorldView 系列和 IKONOS 等遥感技术提供的农业信息有助于可持续规划和管理农业；人工智能为棉花生产工厂开发了多个专家系统，如 COMAX（棉花管理专家）和 COTFLEX 为农民提供决策信息；SOYGRO 和 PRITHVI 专家系统提供有关用于大豆作物的昆虫攻击和杀虫剂的信息（Jha et al.，2019）；无线通信正在增加农场知识系统和决策，以更好地管理农业；以数字农业、农业 5.0 和智能农业等系统中的大数据提高了农场运营的准确性，并有助于生产经营者做出关键的运营决策。

（2）农业大数据应用促进农业资源节约使用，保护生产和生活环境。环境是支持地球上生存条件的生物和非生物元素的复杂相互关系，它包括所有自然资源，如空气、土地、水、森林等，以及与之相关的其他元素，大数据应用有利于为人类目的而对资源进行保护和增值性使用。先进的人工智能模型、深度强化学习、信息和云技术的集成有可能在提高粮食生产和可持续性的同时保护关键农业资源（Bu et al.，2019）；在智能化的养牛场，固定在牛项圈上的电池供电传感器可以监测牲畜的位置和关键的生理参数，如温度、血压、心率等，从而实现差异化喂养；同时也可以降低牛患病的风险；养牛场的数字自动化废物管理还可以减少牲畜将废物再利用于能源生产（如厌氧消化池）的生态足迹，这一过程也降低了污染地下水和土壤的风险，降低了温室气体排放。传感器获取的数据还可以帮助关注检测土壤养分和水的状态、植物在营养循环中的需求状况，以及对杀虫剂的需求；估计每个农田区域的精确需水量、肥料和杀虫剂量，通过大数据指导自动灌溉，可以减少对昆虫等使用有害化学物质（Rolandi et al., 2021）。

在具体应用方面，FIWARE GEs 应用程序有助于利用云技术、数据收集和安全信息技术进行大数据分析，从而开辟多种选择来识别社会经济挑战并提供实时运营决策，从而在可持续农业系统中降低所涉及的经济风险（Wolfert et al., 2017）。Varshney 等（2019）提出 5Gs 作物育种方法，由于基因组学、生物信息学和大数据的应用在改善作物的非生物胁迫耐受性、抗虫性、除草剂耐受性，以及提高粮食产量、株高、重量和作物营养成分等作物农艺性状方面发挥着至关重要的作用，这反过来又有助于维持粮食和营养安全（Batley et al., 2016）。

（3）农业大数据应用改进农业管理与服务，提升农业供应链治理效能。数字化推动管理过程，改变了行政执法的机制和过程。在农产品质量安全认证领域，数字工具有利于改进操作规程或控制形式，以确保农民和用户免受交易欺诈。专用的网络解决方案可以简化农民与农业管理部门之间的沟通，提供对有价值信息的访问和简化行政程序；无人机自动现场测绘提供的数据，可以在洪水等自然灾害之后，减少恢复时间并提高公众支持的准确性；区块链或类似技术生成的数据可以成为提供防止农产品和食品虚假申报的解决方案（Rolandi et al., 2021）等。

具体应用方面，各种基于计算算法的农业系统建模方法被广泛用于可持续土地管理，这些模型为估算作物产量、土壤养分循环、资源利用效率、温室气体排放、生态系统服务、病虫害引致的损害、粮食安全、畜牧生产、农业生态系统跨越不同的全球农业生态区和社会经济条件，对全球气候变化的响应和政策评估提供了可靠的预测方法（Holzworth et al., 2015；Jones et al., 2017），决策系统使用这类模型和其他基于计算机的算法的知识来增强土地、田间、农业生态系统、景观、国家和全球范围内的农业实践的可持续性。

数据重构农业要素配置效率使农业生产越来越依赖于大数据决策，具备农业大数据技术与分析技术的企业将成为农业数字化专业服务商，农业生产经验、知识和决策体系，将可以成为一种可复制、可输出的数字化产品和服务；农业数字化专业服务商除了在全国各地投资建设农业生产基地之外，还可以面向地方政府、农业生产企业等，输入优势品种、生产基地的建设经验、农业机械的使用与管理方法。

第四章

企业与用户互动的产品适应性创新 [*]

从成长性角度来看，产品适应性创新指企业与用户互动过程中产品随用户需求变化而形成的适应性创新水平。数据驱动的产品适应性创新，是基于用户数据呈现的动态需求而形成的产品适应性创新水平。因此，产品适应性创新本质上反映出产品满足用户动态需求的匹配程度。与产品柔性的概念主要体现产品的可塑性略微不同，产品适应性创新主要反映产品的价值实现与用户动态需求之间的匹配水平。本节探讨基于产品适应性创新的数字经济创新逻辑，旨在深化对数字经济微观运行机制的认知，为数字经济构建经济新增长点和形成新动能的政策分析提供理论指导和实践启示。

第一节　数据驱动的产品适应性创新

一、产品适应性创新

作为经济学的一个基本概念，产品指能够供给市场满足人们某种需求并提供效用的对象或事物（Goldkind and Mcnutt，2019）。一般地，产品分类主要从生产流程、属性和形态三个角度来划分。其中，从生产流程角度将产品划分为原料、中间品和成品；从信息属性角度将产品划分为搜寻品、经验品和信任品（Parkin，2010；Nelson，1970）；从形态角度将产品划分为有形产品与无形产品、标准化产品与个性化产品、数字产品与非数字产品、智能产品与非智能产品等（Darby and Karni，1973）。在这些不同的产品分类观基础上延展出不同的理论探讨。

除上述三种产品分类外，以下两个角度的研究与产品适应性创新的思想尤其密切：

---

[*] 本章主要以肖静华、谢康、吴瑶"数据驱动的产品适应性创新——数字经济的创新逻辑（一）"（《北京交通大学学报》（社会科学版）2020 年第 1 期）、谢康"产品创新的人工智能精准治理"（《人民论坛·学术前沿》2018 年第 5 期）内容为基础改写而成。

首先，从创新角度，Fisher（1997）提出功能性产品与创新性产品，前者指满足用户基础需求、变革速度慢的产品。这类产品具有稳定性、可预测性及较长产品生命周期特征，容易被竞争者模仿，利润率较低。后者指创新导向的快速变革产品。这类产品生命周期短、需求难以预测，发展具有很高的不确定性，但利润率较高。因此，企业可以根据这两类不同产品的特征进行有针对性的供应链管理。在创新性产品基础上，学者们进一步提出风格品（style goods），指具有高度不确定性、短生命周期的时尚产品（Langenberg et al.，2012）。可以认为，上述的创新性产品、风格品、时尚品等提法或概念，包含初步的产品适应性创新思想。

其次，从迭代角度，学术界提出永久性测试版（perpetual beta）、最小可行产品（minimum viable product）、原型产品（prototype）等概念。显然，这些概念也包含产品适应性创新的思想，因为持续改进过程是一个渐进的、永无止境的变化过程，不仅限于产品质量的提升，还包括业务战略、绩效、客户、员工和供应商关系的持续优化。随着用户在创新中的地位越来越重要，学术界在将用户纳入持续改进流程的理念下形成了永久性测试版、最小可行产品和原型产品等概念。永久性测试版指软件或系统长期处于公测版状态。在这种理念下，用户是产品的共同开发者，产品在开放性环境中进行持续研发，新产品功能能够以天为单位实现频繁更新（O'Reilly，2009）。这类产品主要产生在开源软件项目中，如Google、Flickr等企业主导的产品研发（Hippel，2005）。最小可行产品指仅具有满足早期顾客使用功能的产品，用以为产品后续开发提供反馈信息和与利益相关方进行沟通（Duc and Abrahamsson，2016）。原型产品可视为最小可行产品的一种具体形式，Floyd（1984）将原型产品按不同功能分为快速原型、进化型原型、增量原型。其中，快速原型仅满足时间最少的需求，以尽量少的研发投入进行市场验证；进化型原型则需要包括全部主要功能，以方便后续修改；增量原型是产品各部件的原型状态，通过组合可以直接获得产品（Floyd，1984）。

综上所述，可以获得以下四个结论：①工业化时代，产品主要被视为一个静态结构，如成品这一概念所强调的，产品是一系列加工流程的终点，在其投放市场后，产品形态和属性不再发生改变；②理论上，现有产品分类观几乎均将产品等同于成品，虽然永久性测试版、最小可行产品或原型产品的提出预示着研究者开始关注产品的成长特性，但还尚未突破成品的思维范畴；③现有产品分类观主要将用户视为被动的价值接受者，从企业或用户单一视角进行分类，缺乏从企业与用户互动形成的成长视角考察产品分类；④工业时代的产品静态结构也包含产品适应性创新的思想，在探讨产品柔性生产与力求满足用户个性化需求的过程中，形成了初步的产品适应性创新思想。

随着互联网、大数据、人工智能等新一代信息技术与实体经济的深度融合，用户将借助网络或平台数据化参与企业产品研发创新过程（肖静华等，2018），或通过营销合作间接影响企业产品创新能力（吴瑶等，2017）。在新一代信息技术与实体经济深入融合的情境下，现有的产品分类观凸显出以下两方面的不足：一方面，现有产品分类逻辑难以体现用户在产品研发与创新中的参与和价值，因此限制了对用户参与产品创新的理论探讨。例如，产品使用过程中用户会按照使用目的对产品进行修改和创新，现有产品分类逻辑尚未囊括用户端产生的产品动态变化特征。另一方面，尽管永久性测试版等概念体现了产品成长的思想，或强调企业需要通过整合领先用户、用户创新工具箱、创新社区等多种方法实现与用户的持续互动创新，但这些分类依然局限在成品思维范畴，在产品创新层面上未反映出企业与用户的互动创新特征，因而难以实现对成品思维的突破。

二、产品适应性创新的实践参照

随着大数据与人工智能技术的行业渗透和深度应用，新涌现的三类产品创新现象值得引起学界的关注：一是个性化定制浪潮中涌现出来的美妆定制产品；二是程序化广告创意；三是《我的世界》游戏的创新模式。

2018 年中国化妆品及个护行业零售规模达到 4686 亿元，同比增长 15.7%。其中，高端及奢侈化妆品及个护市场规模 2021 亿元，同比增长 28.5%，增速远超大众市场。在 2019 年"双 11"中，用户比以往任何时候都更加关注量身定制的体验和产品，而不再是无差别的成品。美妆产品的定制化程度，也从最初的包装定制，发展到用户皮肤检测定制，再升级到基于 DNA 检测的私人定制（见表 4-1）。例如，自然堂采用人工智能技术，结合临床专业分析的 CK MC760 仪器，共同对肌肤的问题和肤质进行判断。该测评系统通过六维光谱检测算法评判肌肤目前的健康程度和肌肤存在的问题，生成个人专属的"肌因报告"。由此可见，美妆产品的个性化定制本质上就是在不断提升产品的适应性创新水平。

表 4-1　部分美妆企业的产品适应性创新

企业名称	2018 年营业收入	代表性产品	产品适应性创新水平
自然堂（中国台湾）	3.69 亿港币	旗舰 NB-1 精华液美容仪	提供个性化皮肤检测与定制化护肤产品及服务
科颜氏（法国欧莱雅旗下）	269.4 亿欧元	皮肤护理类	提供个性化皮肤检测与定制化护肤；个人专属包装盒等服务

续表

企业名称	2018 年营业收入	代表性产品	产品适应性创新水平
雅诗兰黛（美国）	136.83 亿元	精华液体 – 小黑瓶	以修护基因为主打功能、基因定制服务
资生堂（日本）	10940 亿日元	个性化定制护肤品牌 Optune	记录用户体征数据，选择适合用户的一款产品，并搭配专用机器 Optune Machine，便能得到一份适合当天环境及肌肤状况的护肤品
宝洁（美国）	4561 亿元	opt Precision 护肤系统	结合肤色算法，检测使用者皮肤色素过度的区域，用户能够针对性地使用配套的 opt 护肤精华
兰蔻（法国）	30.4 亿欧元	Le Teint Particulier 定制肤色粉底液	根据机器识别消费者的肤色，并调配适合消费者肤色的粉底，有效满足了各种肤色女性对于美妆产品的不同需求
露得清（美国强生旗下）	1038 亿元	首款微型 3D 打印面膜 Mask iD	定制面膜贴合脸部轮廓；根据不同部位定制护肤成分
花王（日本）	15100 亿日元	护肤品	通过 RNA 中的基因信息来预测皱纹等老化和皮肤病的风险，配制保持皮肤健康的成分
Geneu（英国）	N/A	护肤方案 + 护肤品	加入基因检测，从基因层面提供改善肌肤的私人定制服务

资料来源：笔者团队根据公开资料收集整理。

表 4-2 对部分定制家居企业对其产品适应性创新的诠释进行了简单归纳，表明目前中国定制家居企业对产品适应性创新存在三种典型解释：一是强调后端生产的工业 4.0 标准与前端个性化需求之间的柔性结合，如索菲亚；二是强调全屋定制与 AI 等技术的结合来满足用户的个性化需求，如尚品宅配；三是强调定制家具与家电的柔性结合来提升用户的综合性体验，如海尔智家。可以认为，上述三种定制家居，无论哪种诠释，本质上都是在强调企业对用户需求的适应性创新水平。

表 4-2　部分定制家居企业对其产品适应性创新的诠释

企业名称	2018 年市值	产品适应性创新水平
索菲亚	159.03 亿元	定制家居工业 4.0：强调后端生产的自动化
尚品宅配	137.86 亿元	"全屋定制 2.0"：强调 AI 应用和家具审美，从功能性定制转向美学定制
海尔智家	1111.57 亿元	"智能家居"：定制家具 + 家电

资料来源：笔者团队根据公开资料收集整理。

从综合指标来看，美妆产品的适应性创新水平整体高于定制家居产品的适应性创新水平。然而，与第三章中阐述的大数据驱动的程序化创意产品和类似《我的世界》的手游产品相比，美妆产品的适应性创新水平依然不够高。如前所述，从产品创新角度来看，程序化创意具有三个特征：一是基于用户大数据的即时反馈，用户浏览、点击、购买等行为均以数据形式被算法获取，经过分析，自动指导广告创意更新；二是基于即时反馈形成即时调整，在创意形式、创意组合的更新换代上呈现近似完全自动化和智能化的特征，因此形成复杂、多样、非线性的高频迭代优化过程；三是发展方向难以预测性，由于创意的呈现与用户需求具有极强的联动性，程序化创意这一产品在形式或功能上呈现出非线性的复杂特征。

对上述完全私人定制的美妆产品、程序化创意产品及《我的世界》手游产品等类似实例的综合分析，可以认为，三者呈现出一个有趣的共性——难以预测的成长方向、即时反馈的交互式信息结构、即时调整的自适应能力。这三个特征正是适应性的主要特征。一般地，适应性是指通过调整系统进而降低脆弱性或增加弹性的自组织、自适应的学习与反馈迭代循环的特性（Zhang et al.，2017）。适应性是生命体应对外部环境变化的基础，在产品层面则体现了产品"随需而变"的能力。根据这一思想，将企业与用户互动过程中基于数据驱动的产品创新对用户动态需求的匹配程度，定义为产品适应性创新，由此提出产品适应性创新的概念。在上述实例中，完全私人定制的美妆产品、程序化创意产品及《我的世界》游戏产品具有不同程度的适应性创新水平。

第二节　产品适应性创新特征与实现机制

一、产品适应性创新特征

产品适应性创新的概念为数字经济时代的理论创新提供了一个新的分析视角。首先，产品适应性创新的概念更符合数字经济时代高度易变、不确定性、模糊和复杂（VUCA）的特征，企业与用户互动创新必然会受到 VUCA 环境的调节，为应对 VUCA 环境带来的高动荡性，产品适应性创新成为企业构建与维持动态能力的一种产品形态上的集中体现。因此，借助这一概念，可以为数字经济时代相关生产与服务的创新现象提供一个新的分析框架。其次，有学者提出数字化创新产品具有创生性（Generativity）特征，认为创生性产品是不断通过用户反馈和参与而不断拓展和迭代的未完成的产品（Zittrain，2006），但他们强调大量异质用户参与以及生态特征（Parker et al.，2017），这区别于产品适应性创新的三个主要特征。因此，产品适应性创新的概念也可以用于对数字产品创生性的诠释。

表4-3是依据产品适应性创新的概念对现有实体产品与服务产品进行的总体分类。由表4-3可知，产品适应性创新的概念强调并非所有的数字化创新产品都具有高水平的适应性创新，虽然现阶段产品的适应性创新水平总体较低，且适应性创新存在多种形态、多种发展阶段和水平，但未来的实体产品中将会越来越多地呈现出适应性创新特征，尤其是在5G网络与边缘计算条件下会出现大量的更高水平的产品适应性创新。

表4-3 实体和服务产品的适应性创新框架

	实体产品	服务产品
成品	五金用品，家电，家居；数控机床；汽车，飞机，数字化图书等	旅游、专业服务、工程服务等传统服务；数字音乐等数字化服务
适应性创新	5G网络与边缘计算支持下的成长性产品，如正在研发的智能化美妆产品等	程序化创意广告、《我的世界》游戏、智能交通服务等"活性"服务

资料来源：笔者团队根据公开资料收集整理。

一般地，5G网络具有超高速率、超可靠低时延及超大数量终端网络等特征，从而支持数字化技术与生活场景无缝对接。依托5G网络形成的边缘计算，在应用端依托网络、计算、存储、应用能力高度集成的开放平台能够就近提供快捷服务。因此，可以形成高速的网络服务响应。在5G网络与边缘计算情境中，大量的产品和服务适应性创新被技术应用激发出来。在数字化技术与实体经济和服务深度融合领域，会不断涌现多种形式与水平并存的产品适应性创新场景。

如上所述，例如，在美妆产品领域，传统的化妆品均为成品，生产出来后就无法改变。但在5G网络与边缘计算条件支持下，智能化妆品可以根据用户的偏好和使用情境，即时产生适合用户当时皮肤需求的配方。这一方面需要大数据和人工智能的支持，另一方面需要实现化妆品成分和皮肤状态的数字化管理——通过边缘计算即时反馈用户的皮肤状态数据，并即时对配方进行调整，从而支持化妆品"随需而变"。实践中，珠海伊斯佳智能制造私人定制化妆品正在朝这个方向努力，借助智能技术帮助用户解决肌肤问题和满足个性化需求。

又如，现有智能交通指挥多采用结构化的程序调度交通流量，指挥中心根据交通流量调度车辆出行路线，即使是智能交通模型，也主要基于结构化的反应模型。AI驱动下的智能交通服务具有更为明显的适应性特征，可以根据城市的实时路况进行智能决策，提供高精准、高个性化的动态服务。实践中，广州佳都科技集团智能交通解决方案团队正在努力研发这一产品。可见，产品适应性创新研发已成为数字经济时代企业产品创新的重要方向。

二、产品适应性创新的实现机制

熊彼特认为，企业家精神和常规创新范式构成两种创新的实现机制，前者产生创造性破坏的创新，来自企业家对行业知识的认识发现的创新机会；后者形成创造性积累的创新，来自专利等行业创新保护机制或行业内涌现的技术机会，这些技术机会既可能源自企业内部的知识积累，也可能由外部环境变化或技术变革带来（Schumpeter，1934，1942）。其中，"干中学"构成企业内部知识积累的重要源泉，环境变化与技术变革则推动企业外部与内部结合的互动创新或开放式创新（Arrow，1972；Hippel，1986），是现有产品创新机制研究的总体理论框架。在这个理论框架中，基于企业家精神的创造性破坏与基于常规创新范式的创造性积累，两者之间多处于分离状态，理论上难以将创造性破坏中的企业家适应性管理结构与创造性积累中的管理决策结构有机结合起来。在理论研究中，学者们通常将两者做严格区分，避免相互交缠而无法厘清。

然而，互联网、大数据与人工智能技术及应用提供了产品适应性创新的现实场景，由此衍生的基于数据驱动的企业与用户互动创新模式为整合创造性破坏与创造性积累，以及重新考察企业创新机制提供了条件（谢康等，2018）。其中，5G网络与边缘计算技术与实体经济深度融合将为整合创造性破坏与创造性积累提供创新的社会基础和技术条件。在这种深度融合中，产品适应性创新必然是一种既满足实体经济要求，又满足信息技术特征的深度融合创新行为。

从概念上来看，适应被认为是一种状态，指个体或系统通过改善遗传或行为特征从而更好地适应变化，并通过遗传保留下相应的特征。如前文所述，适应性是通过调整系统降低脆弱性或增强弹性的过程，适应性管理则是基于学习决策的一种管理框架，是通过实施可操作性的管理计划，从中获得新知，进而不断改进管理政策和实践的系统化过程。因此，适应性创新机制就是在创新过程中不断获取新知进而持续改进创新活动及其策略的机制。从本质上来看，Arrow（1962）的"干中学"思想，Hippel（1986）提出的企业与用户互动创新，以及谢康等（2018）提出的大数据驱动的企业与用户互动研发创新等，都属于适应性创新机制的思想。

产品适应性创新思想来源于此，但在此基础上进一步结合了互联网、大数据和人工智能情境，提出了产品适应性创新的逻辑。现有适应性变革研究主要集中在环境适应性变革、组织适应性变革和流程适应性变革三个领域，主要聚焦战略管理维度。而本节提出的产品适应性创新的概念，将这一思想落实到产品维度，进而为推动数字经济时代的产品研发创新提供了可能性。更进一步，在这种新的创新逻辑下，可以深入探讨其商业模式。

第三节 产品适应性创新的商业模式与治理

一、生产即消费的自适应模式

虽然旅游、专业服务、工程咨询等传统服务也具有根据用户需求定制服务的特征，但显著区别于上述讨论的产品适应性创新的三个特征。此外，传统服务一般通过近似线性的非连续过程来提高服务质量。产品适应性创新的生产即服务典型特征，主要是通过非线性的连续过程，即时反馈的交互式信息结构和即时调整的自适应能力来实现的。因此，尽管产品适应性创新与服务都具有生产即服务的特征，但两者的内涵不同——传统服务的生产即消费更多体现的是服务难以储存的特征，而产品适应性创新的生产即消费则集中体现了大数据和 AI 的商业价值。

例如，程序化创意这一产品的生产、优化与用户对广告的消费同时进行，形成产品生产与消费自适应一体化的模式。大数据和 AI 驱动的生产即消费的新商业模式，指大数据和 AI 驱动的生产与消费的一体化衍生出的具有自适应能力的商业模式。这是一种类似于 W. Brian Arthur 所说的具有自我创生的（Autopoietic）或自我创造的（Self-creating）商业模式（布莱恩·阿瑟，2018）。在这种新商业模式中，由广告主、广告服务提供商、媒体渠道和用户构成的多主体协同网络，以及该网络中内嵌的大数据和 AI，构成产品适应性创新的运作基础。另一个影响产品适应性创新的是企业从业人员的知识和能力，人的能力与 AI 技术能力有机互补——AI 技术控制着生产即消费的供应、生产、渠道与销售，充当产品适应性创新的供应商角色，也发挥着生产商的功能，同时承担着渠道商甚至销售商的职责，是高度集供应、生产、渠道和销售于一体的商业"大脑"；而人的灵活性则可以处理非常规事件，并向 AI 提供算法规则、指导算法优化，促进 AI 的深度应用和迭代。因此，基于人机协同，优化 AI 即优化商业模式，优化商业模式即优化 AI。如此循环，使大数据和 AI 驱动的生产即消费新商业模式具有高度的自适应性，这是产品适应性创新生产（即消费的商业模式）与服务生产（即消费特征）的关键区别。

功能价值与体验价值是衡量产品价值的两个主要维度（Voss et al., 2003）。产品功能价值指产品具有强化或替代人类活动的某种功能的价值，如操作工具、性能、安全和舒适等方面的价值。产品的功能价值强调拥有就要使用，使用才有价值。因此，对于功能价值而言，用户关注产品的保值功能，对产品折旧敏感度高（Bridges and Florsheim，2008）。产品体验价值指依托产品的功能价值衍生出来的人类某种情感满足或心理归属的价值，如通过显示、炫耀等表达方式获得尊严、自豪或满足等情感的价值。产品体验价值强调产品的情感归属，对产品功能价值的折旧敏感度低（Hirschman and Holbrook，1982）。

图 4-1 以传统汽车为例分析了不同档次汽车功能价值与体验价值的关系。在图 4-1 中，对使用者而言，微型车主要体现为运输工具等功能价值；虽然经济型汽车也主要体现为代步等功能价值，但舒适感等体验价值得到提升；高档汽车既有更好的驾驶等功能价值，也有较高的舒适等体验价值，但不同高档车对两者的侧重点在战略与策略上存在差异，如有的注重安全，有的注重驾驶感；奢侈品牌汽车主要体现为体验价值，虽然其加速制动等功能价值也十分重要；顶级奢侈品牌汽车主要体现为体验价值。其中，无论是汽车的功能价值还是体验价值，都存在着价值盲区。这种价值盲区的存在，才使汽车产业的产品创新成为可能。

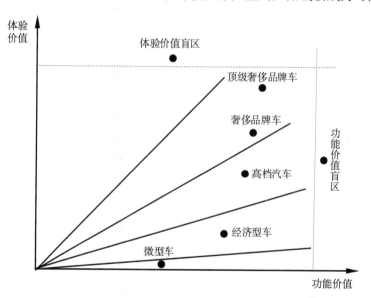

图 4-1　传统汽车功能价值与体验价值的关系

工业经济时代，主流企业主要通过大规模制造、大规模定制、敏捷制造等方式来降低实现产品功能价值的单位成本，或通过供应链协同、销售渠道整合等方式来降低实现产品功能价值的总成本（Cooper，2014）。随着用户对个性化定制需求的增加，企业注重通过降低实现产品体验价值的单位成本来扩大体验价值的空间。图 4-1 分析的是成品功能价值与体验价值，这同样存在于产品适应性创新功能价值与体验价值的关系中。在数字经济时代，智能制造既能大幅度降低产品功能价值的单位成本，也能有效降低产品体验价值的单位成本，为产品构建新盈利模式提供了可能（谢康等，2018）。

盈利模式构成商业模式的核心内容之一。产品适应性创新的盈利模式就是产品适应性创新主要依靠什么赚钱。拟借助图 4-2 来说明程序化创意广告等产品适应性创新的盈利模式。在图 4-2 中，基于大数据和 AI 实现用户实现需求匹配的支付意愿具有正反馈的递增趋势。随着用户在第一轮迭代阶段（t_1）需求匹配的满足，在第二轮迭代阶段（t_2）会形成更高的支付意愿（p_2^*）。如此循环，形成迭代正反馈。产品适应性创新的功能性价值空间递增速度相对较慢，而体验性价值空间的递增速度相对较快。

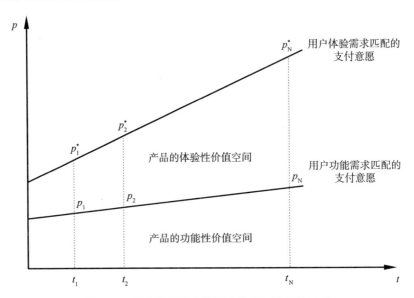

图 4-2 程序化创意广告适应性创新的盈利模式

产品适应性创新的非线性连续过程中存在随机扰动性，基于大数据和 AI 实现用户成长性需求匹配的精准度存在随机波动，但总体上产品适应性创新的盈利模式是通过匹配用户更高接受度的体验来降低用户成长性需求匹配的变动成本，缩小产品的功能性价值空间，动态扩大用户体验性价值空间，实现收益最大化。因此，产品适应性创新的定价必然是一种"随需而变"的动态定价。基于产品适应性创新水平的定价的高低，除受驱动其创新的人工智能的智能水平的市场稀缺性的影响外，也会受到产品适应性创新从业人员的知识与能力的影响。

二、产品适应性创新的 AI 治理机制

前面提到，产品创新主要由创意涌现、产品验证、市场验证、新品主流化验证及新品全生命周期管理五个阶段组成。产品创新的人工智能精准治理，指基于人工智能实现对产品创新全过程利益相关者的机会主义行为进行精准约束、规范，或威慑与问责感知。与管制不同，治理主要针对机会主义行为。从信息非对称角度分析，机会主义行为可以分为事前机会主义行为，如逆向选择等签订委托代理合同前的机会主义，以及事后机会主义行为，如道德风险等签订委托代理合同后的机会主义。在产品创新全过程中，无论是企业还是用户，都存在着事前与事后机会主义的可能，尤其是涉及信任品等产品的研发更是如此。因此，如何解决产品创新中的各种机会主义问题，构成研发创新管理一个长期探讨但仍未有效解决的难题。

随着人工智能（AI）的迅速扩散和应用，借助人工智能构建治理体系成为一个重要的理论探讨方向（陈伟光，2017），但现有研究对人工智能为什么具有精准治理功能缺乏强有力的学理解释。近期，从责任式创新范式角度剖析人工智能的创新治理（梅亮等，2018），从技术逻辑与公共政策选择角度探讨人工智能的治理价值（贾开和蒋余浩，2017），为本节研究奠定了基础。据此，本节拟从产品创新角度聚焦于探讨三个问题：一是为什么人工智能具有精准治理的功能，或者人工智能发挥精准治理的机制是什么；二是人工智能怎样才能发挥精准治理的作用，或者人工智能发挥精准治理的主要路径有哪些；三是人工智能发挥精准治理的条件是什么，或者什么因素会使人工智能精准治理的功能失灵。

下面主要从人工智能的工具性与社会性、人工智能社会性的治理价值及人工智能发挥精准治理的具体机理三个方面，探讨人工智能在产品适应性创新中发挥精准治理的机制。

（一）AI 的工具性与社会性

要解释清楚为什么人工智能具有精准治理的功能，需要先从人工智能的工具性与社会性开始探讨。人工智能本质上属于一种信息技术，或者说，是信息技术在当今互联网、大数据时代最新成果的一种集成化体现，因而人工智能拥有信息技术的工具性与社会性两种属性。从技术哲学角度分析，基于技术工具论发展起来的技术社会建构理论强调，技术具有工具性和社会性两种特征（张成岗，2013）。

信息技术工具性的探讨认为，信息技术的工具作用产生了人们对其的信任，如认为信息技术处理数据的操作稳定性和有用性是信任的主要来源（Mcknight et al.，2011）。从这个角度来看，信息技术是提高效率的一种现代工具，其工具性作用通过功能示能性来实现，功能示能性指信息技术为用户提供的可能功能集合（Markus and Silver，2008）。这一概念来源于知觉心理学中个体与物理实体交互时对通过该物体可以实现某种行为的感知（Gibson，1977）。例如，信息技术基础设施和控制机制为用户提供了及时、准确、完整的数据传输以保障交易的完成。用户对交易过程中信息技术的加密机制、数据传输协议和认证机制的感知，构成其对技术可依赖性信念的来源（Ratnasingam and Pavlou，2003）。

在产品研发中，产品数据管理系统（PDM）、客户管理系统（CRM）、呼叫中心（Call-Center）系统等为研发人员与用户互动创新提供了实时、准确和系统的数据基础，且通过各种报表、图形、三维动画等形式呈现出未来新产品多个维度的特征，从而为用户刻画出新产品的全景画像。信息技术为企业或用户提供的这种可能的功能集合，就体现出产品创新中信息技术的工具性。然而，信息技术还存在制度建构意义的社会性，因为信息技术可以用多种方式来设计，且技术发展的方向存在多种选择。例如，人工智能实践应用往往是各种用户社会利益驱动下的选择过程，或者说是一种社会集体行动的结果。具体来说，社会群体将价值意义或制度选择赋予人工智能的技术选择和存在形式，不同的社会环境塑造出不同的人工智能特征，且人工智能技术与不同社会情境之间相互构建，形成人工智能技术与社会制度之间的动态匹配过程，使人工智能技术及应用影响到当代社会的制度发展。

在产品研发中，海尔、美的等制造企业通过搭建与用户互动创新平台，广泛吸收全球用户、创客等社会力量参与产品创新，尤其是腾讯、阿里巴巴、百度、京东、酷狗音乐等互联网企业通过大数据平台实现新产品或服务的"灰度测试"或"预售"，在产品创意阶段和产品验证阶段充分吸收用户或潜在用户的意见和创新贡献，使信息技术或产品创新从源头上就被赋予了社会属性或社会群体的集体选择特征。例如，微信技术开发的"不要让我等、不要让我想、不要让我烦"三原则，不仅迅速扩散为中国社交平台和终端体验开发的基本原则，而且构成不少企业产品创新中的制度规范，甚至影响现实中男女朋友交流的潜规则或体验感。因此，互联网、大数据、人工智能等新一代信息技术，使当代产品创新更加体现出创新的社会性，这源于人工智能技术的社会性对当代制度建构的影响，也成为人工智能社会性具有治理价值的基础。

（二）AI 社会性的治理价值

近年来，在信息技术的众多社会性研究中，信息技术的治理功能越来越得到学术界的重视（Jinghua et al.，2013）。在理论上，人工智能技术能够发挥治理作用的前提，是人工智能技术被理解为一个社会对象，其制度意义被社会环境所定义，因为信息技术系统是紧密因果关系的工具安排，能够将人际关系约束锁定在紧密的关系中（Luhmann，1993）。因此，人工智能的存在具有物质性，人工智能的物质性是社会的，因为信息技术存在的物质性是通过社会过程创建的，同时也正是由于这些物质性，社会行动或集体选择才是可行的（Leonardi，2012）。从结构化理论视角来看，人工智能等信息技术的构建使操作以一种标准化、结构化和可预测的方式展开。在这个结构化过程中，信息技术代表规则集和资源集，主体在日常行为中利用这些规则和资源（Orlikowski，1992），将制度、规范或标准嵌入人工智能技术中。人工智能通过内嵌的前提、特征和标准化流程控制主体或利益相关方行动的内容和方式，而不再依赖于人脑中的知识或现实制度。因此，人工智能等信息技术不仅是工具性的，也是社会物质性的，从而具有约束机会主义的治理功能。

概括地说，人工智能社会性具有治理价值主要源于三个方面：①人工智能是由具备不同功能的不同类型技术模块的组合，具有多维度的技术特征，如大数据运算特征、深度学习特征等。信息技术各功能模块之间特定的逻辑联系规定了用户行为的特定序列和界限（Kallinikos et al.，2013），从而在客观上形成了对事前或事后可能的机会主义行为的多维度刻画。②信息技术具有特定的保证结构，促进各个主体以平等的身份参与到互动或交易活动中。例如，在线个人信息的披露增强了以互联网为沟通媒介的可控制性，使用户可以有选择地查看和编辑信息及考虑如何回应，从而对委托人或代理人机会主义行为构成第三方的保证结构，或第三方的客观存在。这种第三方的社会客观存在，对产品创新中的事前或事后机会主义行为构成潜在威胁或问责感知。③从技术结构论角度来看，人工智能等信息技术不仅是由人类设计与创造的，也会对人类行为具有约束作用。这体现在随着信息技术创新和技术使用过程中累积学习，技术的约束作用逐渐对象化，从而对产品创新中的机会主义行为进行对象化约束。

与公司治理等社会制度构建的治理功能不同，人工智能的治理功能对社会关系的塑造，是基于信息技术"计算"中的因果关系。这种因果关系一旦被嵌入或配置出来，人工智能就会具体化和制度化，失去其与社会主体的主动性之间的联系，因为信息技术中嵌入"特定的符号和物质属性"，物质属性作为技术的内在属性，不受环境影响（Leonardi，2013）。作为规则的"承载者"，信息技术使得一些行为是可能的，而其他行为是不可能的，或者是很难达成的（Orlikowski，2000）。例如，在深度学习形成的人工智能中，出现所谓人类理性不可能形成的策略或算法，因为所谓人类理性本质上都是局部理性而非真正意义上的全局理性，但人工智能的理性一方面是大数据学习累积的理性，另一方面是理性结构上的全局理性，可以形成人类治理理性中难以构造的治理策略。

（三）AI 实现精准治理的具体机理

如前所述，人工智能发挥精准治理的核心机制，在于人工智能具有的工具性与社会性，且社会性特征构成其发挥精准治理的核心基础。具体地，人工智能的社会性能够发挥精准治理的两个功能：一是人工智能具有社会嵌入结构，可以通过算法嵌入治理规则；二是人工智能具有社会威慑和问责感知，可使机会主义行动者具有精准威慑和问责的感知性。

首先，人工智能实现精准治理的功能，可以通过技术嵌入人工智能算法规则中，即事先将约束产品研发中机会主义行为的规则嵌入在人工智能技术中，实现将因果序列委托给机器序列，客观和强制性地实现对产品研发中的事前和事后机会主义行为进行约束。或者说，基于算法自动化生成的各种深度学习技术，成为治理机会主义行为的有力工具，并且是以不明显的方式实现（Napoli，2014）。其中，不同类型的信息技术在应用中会引发不同类型的规则，正式的或非正式的规则均是由不同嵌入特征的信息技术设计所决定的（Bartelt and Dennis，2014）。

在理论上，信息技术沿着功能简化和功能闭合两个方面将任务和操作程序化，从而实现对现实世界复杂性的简化（Luhmann，1993）。在功能简化上，信息技术将现实世界的复杂关系重构为一个简化的数字化因果关系或工具性关系集合，以一种新的方式建构和耦合主体行为的逻辑序列。具体地，信息技术将现实情境中的不确定性和复杂度转化为一种逻辑化的操作联系固化在"计算"中，这种逻辑结构为主体的社会互动提供了标准化的实现方式（Contini and Cordella，2015）。同样地，产品研发中的人工智能对于机会主义行为的治理规则也如此被"固化"在技术体系中，成为制约机会主义行为的一种新型治理工具。在功能闭合上，信息技术将社会因果关系锁定在技术执行流程中，使信息技术脱离了主体而独立运行，且在运行过程中不受外界干扰，从而确定了信息技术处理社会复杂度的边界，使治理机制更加理性化。因此，人工智能的技术功能闭合构成其发挥治理功能的重要基础，使人工智能的精准治理具有其自身的规范。

其次，信息技术具有对违规行为的被问责的感知（Vance et al.，2015）。人工智能实现精准治理的功能，是提升针对机会主义行为者的精准威慑或精准问责的感知水平来实现的。类似地，在针对交通超速等违规等机会主义行为的治理中，交警部门或者设置超速违规测速告知，或者设置明显的车速检测装置，提升机会主义者的精准威慑和问责的感知，从而提高交通管理的治理水平。具体而言，人工智能精准治理对机会主义精准威慑和问责主要来自两个方面：一是人工智能的监控和自动实施，使机会主义行为感知到如果违规就会受到确定的、精准的和迅速的问责或惩罚，使机会主义者快速"计算"出预期的收益与成本之间的结果，或快速"算出"机会主义的得失；二是人工智能平台使机会主义感知第三方的客观社会存在，在实施机会主义行为时增加对第三方社会存在"独立评估"的成本，人工智能由此提高机会主义的成本而对其构成约束。

在产品研发中，尤其是在推出新产品的初期阶段，产品可靠性或工艺设计普遍存在不足，这些不足既有可能成为用户的机会主义行为，也有可能诱发生产企业的机会主义行为，缺乏第三方实时数据的强有力证据，往往诱惑企业或用户大量采取机会主义行为。例如，在某个全屋定制新产品中，用户以甲醛超标为由向商家进行索赔，商家以出厂评估报告进行反驳，用户则以自己购买的仪器数据为由索赔，最后经过第三方检测机构介入，发现用户是在关闭房间一个月后再进入房间的检测，而厂家则是在通风三天后进行的检测，两者结果自然不同。针对类似的情境，人工智能将可以发挥第三方介入实现精准治理的重要作用。

三、产品适应性创新的人工智能治理模式

无论是在产品创新领域，还是在其他社会经济领域，人工智能发挥精准治理的作用，主要通过人工智能的制度构建，社会制度演化中嵌入人工智能思维和技术信任，以及人工智能治理规则与社会治理制度的动态匹配三个主要途径来实现。

首先，产品创新的人工智能要发挥精准治理的作用，需要对人工智能的制度构建进行设计。人工智能的制度构建，是指人工智能主体或设计者根据社会治理的目的和技术可行性构建计算规则和决策规则，通过计算规则和决策规则实现与现实制度中的治理规范一致的技术治理体系。可见，人工智能的制度构建是其发挥精准治理作用的关键一环，构成人工智能实现技术性"制度治理"的基础。例如，追踪员工的互联网使用过程、记录网络行为、开展安全审计，能够提升机会主义对问责或惩罚的精准性感知，传递出管理者重视系统使用活动的信号，进而减少信息系统的滥用。又如，电子处方系统嵌入的约束是由治理目标决定的，对专业人员进行身份认证、对行为逻辑的鉴定及对处方和配药的审计追踪等，都能够促进主体对治理规则的服从，这些都属于人工智能的制度构建过程或治理结果。

通过人工智能的制度构建在产品研发中发挥精准治理的作用，可以体现在产品研发的创意涌现、产品验证、市场验证、新品主流化验证及新品生命周期管理各个阶段。例如，在产品验证阶段，企业借助人工智能，就新产品工艺和技术路线选择推动用户广泛参与，或在大数据平台上实现高效的企业与用户互动创新，

或借助社会创客平台参与产品创新，从而在工艺选择和技术选择等研发初期阶段就规避用户使用阶段的机会主义风险。实践中，模拟未来销售情境中的制度环境，反向改进新产品技术性能或工艺，正在成为企业借助人工智能实现精准治理的潮流方式之一，如西门子、波音、通用等大型企业基于大数据和人工智能产品研发仿真系统，实现对产品创新的全项目建模和全流程虚拟现实管理，推动产品创新领域人工智能精准治理的发展。

其次，人工智能在产品研发中要发挥精准治理的作用，需要在现实的制度演化中嵌入人工智能思维和技术信任。制度本质上是一种治理工具或形式，人工智能环境下的制度演化需要构建技术信任，并实现对技术信任的有效转移（谢康等，2016）。人工智能技术与产品研发技术之间具有相互依赖性，治理规则与机会主义行为之间会产生各种随机波动或耦合，由此形成的制度演化需要培育企业与用户双方逐步以人工智能的规则思维和方式来行事，以委托人与代理人双方基于人工智能达成的社会信任——技术信任来实现互动创新，这就需要满足企业与用户互动创新的参与约束和激励相容条件。从制度经济学视角来看，培育对于人工智能精准治理的社会共治，形成对产品创新的人工智能精准治理流程、规则与结果的技术信任，并基于技术信任持续完善人工智能精准治理的多种选择结果，是人工智能发挥精准治理作用的关键要素之一。需要指出的是，人工智能精准治理不存在最优或最理想的结果，而是多项可供选择的最优治理结果的组合，需要主体根据情境或治理目标在可供选择的最优治理预期结果中进行选择或抉择。

在产品研发中，人工智能精准治理是一种特殊形式的制度化治理，通过将治理规则或规范嵌入到产品研发的技术设计与开发中，将治理的制度化实施过程直接委托给人工智能系统，由人工智能系统自动执行本应由主体完成的治理行动。像信息技术成为现实中的治理技术、社会和制度一样（Mohr and Contini，2011），过程规范是任何制度结构的一部分那样，人工智能形成的技术规范构成社会治理中机械化的制度结构，将人工智能思维和规则嵌入到现实社会治理中，促使现实社会的治理"机械地执行"原本由制度设计者执行或委托他人执行的治理过程。

最后，人工智能在产品研发创新中要发挥精准治理的作用，需要推动人工智能治理规则与社会治理制度之间的动态匹配。人工智能技术形成"制度治理"与人工智能技术参与的社会治理之间需要实现动态的匹配。一方面，社会主体或设计者对人工智能的制度构建的设计，需要与现实社会制度相匹配，同时，社会导入人工智能精准治理也需要与既有的治理制度相匹配；另一方面，人工智能的精准治理与现实社会治理制度之间也需要动态匹配。要实现上述两个层面上的动态匹配，需要社会逐步构建起人工智能精准治理的能力—制度—方法—

平台（Capability-Mechanism-Methodology-Platform，CMMP）的社会框架（谢康等，2018）。其中，人工智能精准治理能力和治理制度是实现精准治理的关键因素，人工智能精准治理方法体系和大数据平台是实现精准治理的技术基础。人工智能精准治理能力与制度设计动态匹配（以下简称 CM 匹配），强调主体仅仅具备人工智能精准治理的能力是不够的，还需要将这种能力与治理制度设计相匹配。同时，主体如何通过人工智能精准治理方法体系与大数据平台相匹配（以下简称 MP 匹配）来支持治理的实现，也是人工智能精准治理发挥作用的重要一环。在此基础上，通过 CM 匹配与 MP 匹配之间的再匹配构成 CM–MP 匹配，提升人工智能精准治理发挥成效。目前，对于这四个方面的动态匹配关系研究处于起步阶段，甚至对于四个主体的研究也如此，但这四者的关系及各自特征，将深刻地影响到人工智能精准治理的发展及应用成效。对四个主题科学问题的研究，将成为人工智能精准治理的热点问题。

在产品创新中，一方面，企业研发人员在与用户互动创新过程中，需要基于大数据平台逐步建立起与用户互动创新的动态能力，但用户事前或事后机会主义行为往往使研发人员难以判断某个意见或建议的真实价值，即使与领先用户的合作创新，也存在类似问题。另一方面，企业研发人员如何获取产品创意或者在与用户互动创新过程中，如何甄别欺骗、诱惑、侵占、转售用户创意或创新原型等机会主义行为，都需要通过人工智能精准治理来逐步规范。同时，无论是研发人员还是用户都需要从更广泛的社会责任视角重新审视产品创新，将人工智能精准治理纳入企业责任式创新的范畴中，产品创新不仅需要获得产品验证和市场验证，未来也需要获得社会责任的验证，这都是人工智能参与市场治理可以发挥作用的空间。但是，要使人工智能精准治理在产品创新中发挥这些作用，需要不断提高人工智能精准治理的 CM–MP 匹配，否则，难以实现针对产品创新中委托人或代理人机会主义的精准治理。

四、产品适应性创新中 AI 精准治理的条件

人工智能是否能够对产品创新中机会主义行为发挥精准治理的作用，需要考虑具体的情境条件。在不同的情境下，人工智能发挥精准治理的作用不同，本节不准备就不同情境下人工智能发挥精准治理的不同作用进行探讨，拟重点剖析人工智能发挥精准治理的一般制度条件，尤其是分析在什么样的制度条件下人工智能精准治理会失灵（Cooper，2014）。

从技术角度来看，人工智能具有计算智能、感知智能和认知智能三个层面的能力。相应地，可以从人工智能精准治理所需的社会主体"计算智能""感知

智能"和"认知智能"三个方面，分别探讨人工智能精准治理的社会制度失灵
条件。

首先，无论是将治理的规则或制度嵌入人工智能技术中，还是在现实治理制
度中纳入人工智能技术推动精准治理，都必定存在着治理失灵的空间或区域。对
于人工智能精准治理失灵的探讨，将加深人们对于人工智能精准治理的认识。对
于制度失灵的探讨，本质上就是刻画制度有效性的边界。

在产品创新中，无论是在现实中还是在人工智能干预下，对于创意涌现或与
此相关的创新活动中的机会主义行为，都是难以实现精准治理的。也就是说，对
于深刻隐藏在人类脑海中的高度非结构化活动，人工智能与现实中的治理制度安
排一样，都存在失灵的可能。例如，对人工智能企业的调研发现，人工智能模型
可以高效地实现从1~10的功能性或技术性创新，但对于从0~1的创意涌现与模
糊判断存在着相当大的智能盲区。从这个角度来看，保障人工智能精准治理的第
一个制度条件，就是社会制度需要明确、清晰、简要地规划出人工智能发挥精准
治理作用的边界，避免人工智能精准治理的泛化和庸俗化。通俗地说，一个文明
健全的人工智能社会，既不是人工智能无所不能的社会，也不是一个纯粹技术工
具的社会，而是一个有限边界的人工智能社会——内嵌多个平行的人工智能小社
会的智能社会。诚然，这个边界会随着人工智能技术与制度之间的动态匹配而不
断延伸扩展。

其次，社会主体对人工智能的技术信任与制度信任形成信任的传递，是保障
人工智能精准治理的第二个制度条件。主体对于人工智能的技术信任，指其对信
息技术基础设施和控制机制促进治理行为完成的信念。或者说，主体对人工智能
精准治理的信任和对其治理机制的信任，构成现实制度中对主体治理行为的信任。
主体对于人工智能的制度信任，指其对基于人工智能社会构建的程序、约定、协
议或规则等促进治理行为完成的信念。或者说，人工智能精准治理的制度信任，
就是主体对于人工智能精准治理形成的一系列规则和程序能够保障实现预期治理
的信念。

在产品创新中，企业研发人员对人工智能模型建构的新产品模型及市场模拟
结果不仅具有技术信任，而且具有制度信任。同时，在创新迭代过程中，企业研
发人员对人工智能实现精准治理的预期结果在不同情境下相互传递，本质上是人
工智能精准治理的CM-MP匹配迭代过程，当出现企业与用户，或企业与企业之
间，或用户与用户之间形成机会主义行为时，依靠社会主体对人工智能精准治理
的技术信任与制度信任的信任传递，使主体基于对人工智能的技术信任转变为治
理的制度信任，或基于制度的信任转变为对人工智能的技术信任，从而使人工智

能实现对现实中机会主义行为的精准治理。因此，社会主体对人工智能精准治理的技术信任与制度信任之间的信任转移，是构成其有效性的条件之一。

最后，技术信任不能代替人际信任。相反，技术信任补充了人际信任。人际信任是一种关系治理的形式，当人际信任水平较高时，即使不依靠正式契约的约束，也不会发生使一方遭受机会主义行为的损失（Poppo and Zenger，2002）。基于此，社会主体对人工智能的技术信任与人际信任之间的信任传递，是保障人工智能精准治理的第三个制度条件。随着人工智能的扩散和普及，社会出现多个平台提供第三方人工智能治理服务，或人工智能精准治理成为支持或促进产品创新治理的一种常态形式，社会主体需要将对人工智能的技术信任转变为对其的人际信任，或对其的人际信任转变为技术信任，使人工智能构成社会主体之间的治理关系之一。

在企业与用户互动创新中，互联网及大数据平台为企业与用户互动创新提供了新的即时通信与交流工具，使企业与用户的连接实现时空压缩效应，无论是企业还是用户都可以低成本地实现与全球目标主体的连接，这种连接隐含了彼此双方的平等条件，就像网络语言所说那样，互联网上你不知道与你对话的是人还是狗，但对话身份都是平等的。因此，产品创新中的机会主义主体或者是个体，或者是机构，或者仅仅是人工智能的机器，在这种情境下，产品研发过程中的机会主义行为部分可能是一种计算机算法行为，或者说是一种无意识的集体计算行为，纯粹依靠人类大脑或现实制度来计算和判断将难以胜任，需要借助人工智能来促进大数据时代的治理。此时，人工智能在产品创新中发挥精准治理的作用，需要社会主体对其的技术信任与其对社会主体的"人际信任"之间存在信任转移，即社会主体需要相信其他社会主体也对人工智能实现精准治理具有同样的信念。否则，人工智能精准治理难以实现。例如，当某种新产品被企业作为主流化产品进行推送时，人工智能模型分析结果表明该新产品有高风险侵权的特征，企业因此而终止或修改该新产品的主流化方案。但是，市场上其他企业借助人工智能模型也获得同样结果后却依然推广，且因侵权而未受到实质上的损失，如果这样的现象反复出现，人工智能就难以发挥对机会主义行为的精准治理。

在产品创新治理领域，第一个条件提出的社会需要清晰规划出人工智能发挥精准治理作用的边界，避免人工智能精准治理的泛化和庸俗化，确定了人工智能的计算智能的失灵条件；第二个条件提出的社会主体对人工智能精准治理的技术信任与制度信任之间的信任传递，确定了人工智能的感知智能的失灵条件；第三个条件提出的社会主体对人工智能精准治理的技术信任与人际信任之间的信任传递，确定了人工智能的认知智能的失灵条件。这三个条件从社会制度层面共同刻画了人工智能精准治理的有效性边界。例如，在波音 787 研发与市场扩展中，通过智能装配、智能驾驶、智能飞控、智能维护、智能材料及标签等领域新品研发与市场拓展，波音 787 从高技术集成的宽体机迈向准智能飞机（张新苗等，2017），由此需要社会主体通过创新研发、驾驶、运维、飞控、维护与供应链创新等多项制度来保障，才可以实现波音 787 的全球化应用，从而推动航空运输迈进智能飞机时代的门槛。但是，如果社会主体缺乏对波音 787 的计算智能、感知智能和认知智能的有效性边界的共识，也缺乏对其技术信任、制度信任和人际信任的信任传递，对于该产品研发创新和市场推广活动，就缺乏了人工智能精准治理的制度条件。因此，人工智能发挥精准治理的条件，本身就是人工智能需要解决的一个技术与制度交互影响的难题。

上述从产品适应性创新角度探讨三个问题：一是为什么人工智能具有精准治理的功能？研究表明，人工智能不仅是工具性的，也是社会物质性的，从而具有约束机会主义的治理功能，因此，人工智能的工具性与社会性交互构成人工智能发挥精准治理的基础。其中，人工智能的社会嵌入结构、社会威慑和问责的感知构成其实现精准治理功能的两种方式。二是人工智能怎样才能发挥精准治理的作用？结果表明，构建人工智能的制度，是由社会制度演化中嵌入人工智能思维和技术信任、人工智能治理规则与社会治理制度的动态匹配构成人工智能精准治理的三个主要路径。三是人工智能发挥精准治理的条件是什么？探讨表明，明确人工智能精准治理边界、对人工智能精准治理的技术信任与制度信任的信任传递、对人工智能精准治理的技术信任与人际信任的信任传递构成人工智能精准治理的三个制度条件。

第五章

企业与用户互动的资产适应性创新 *

针对现有理论研究，本章在 Xie 等（2016）大数据合作资产的原创概念及其理论框架的基础上，主要展开两方面探讨：一是通过具体阐述大数据合作资产的概念内涵与外延，首次将大数据合作资产划分为公共品型大数据合作资产、企业私域型大数据合作资产、用户主导型大数据合作资产及共享型大数据合作资产四类，反映了大数据作为新生产要素的数字经济特征，为数据作为生产要素参与社会初次分配的市场经济理论提供了理论基础。二是结合对数字经济创新的思考，创新性地探讨了基于大数据合作资产促进数字经济创新的理论逻辑，即企业和用户基于大数据合作资产通过协同演化促进适应性创新，实现数据驱动的产品、能力和模式创新，带动用户个体及群体的能力和行为创新。这些创新在经济层面上体现为效率提升和结构优化，最终促进数字经济创新。上述基于大数据合作资产形成适应性创新进而促进数字经济创新的逻辑，旨在深化对数字经济创新的微观实现机制的认知，为数字经济构建经济新增长点和形成新动能的政策分析提供理论指导和实践启示。

第一节　数据驱动的资产适应性创新

一、大数据合作资产的概念内涵

大数据合作资产是在数字化情境下结合服务主导逻辑理论及资产特征提出的，是用以反映数字经济价值的重要概念，是指企业和用户在数字化服务交互中成为能够被另一方所拥有和利用的，并能创造当前或未来经济收益的数字化资产（Xie et al.，2016）。

数字化技术、服务交换和可转移的使用权三个要素，共同构成了如图 5-1 所

---

　　* 本章主要以谢康、吴瑶、肖静华"基于大数据合作资产的适应性创新——数字经济的创新逻辑（二）"（《北京交通大学学报（社会科学版）》2020 年第 2 期）内容为基础改写而成。

示的大数据合作资产的概念内涵。

首先，数字化技术构成大数据合作资产的技术内涵。数字化技术提升了用户参与行为的可数据化程度，使生成数据具有高易获得性，成为能够被便利、低成本、突破时空限制地转化为可被企业获取和利用的数据资源（Erevelles et al.，2016）。这些数据能够反映不同人群的需求特征及变化，激发并支持企业创新（Bendle and Wang，2016）。数字化技术使用户在线上行动中自然形成数字轨迹，用户无须具备主动参与的意愿，也能自动形成大数据进而影响企业创新（Youngjin et al.，2012）。

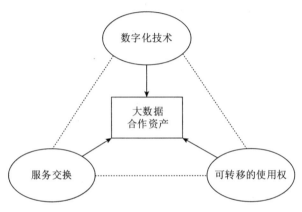

图 5-1　大数据合作资产的概念内涵

其次，基于数字化技术形成的企业与用户服务交换，反映了大数据合作资产的互动特征。服务主导逻辑将"服务"定义为行动者（企业或用户）为了提高另一个行动者的收益或自身收益而采取的专业化的能力应用（Vargo and Lusch，2004；Grönroos and Voima，2013）。因此，服务本质上是能力，服务交换是一种能力交互，即企业和用户发挥各自能力满足自身或另一行动者所需的能力应用过程。具体如 Xie 等（2016）提出的企业合作能力和用户合作能力反映了企业或用户基于数字化技术形成的能力类型，这些能力促进了从数字资源到合作资产的价值转化。

最后，数字化资源使用权的可转移性构成大数据合作资产的互动条件，使企业和用户间的数字化服务交互成为可能。其中包括用户产生的非结构化大数据，学者认为社交媒体和移动媒体的大量创新源自对这些数据的使用（Youngjin et al.，2012）。此外，社会角色的差异性导致用户会产生不同类型的大数据信息资源，如 Xie 等（2016）提出的交易型大数据、交流型大数据、参与型大数据和跨界型大数据。此外，还包括用户可便捷利用的技术平台等企业提供的数字化资源，也可以成为用户可以使用并创造价值的资产，如用户借助社交媒体平台创造内容并构建个人社交资源，或借助即时通信、直播等技术进行社群互动，形成、传播和改变社群知识和信息（Hanson and Yuan，2017）。用户借助这些新媒体技术进行个体学习和群体互动，在知识贡献和寻求社交支持中获得收益（Pfeil and Zaphiris，2009）。

二、大数据合作资产的概念外延

本章采用与相关资产概念进行比较的方式，理论化界定大数据合作资产的概念外延。在现有研究中，从资产角度界定企业与用户关系的价值主要涉及三个概念：用户资产、关系资产和大数据合作资产。这三个资产概念基于资产形式的经济特性呈现出一定的共性，但在互动特征、价值来源和理论基础上表现出显著差异，具体维度如表 5-1 所示。

表 5-1　大数据合作资产与相关资产概念的联系与区别

维度		用户资产	关系资产	大数据合作资产
共性		可衡量性：基于资产形式的经济特性，包括衡量投资的明确机制与计算回报的明确手段 可共享性：资产的价值可以被任何一方占有		
差异	互动特征	企业对用户的价值获取	企业对用户 / 合作伙伴的价值获取	企业与用户间双向的价值交换
	价值来源	用户购买行为所形成的直接经济价值，以及依据用户数量形成的直接经济预期	来源于重复交易关系中积累的经济价值，以及来自社会关系、规范、信任和群体对交易连续性的期望	来源于企业和用户行为及资源的数据化，以及基于数据化形成的资源使用权或所有权的可转移性
	理论基础	顾客关系管理理论	社会互动论 社会资本论 顾客关系管理理论	服务主导逻辑理论 价值共创理论 技术示能性理论

资料来源：笔者团队根据公开资料收集整理。

在共性上，当一个概念用"资产"予以概括，它必须拥有与其他常见资产形式一致的经济特性（Portes，1998），包括衡量投资的明确机制和计算回报的明确手段，并清楚地了解这一资产在多大程度上能够应用于不同领域及情境（Sobel，2002）。此外，可共享性是所有资产的一种共性特征，表示资产本身及其价值可以被任何一方占有（Elfenbein and Zenger，2014）。

在差异上，首先，用户资产、关系资产和大数据合作资产强调了不同的互动特征：用户资产描述的是企业对用户的价值获取，体现了产品主导逻辑下"用户终端价值的接受者"观点。现有用户资产研究偏重定量，关注购买行为所形成的经济价值（也被称为直接效益面）（Wiesel et al.，2008）。关系资产描述的是企业对基于社会关系的利益相关者的价值获取，核心主体仍然是企业，用户或合作伙伴被认为是关系网络中的一种资源。基于这种资源的存在性，企业可以预期得到收益或创造价值。与用户资产和关系资产相比，大数据合作资产强调三点：一是对用户而言，非交易行为所带来的潜在价值；二是资产通过数字化服务交换形成；三是资产的收益具有双边性。因此，大数据合作资产在互动关系上强调的是企业与用户间双向的价值交换（Xie et al.，2016）。

在价值来源上，三个概念也形成明显区别：用户资产强调用户购买行为所形成的直接经济价值，以及依据用户数量形成的直接经济预期（Wiesel et al.，2008）；关系资产强调来源于重复交易关系中积累的经济价值，以及来自社会关系、规范、信任和群体对交易连续性的期望（Elfenbein and Zenger，2014）；大数据合作资产强调价值来源于企业和用户行为及资源的数据化，以及基于数据化形成的资源使用权或所有权的可转移性（Xie et al.，2016）。因此，尽管同样描述资源价值，三个概念在理论上对价值来源的理解不同。

在理论基础上，三个概念来源于不同的理论背景。用户资产是顾客关系管理理论下衡量用户价值的重要概念（Kumar and Reinartz，2012）。企业已经意识到，正如顾客从其所提供的产品服务中获得价值一样，企业也从顾客群中获得价值。Kumar 和 Reinartz（2016）将顾客的这一价值定义为"顾客与公司关系的经济价值，以贡献率或净利润为基础表示"。当企业确定顾客提供的价值时，它们将能够做到以下五点：①更好地管理成本；②公布收入和利润的增加；③实现更好的投资回报（ROI）；④获得和留住能为公司带来盈利的顾客；⑤重新整合营销资源，以最大限度地提高顾客价值。因此，用户资产体现了学者对用户给企业带来的直接型经济价值的关注，对这一概念的衡量使用了诸如频率—货币价值（Recency–Frequency–Monetary Value，RFM）、过去的顾客价值（Past Customer Value，PCV）、钱包份额（Share Of Wallet，SOW）和期限（Tenure/Duration）等指标。

关系资产处于社会互动论（Elfenbein and Zenger，2014）、社会资本理论（Baker，1990）和顾客关系管理理论（Husain et al.，2013）的交界处，属于社会资本的一个重要维度，指的是基于行为者之间互动的历史而根植于人际关系中的资产（Nahapiet and Ghoshal，1998）。社会学的推理路线认为，反复的互动产生了潜在的资产，有可能在未来交易中提供价值。关系资产起源于一个简单的事实，即反复的交易形成了根深蒂固的社会关系（Granovetter，1985）。通过反复交易，各组织之间的社会关系不断深化，促进了规范的灵活性，支持了信息交易，并产生了解决相互问题的承诺。所有这些都有助于产生彼此适应，进而促进持续和有效的交易。基于这一逻辑链，一些学者也指出用户资产是关系资产的一个子集，认为只有当企业对用户非常重视时，用户才会与企业深入互动，促进知识创造和创新（Husain et al.，2013）。

大数据合作资产是结合服务主导逻辑（Vargo and Lusch，2004，2008）、价值共创理论（Grönroos and Voima，2013）和技术示能性理论（Gibson，1977；Majchrzak and Markus，2012）提出的概念，关注的是基于数字化技术增权、企业与用户的双向互动关系所产生的双边价值。其中，服务主导逻辑强调"价值是以用户为中心、由企业和用户共同创造"的思想（Vargo and Lusch，2004，2008）；"价值共创"被定义为企业和用户在直接交互中的联合行动（Grönroos，2012）；技术示能性（affordance）理论认为技术的价值来自用户和工具之间的相互作用，技术能够为用户提供情境化的行动潜力（Majchrzak and Markus，2012），如用户创造和传播信息、企业获取和分析用户数据，企业和用户均可以利用数字化技术进行情境化的价值创造等。

大数据合作资产强调数字化资源整合和服务交换。如果将服务概念化为价值共同创造过程（Vargo and Lusch，2008），那么，互动就是资源整合和后续价值驱动体验的决定性因素（Prahalad and Ramaswamy，2004）。可以说，价值是通过一系列的互动体验由企业和用户共同实现的（Kowalkowski，2011）。因此，这种双向的互动性强调了企业和用户在满足彼此需求过程中的参与，使价值创造不再可能由单一行动主体所主导或控制，从而使双方成为彼此的合作资产。

总的来说，大数据合作资产反映了价值创造中行动主体之间的互动，强调双方对彼此资源的依赖性会进一步促进服务交换而促进创新。因此，尽管大数据合作资产在资产特性上与用户资产和关系资产具有一定的相似性，但更强调基于技术的双边互动而形成的双边价值创新。大数据合作资产与相关资产概念的联系与区别具体如表5-1所示。

第二节　大数据合作资产类型与实践参照

当数据作为一种有价值的、待开发的稀缺资源时，技术壁垒、市场竞争、制度设计、互动方式、技巧能力等均会影响资源使用权，企业或用户可能需要通过支付才能够实际使用相应的数字化资源。根据企业或用户是否需要支付以获得数字化资源使用权的不同情况，提供一个如图 5-2 所示的 2×2 大数据合作资产分类框架，将大数据合作资产划分为公共品型大数据合作资产、企业私域型大数据合作资产、用户主导型大数据合作资产及共享型大数据合作资产四类。下面，据此探讨大数据合作资产的不同类型、特征及相应实例。

	企业不拥有	企业拥有
用户拥有	用户主导型 大数据合作资产	共享型 大数据合作资产
用户不拥有	公共品型 大数据合作资产	企业私域型 大数据合作资产

图 5-2　大数据合作资产的四种类型

一、公共品型大数据合作资产

在如维基百科这类开放式数字化平台中，任何处于网络中的个体或组织都可以利用信息技术便捷生成并分享数字化内容。作为一种资源，这些数字化内容具有两个特征：一是非竞争性。当一个用户访问或使用这些数字资源时，并不会对其他用户访问或使用这些数字资源形成任何影响。二是非排斥性。基于平台的权限公开使任何用户或组织都不能妨碍其他人对这些数字资源的访问或使用。

具备非竞争性和非排斥性两个特性，使这种基于开放式平台的数字化资源成为一种公共品，即企业和用户都不需要为彼此提供的数字化资源付费且可以利用这些资源各自进行价值创造。本书将这一资产类型定义为公共品型大数据合作资产。

公共品型大数据合作资产的典型例子之一，是目前被认为是规模最大的线上知识平台——维基百科。据 Alexa Internet 统计，全世界共有近 3.65 亿位用户使用该平台进行自由浏览和内容编辑，已形成 1 万多个条目。该平台内嵌的 Wiki 技术几乎允许任何人自由且便捷地编辑维基百科内容，开放式许可协议也支持任何人都可以重复发表维基百科内的文章，且无须支付任何费用。此外，维基百科内数据资源的公共品特性，还体现在这些数字化内容可以被几乎无成本地传播，如数以千计的"镜像站点"、应用程序、搜索引擎等转发维基百科条目内容，任何端口的用户都能够借此浏览相应的数字化内容。

二、企业私域型大数据合作资产

当数据成为一种竞争性资源，技术壁垒和市场竞争都会导致部分企业独占稀缺资源，或对有价值的数字化资源拥有使用权，其他企业或用户需要支付才可使用这些数据资源。本书将这一合作资产类型定义为企业私域型大数据合作资产。

实践中，企业尝试搭建自己专营的线上渠道，如自有官方商城或 APP，或在对数据更开放的社交平台（如微信）上建立渠道，经营忠于品牌或店铺的粉丝群，这在业界被称为"私域流量"。与基于淘宝等平台的公域流量相比，私域流量具有无需付费、直接触达、反复利用和数据自有的特征。通过对私域流量的运营，企业可以自主决定展现的内容和商品，或通过个性化互动形成具有黏性的顾客关系。更重要的是，企业可以借助自有技术，或微信号、公众号、订阅号等平台技术最大化地留存数据，深度挖掘粉丝群的个性化信息，实现顾客精细化管理。因此，私域流量本质上是企业构建的一种独有使用权的数字化资源集合，可以帮助企业不断获得更多的来自用户行为和互动的数据。

近年来典型例子如通过运营私域流量实现持续爆发性销售增长的完美日记。该品牌 2017 年成立，自 2018 年起将小红书、微博、微信和抖音等新媒体平台作为重点运营渠道，通过创作和持续投放原创美妆笔记形成忠诚粉丝。根据对微信这一渠道的保守统计，完美日记通过创建具有统一"小完子"人设的上百个个人号，同时运营百万级粉丝。庞大的私域粉丝基础助使其不仅在短短 8 个月内销售额增长 50 倍，同时也成为 2019 年登顶天猫双十一彩妆榜首的国货品牌，超过雅诗兰黛、欧莱雅等国际大牌。更重要的是，当企业借助自有平台或开放式平台精细管理忠诚粉丝时，就可以掌握从产品发布到粉丝互动形成的完整数据链，从而进一步优化营销文案优化、调整互动活动、改进新产品设计，形成高效的销售转化。此外，企业可以自由地改变营销方式，不受限于与平台合作时的营销模式，如完美日记利用虚拟人设"小完子"在朋友圈发广告时不直接放产品链接，而是为促销产品标序号，等待用户主动回复后再发购买链接。这种基于信息甄别原理的运营模式的精细改进，潜在地引导用户主动表达购买意愿，并与企业产生更多的互动与交流，形成更丰富多样的大数据合作资产。

三、用户主导型大数据合作资产

如抖音、快手等视频内容平台，以及如小红书、知乎、豆瓣等社区论坛类平台极大赋权用户，使其可以独自创造和生产数字化内容，创建个性化直播方式或短视频制等个性化互动方案。此时，用户不仅是内容生产者，更是社交网络内的资源分配者，他们决定了传播什么样的产品、以什么方式传播产品，以及传播给谁。这部分用户往往拥有更强的学习能力和合作能力，前者表现为个体内部对新知识的运用（Hibbert et al.，2012），如快速学习基于新媒体的视频剪辑技术，后者表现为个体对企业价值创造的客观参与，如在分享个人观点、经历过程中传播企业品牌或产品。尽管用户生成的数字化内容可以被任何组织或个体获取和传播，但是基于这些数字化内容形成的其他资产，如作为社交资产的粉丝、作为关系资产的合作品牌及作为实物资产的衍生产品等，则带有极大的商业价值。

典型例子如微博知名古风美食视频博主李子柒，目前已成为拥有 2200 万粉丝的自媒体人，被誉为"2017 第一网红"。李子柒善于借助短视频技术制作内容，共创作 109 条短视频，每一条短视频在 3~6 分钟完整呈现选择食材、制作过程、享受成品的过程，使观看者身临其境。基于这些原创数字化内容和庞大粉丝群，李子柒吸引了大量知名企业和品牌与其合作，如携程旅游与李子柒合作设计春节旅游项目，借助其文化创意，推出春节李子柒式年味体验，使 2020 年春节前夕通过携程预定"李子柒式"乡村过年跟团游人数增长 280%。携程也进一步通过平台获取数据，形成携程"李子柒式乡村旅游过年"用户画像。这些数据不仅成为携程进一步进行产品迭代和创新的重要参考依据，也成为李子柒的用户主导型大数据合作资产。

四、共享型大数据合作资产

当企业和用户通过提供各自资源或能力的合作方式共创数字化内容并分享收益时，就会形成参与方共同分享的大数据合作资产。本书将这一过程中企业和用户互动形成的资产称为共享型大数据合作资产。

实践中，有两个典型例子反映了共享型大数据合作资产：一是知识付费；二是游戏创作。知识付费代表性案例如知乎 Live、得到、喜马拉雅等，用户将知识作为数字化产品或服务，借助知识的流通实现参与各方的商业变现。在这一过程中，平台企业提供数字化技术，支持知识的包装、传播和变现，用户则借助这些数字化技术进行知识创作。两者通过合作将这些知识产品化或服务化，最终实现从知识到商业价值的转换。例如，知乎 Live 在传统文字、音频和视频基础等数字化内容形式基础上，通过平台开发的直播技术，允许用户以直播方式分享知识，其他用户通过打赏等付费形式购买相应知识内容或服务，所得收益再以特定形式由平台和用户分享。除原创知识外，分享知识也构成另一种用户参与的合作形式。例如，百度文库允许用户上传资料并获得虚拟货币，这些虚拟货币可以用于购买其他用户上传的文档。这种机制设计同样体现了基于平台技术的用户合作与参与，同时也能创造商业价值。

　　游戏创作的代表性案例如橙光文字游戏制作工具，该工具由北京六趣网络科技有限公司研发和运营，允许无任何编程基础的用户根据引导按钮一步步完成游戏制作。在该技术平台上，用户可以获得充足的美术素材，根据平台提供的制作流程设计每个游戏页面，并自定义游戏中的每一个事件。该技术平台在用户完成游戏制作后，可以通过自生成技术创建 PC 端或移动端等多种不同的游戏运行环境，如《清宫计》《进击的巨人：黎明之翼》等游戏均借助该平台由用户创作。更重要的是，在游戏生成后，橙光平台与游戏制作用户均能够分享收益。收益主要来自玩家充值，充值可获得鲜花。普通玩家可以单纯地为喜爱的游戏送上鲜花表示支持，也可以用鲜花解锁部分游戏功能，如更多的游戏进度保存槽位，快速进入游戏功能和获取支线游戏等。这样，技术平台提供方、游戏制作玩家、普通游戏用户等参与方在虚拟空间中形成了共享型大数据合作资产。

五、四类大数据合作资产的特征与关系

　　图 5-2 提出的大数据合作资产框架，主要根据企业或用户是否需要支付以获得数字化资源使用权进行划分的。理论上，尽管存在行动者支付行为的差异，但无论哪种大数据合作资产，都包括该概念在内涵上所强调的三个维度，如图 5-1 所示的数字化技术、服务交换和可转移的使用权。在大数据合作资产的概念内涵一节中已对这三个维度进行过阐述，这里不再赘述。但需要强调的是，尽管企业私域型和用户主导型分别代表了两个行动者在更大程度上掌握着对数据资源的使用或分配，但这两种资产的形成仍然需要企业与用户互动。这可以理解为数据在互动中形成商业价值，但最终谁拥有这些价值，则取决于技术、竞争和市场等情境因素。对此，在上述第三部分的从资源、生产要素到资产中，针对情景因素影响数据成为何种合作资产进行过详细论述。

　　理论上，公共品型大数据合作资产、企业私域型大数据合作资产，以及用户主导型大数据合作资产都有向共享型大数据合作资产演化的动力。当打破平台技术垄断时，平台拥有的来自商家和用户的数字化资源，会被商家和用户便捷获取和利用。当非平台企业提升自身技术服务能力时，则可以增强与私域粉丝的互动，强化用户参与，这会提升用户对非平台提供的数字化资源的使用，也向共享型大数据合作资产转变。当非平台企业借助更加智能化技术提高自身的大数据获取与分析能力，不断挖掘来自视频内容平台和社区论坛平台的大量用户行为数据和复杂非结构化的用户生成内容时，企业也提升了自身对这些数字化资源的使用权，因而也会向共享型大数据合作资产转变。诚然，如果所有类型的大数据合作都成

为共享型大数据资源，社会因为失去激励而没有动力投资其他三种类型的大数据合作资产，这就会形成信息经济学中的格罗斯曼—斯蒂格利茨悖论。

第三节　大数据合作资产的适应性创新机制

数字经济强调利用数字化知识和信息作为关键生产要素来提升效率和促进经济结构优化。本章针对促进数字经济创新这一宏观目标，提出基于组织与个体互动微观层面的创新逻辑——基于大数据合作资产形成适应性创新进而促进数字经济创新（见图5-3），具体包括两个过程：一是基于资源整合和服务交互，实现从大数据资源到大数据合作资产的转化；二是基于企业与用户协同演化，实现基于大数据合作资产的适应性创新。

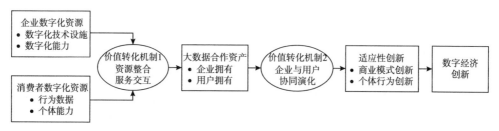

图5-3　大数据合作资产推动数字经济创新的逻辑

一、从资源、生产要素到合作资产

首先，单纯拥有异质资源并不一定会形成合作资产，只有当异质化资源被有效整合且被使用于企业与用户服务交互中，才能呈现为行动者创造收益的价值潜力。本书提出，资源整合是促进数据从资源转变为生产要素，进而成为资产的重要机制。参考Lusch等（2007）和Sweeney等（2015），资源整合可以被宽泛地理解为一种基于行动者自身或行动者与环境、其他行动者等外部主体交互的资源利用过程，包括对操作资源（operand resources，如数据）与操作性资源（operant resources，如数据分析能力）等不同资源类型的综合使用，或不同资源间的相互促进。

其次，任何资源，当体现出能够形成生产力的潜力时，它就成为一种生产要素，诸如劳动、资本、土地、知识、技术和管理等都具有这一特征。数字技术融合、数字管理融合和数字文化融合，构成数据成为生产要素的三条关键路径。数字技术融合强调利用数据提升技术和利用技术转化数据，如数字系统信息模型提升数据处理效率、导航数字技术使离散的轨迹数据聚合成有参考意义的决策信息，数字孪生的技术设施帮助制造企业高效构建复杂系统（Love and Matthews，2019）。数字管理融合强调数据增长呈指数级，且随着组织内决策从传统系统中的数据扩展到外部各种新资源，对这些新数字资产进行治理的需求势在必行，具体体现在管理体制、结构、流程的数字化，如工业物联网对整个价值链生产能力和盈利能力的提升（Maguire and Fish，2019；Gupta and George，2016）。数字文化融合强调利用文化激励促进组织利用数据和利用数据驱动构建新型创新文化，如数据驱动的决策制定文化强调高层管理团队要基于数据进行决策，而非他们的直觉（George，2016）。正如 Haberly 等（2019）所强调的那样，如果要以整体的方式看数据，就需要将数据、技术、管理和文化进行充分的融合。从这个意义上分析，推动互联网、大数据、人工智能和实体经济深度融合，一方面在促进数字化体系与工业化体系的数据、技术、管理和文化的融合；另一方面是在促进数据、技术、知识和管理等新兴生产要素与劳动、土地、资本等传统生产要素相结合，形成创造社会财富的源泉，构建经济增长的新动能。

　　作为生产要素的数据属于操作资源，需要企业或用户应用各自能力进行资源整合，才能够使这些生产要素最终转变为具有商业价值的数字资产。这再次印证了劳动者（企业或用户）与生产资料（数据）的结合，是人类进行社会劳动生产所必需具备的条件，没有它们的结合，就没有社会生产劳动的理论观点。具体而言，企业参与整合的异质数字化资源，主要包括软硬件技术及设施等基础数字化技术设施，以及大数据获取、分析等能力等数字化能力。用户参与整合的异质数字化资源，主要包括基于任何数字平台所客观形成的行为数据，以及技术赋权形成的个体能力，如技术运用能力、学习能力以及广泛意义上的参与能力和创新能力等。在理论上，由于能力等操作性资源对数据等操作资源的影响，两类资源存在交互作用，因而构成了资源整合和服务交互的逻辑基础。

　　最后，对于企业而言，来自用户的数字化资源如何被有效运用于企业价值创造取决于企业的能力（Saldanha and Mithas，2017）。Foss 等（2011）认为，这种能力指企业增强利用用户和合作伙伴信息的能力，本质上是一种处理信息和数据的技术能力。对于用户而言，个体也需要具备相应能力以实现对企业数字化资源的有效利用。例如，各种简便易用的网络工具赋权用户形成异质知识，并建立途径使他们深度参与企业或社会的创意生成、创意选择、产品设计、产品测试，以及产品发布等新产品创新的不同阶段（Ryzhkova，2012）。这样，用户通过数据化参与等方式介入到企业的价值创造行为中，使企业作为生产要素参与初次分配的社会主体的内涵和外延发生了本质的改变，即之前企业作为生产要素参与初次分配的主体是纯粹的，单一的，而数字经济时代用户的介入使企业与用户的社会互动结构也成为生产要素参与初次分配的主体之一。这样，大数据也从生产要素转变为企业与用户的合作资产。

诚然，需要充分考虑情境性对大数据成为何种合作资产的影响。参考本章第二部分提出的2×2的大数据合作资产分类框架，由此至少存在三个因素会影响到大数据资产化的情境特征：

（1）技术的战略导向。从工具论视角来看，技术既能够帮助企业获得对数据资产的垄断。例如，构建企业私域性大数据合作资产，也能够促进资产共享。具体地，基于区块链技术的智能合约来管理电子书销售，确保按出版商和作者之间的约定将付款分散在加密货币中，促进数字图书在商业市场上的流通（Nizamuddin et al.，2019），构建共享性大数据合作资产。诚然，不同企业遵循差异化战略目标可以设计技术进而影响数据的资产化方向，如开放式平台技术既可以通过面向个体开放促进用户主导性大数据合作资产，也可以通过完全面向所有用户开放促进公共品型大数据合作资产。

（2）竞争的动态性。当数据能够制造财富时，基于数据形成的产品或服务就成为一种无形的创新，促使处于激烈竞争中的企业需要建立保护创新的制度来构建长期竞争优势，形成如企业私域型大数据合作资产。此外，数据是技术的能源，而技术可以提高数据的生产率，这使拥有更多数据的企业往往拥有更显著的竞争优势，形成正反馈效应。因此，在理论上，竞争越激烈，企业等行动者越希望建立制度壁垒保护对稀缺数据的垄断。相反，在局部不存在竞争性的关系中，生态系统行动者则往往希望通过数据交流促进新数据产生，如构建公共品型或共享型大数据合作资产，通过网络生态合作促进创新与双赢。

（3）市场需求异质性。生态网络中行动者的异质需求也会驱动数据资产化的方向发生分化，形成企业私域型、用户主导型、公共品型和共享型四种大数据合作资产类型。这种异质需求可能体现在企业与企业的竞争需求、企业与用户的议价需求和用户间的交互需求。以企业与用户议价需求为例，用户的数字足迹能够精准反映当前需求，当企业获得这些数字足迹后，就可以进行用户分类并区别定价，这提高了企业对用户的议价能力。为了实现这一目的，企业必须掌握足够的、精准的用户行为数据，因此促使这些数据成为企业私域型大数据合作资产。

在合作资产的分析框架中，企业或用户对各自能力的应用不是隔离的，而是交互的。服务交互这一概念强调每一个参与者的能力应用都是为了解决自身或对方所需，因而形成了对彼此有价值的合作资产。无论是企业的数字化能力，还是用户基于技术赋权形成的个体能力，最后都呈现为在服务交互中的合作能力。企业和用户通过运用这种合作能力，借助服务交互又强化了企业与用户在满足彼此需求过程中的参与和互动，使价值创造不再可能由单一行动主体所主导或控制，从而使双方成为彼此的合作资产。大数据合作资产的形成，改进了价值创造中行动主体之间的互动，使双方在客观上更加彼此依赖。这种依赖性会进一步促进服务交互，从而促进大数据从资源到生产要素，再从生产要素到合作资产的创新逻辑。在非互联网环境下，尽管传统上的劳动者、生产资料及其结合因素也普遍存在着互动行为，但传统情境下的互动主要是非连续的、非实时的、非数据化的，因此无法形成数据化的合作资产，而是形成用户资产或关系资产。

二、从合作资产的适应性创新到数字经济创新

基于大数据合作资产的适应性创新推动数字经济创新的逻辑如下：大数据合作资产是一种互动资产。当企业与用户协同演化作为这种互动性的具体呈现形式时，无论是企业还是用户，都会通过形成对彼此的适应性调整进而激发适应性创新，通过大数据合作资产的适应性创新形成数字经济创新。大数据合作资产的适应性创新构成数字经济创新的微观机制之一。

基于数字连接，企业与用户产生了极其紧密的协同演化关系。协同演化指一个物种的某一特性由于回应另一物种的某一特性而进化，而后者的该特性也同样由于回应前者的特性而进化（Ehrlich and Raven，1964）。一方面，数字连接强化了企业对用户变化的敏感性，在研发、供应、生产、营销等多个环节都形成了以用户导向为核心的战略与运作理念（Madhavaram and Hunt，2008）；另一方面，用户数据化参与企业价值创造，实质上是用户在企业不断提供技术条件下形成的一种演化结果。用户个体或群体也在技术和与企业互动的作用下在个体资源和能力上不断发生变化，如形成技术能力、构建个人社交资本、参与企业创新等（Ryzhkova，2012）。

互联网环境下企业与用户的协同演化，促进了企业与用户对彼此的适应性调整。在基于数字化技术形成的数字连接和高效协同基础上，进而激发以即时调整、即时反馈和难以预测为特征的适应性创新。

在理论上，企业和用户可能形成三种协同演化关系：一是共生演化。例如，用户积极参与企业营销推广、新产品研发等均会为企业带来正效益，这种正效益刺激企业为参与的用户提供相应物质及精神奖励，两者形成互利共生关系。二是竞争演化。例如，市场上总会有一批比较"苛刻"的用户，他们通过在线社群或评论指出企业品牌或产品的问题，并分享给其他用户。这些负面口碑宣传行为往往会给企业带来利益伤害，为应对这些用户，部分企业采用删除评论等强制手段，

或优化产品及服务等改进措施进行防御，但新产品及市场需求的快速变化又会进一步刺激苛刻用户的负面评论行为。在这一互动关系中，企业与这些用户形成了竞争演化关系。三是竞合演化，即两个种群间既存在共生关系，也存在竞争关系，其演化则为竞合演化。在实践中，用户可能既会积极参与企业品牌、产品及服务，同时也会因为不满意等负面情绪影响产生负面口碑等竞争性行为。因此，企业与这类用户既存在共生关系，也存在竞争关系，其相互影响表现为竞合演化。

上述三种演化关系分别反映了企业与用户之间"共生""竞争""竞合"的关系特征。无论何种关系特征，在理论上都能够帮助企业突破现有知识边界，从能力和模式上形成面向用户需求的创新。因此，企业需要构建不同的能力以应对用户变化，这构成企业形成适应性创新的重要前提。

通过与用户协同演化，企业的适应性创新表现在形成数据驱动的产品、能力和模式创新上。数据驱动的产品典型如程序化创意（programmatic creative），借助大数据和人工智能算法驱动，可以实现从创意制作到投放优化整个过程的程序化，使企业能够针对不同受众的不同需求，或者同一受众在不同时期或多种场景的差异化需求，利用程序自动生成个性精准创意，提升创意制作效率和广告投放效果（肖静华等，2020）。数据驱动的能力创新如基于数字化技术形成更加敏捷应对用户变化的竞争能力（Youngjin et al.，2012）。

数据驱动模式创新的维度涉及战略、运作以及文化。战略管理学者认为，数据驱动的传统企业转型升级已然成为跨行业共需（谢康等，2016；肖静华等，2018），大数据作为一种新的战略资源迫使企业重新思考竞争优势、增长和价值创造。在运作上，数据驱动替代经验成为新动能，企业利用大数据分析提供的方法与工具，形成用户行为画像，促进有价值的商业洞察，如数据驱动等研发模式创新反映了技术人员研发经验的替代（Brynjolfsson and Mcafee，2011）。此外，Ross 等（2013）及 McAfee 和 Brynjolffson（2012）提出，数据驱动的文化指高层管理团队、中层经理人和基层员工等组织成员基于从数据中获取新洞察的能力所做出决策的程度。数据驱动的文化决定了企业最终从大数据中获益的能力，对企业利用大数据形成局部创新以及实现数字化转型具有重要意义。

通过与企业协同演化，用户的适应性创新表现在个体能力创新和行为创新。基于技术赋权形成营销影响力的特殊用户（如影响者）通过与企业互动形成突出的知识贡献能力、沟通能力和学习能力。这类用户借助企业提供的数字化技术不断进行能力升级和知识积累，并通过与企业合作创造和提升商业价值。对于缺乏营销影响力的普通用户，大数据应用也改变了以往限制用户参与创新和企业利用用户参与创新的约束条件，使普通用户既不需要具备专业知识，也不需要具备主动意愿，就可通过在线行为自动生成大数据而对企业产生价值，由此形成用户数据化参与的行为创新（肖静华等，2018）。

　　然而，为什么基于大数据合作资产的协同演化会促进适应性创新而非一般性创新呢？熊彼特、弗雷曼等在宽泛意义上将创新定义为在产品、服务的改进或创造中所涉及的技术、设计、制造和管理等活动（Freeman，1982），认为知识与信息是实现创新的重要资源，对知识的创造性开发和利用构成创新的具体路径（West and Bogers，2014）。适应性创新作为创新的一个子集，强调即时反馈、即时调整和发展方向难以预测三个特征，既反映了一般性创新在获取知识、利用知识方面的特征，也强调了行动者对外部环境或其他行动者变化的快速适应性调整，Hippel 等学者提出的"永久性测试版""迭代式创新"等概念均反映了这一思想（Hippel，2005；Fitzgerald，2010）。

　　在数字化情境下，企业和用户通过互动形成大数据合作资产，并基于这种互动资产形成协同演化，其促进适应性创新的内在机制主要有两个：一是大数据合作（Youngjin et al.，2010）资产刺激了企业和用户的数字连接，进而促进彼此根据对方变化进行实时调整，如通过改变信息结构进而影响创新参与者的资源控制力、分配方式，以及相互间的协调与合作；二是大数据合作者通过提升数字化收敛性激发了创造性，增加了由企业和用户构成的创新网络的知识和资源的异质性，并通过协同演化提升异质数字化资源的有效整合，因此促进了适应性创新（Majchrzak and Malhotra，2013）。

　　数字经济关注数字化情境下各方行动者、各种资源全面连接之后的产出和效益，在宏观上呈现为以数字化信息为关键生产要素、现代信息网络为重要载体的一系列经济活动。在微观上映射为以企业和用户作为两大核心行动者的交互与创新活动。企业和用户基于大数据合作资产通过协同演化促进适应性创新，即实现了数据驱动的产品、能力和模式创新，并带动了用户个体及群体的能力和行为创新，这些创新在经济层面上代表了效率提升和结构优化，因此促进了数字经济创新。

　　总之，数据已经被认为是一种新形式的资源、生产要素或合作资产，但学术界缺少对"大数据如何成为资产""大数据如何促进适应性创新"及"大数据资产如何促进数字经济创新"三个理论问题的深入分析。本章在扩展 Xie 等（2016）提出的大数据合作资产的原创概念及其理论框架基础上，探讨了大数据合作资产的内涵和外延，基于实践案例剖析了大数据合作资产的四种类型，及大数据作为生产要素的四种分配制度，由此剖析基于大数据合作资产的适应性创新构建数字经济创新的逻辑。本章的分析表明，首先，大数据合作资产是一种互动性资源，是企业和用户在数字化服务交互中成为能够被另一方所拥有和利用的并能创造当前或未来经济收益的数字化资产；其次，单纯拥有异质资源并不一定会形成合作资产，只有当异质化资源被有效整合且被用于企业与用户服务交换中，才能呈现为行动者创造收益的价值潜力；最后，协同演化促进了企业与用户对彼此的适应性调整，基于大数据合作资产激发以即时调整、即时反馈和难以预测为特征的适应性创新，进而促进数字经济创新。

大数据合作资产的概念化及其理论框架强调了"数据在互动中形成和提升价值"。在万物互联时代下，无论是企业界还是学术界，应进一步思考数据作为重要的互动纽带所传递的价值。对于企业而言，用户数据意味着用户客观上向企业传递的信息或需求；对于用户而言，企业数字化资源意味着用户可实现的行动机会或潜力。在合作资产视角下，数据是一种沟通工具，其价值转化是由企业和用户共同参与和共同创造的，当能够被拥有足够合作能力的企业或用户利用时，大数据才变为一种生产要素与合作资产。数字经济关注数字化情境下各方行动者、各种资源全面连接之后的产出和效益，在宏观上呈现为以数字化信息为关键生产要素、现代信息网络为重要载体的一系列经济活动；在微观上映射为以企业和用户作为两大核心行动者的交互与创新活动。本章提出的基于大数据合作资产形成适应性创新进而促进数字经济创新的逻辑正体现了这种微观实现机制。本章的观点推动了理论界从企业与用户价值共创角度展开对数据价值、对数据作为生产要素的思考，同时推动了对促进数字经济的适应性创新实现机制的探讨。

数字经济生产关系与生产方式适应性创新

第六章

数据要素与生产关系适应性创新[*]

在第三章至第五章论述数据要素如何影响生产力适应性创新的基础上,本章聚焦数字经济生产关系适应性创新。其中,劳动适应性创新、组织结构适应性创新和契约治理适应性创新,构成数字经济生产关系适应性创新的三种主要形式。在劳动适应性创新部分,选取共享经济情境,分析用户对共享平台的技术信任如何影响劳动与市场效率;在组织结构适应性创新部分,提出制度变迁视角下网格制推动数字经济创新的理论框架;在契约治理适应性创新部分,针对契约不完全而采取的对契约执行过程持续、动态、适应性调整的治理思路,强调执行过程的信息透明和可追溯对结果适应性控制的治理效果。

第一节　平台的技术信任与市场效率

本章选取共享经济情景,通过探究技术信任、人际信任与价值共创行为之间的复杂关系,来揭示数据要素如何影响劳动适应性创新。

共享经济情境下的价值共创集中体现了数据要素重构既有要素配置效率的特征。具体而言,价值共创是共享经济情境下配置资源和提供服务的创新形式。在通过与陌生人交互实现价值共创的过程中,用户面临财产损失或人身安全受到侵害的风险,这种风险感知阻碍了共享经济潜力的发掘。由于共享平台通过技术手段承担了交易组织者的角色,用户对共享平台的技术信任成为促进陌生人之间信任和价值共创行为的重要因素,成为共享经济成功的基石。然而,现有研究对技

---

  *　本章主要以谢康、谢永勤、肖静华"消费者对共享经济平台的技术信任:前因与调节"(《信息系统学报》2018年第19辑),吴瑶、肖静华、谢康"数据驱动的技术契约适应性创新——数字经济的创新逻辑(四)"(《北京交通大学学报(社会科学版)》2020年第4期)以及谢康、吴瑶、肖静华"数据驱动的组织结构适应性创新——数字经济的创新逻辑(三)"(《北京交通大学学报(社会科学版)》2020年第3期)内容为基础改写而成。

术信任促进用户行为的作用得出了不一致的结论。一方面，Mittendorf（2017）发现，用户对共享平台的信任能够直接促进对提供方的人际信任和使用行为，但人际信任对使用行为意向没有显著的影响作用。Whelan（2018）也指出，在共享经济情境下，用户对平台监控的信任超越了对陌生人的信任，成为共享经济成功的重要因素。另一方面，Pavlou 和 Gefen（2004）指出，对信息中介的信任通过人际信任影响购买意向。Fang 等（2014）指出，对信息技术构建的交易结构的感知有效性不会对重复购买意向产生直接影响作用，人际信任发挥了主要的前因作用。因此，对技术信任影响价值共创行为的作用，以及在此过程中与人际信任之间的关系，需要展开深入探讨，以揭示这些结论不一致的原因。

一、共享经济平台与技术信任

共享经济平台通过集成信息呈现、定位技术、支付技术和沟通技术等技术功能，构建了一个类似于数字化组织的技术制品，为互不相识的供需双方提供服务。此时的共享平台不再被视为单一的技术，而是一个复杂的信息与服务系统。社会物质性理论指出，信息系统作为一种人工器物，能够将社会关系物质化到具有物理属性的软件与数据结构中（Leonardi，2013；王惠芬和崔雷，2014），即把行为之间的因果联系封装在技术操作序列中（Kallinikos，2011），提供黑箱化的服务（李雷等，2016）。在用户与共享平台交互的过程中，界面设计元素引发的身份可识别性感知、监控感知和行为评估感知能够增强用户对自身违规行为会遭到问责的感知，从而促使用户减少潜在的不轨行为（Vance et al.，2015）。由此，信息技术充当了监督和制裁代理人的角色，发挥抑制机会主义行为的治理作用。同时，信息技术的治理作用被认为不同于传统制度的治理作用（Kallinikos，2013），是通过算法和操作序列来抑制用户的机会主义行为（Möhlmann and Zalmanson，2017），减少了传统情境下对制度规则达成共识的要求（Kallinikos，2013）。技术运行不受外界环境影响，使信息技术能够吸收制度规则执行过程中面临的不确定性和道德复杂度（Kallinikos，2013）。同时，信息技术对用户行为的约束具有实时性，这来源于技术自动执行操作的特征（Yeung，2017），可以利用算法生成的知识系统来执行或通知决策，形成通过算法决策的管理方式。

基于上述分析，共享平台以数字化形式发挥的市场中介作用，一方面通过聚集闲置资源的供给和需求，利用智能算法匹配供需双方，满足用户即时性和多样化的需求；另一方面通过技术手段保障共享双方避免遭受机会主义行为带来的损失（Baily and Bakos，1997）。Laurell 和 Sandström（2016）对 Uber 用户的评论分析显示，共享平台技术不仅被感知为一种技术创新，也被感知为一种制度创新。

因此，共享平台技术同时具有技术工具性和治理的作用，在提升交易实现效率的同时，也通过技术手段实现对用户潜在机会主义行为的约束。

相对于传统形式的电子商务，共享经济情境中交易的一次性、线上匹配和线下交易的组合性及使用权交易的特质，使用户面临更高水平的社会复杂度（Jarvenpaa and Teigland，2017）。共享平台采用技术手段来降低引发道德风险和逆向选择的信息不对称，抑制机会主义行为，创建一个有效的共享环境（Dakhlia et al.，2016）。技术信任成为共享经济中的虚拟基础设施。

现有研究对技术信任的探讨随着技术对象的变化而不断发生变化。Ratnasingam 和 Pavlou（2003）首次提出电子商务情境中的技术信任，是指对交易基础设施和底层控制机制的信任，主要关注互联网从物理层对交易安全的保障，如交易机密性、完整性、认证性和不可抵赖性等。随着互联网应用的普及，技术信任研究开始关注信息技术在应用层对交易或任务实现的支持。McKnight 等（2011）分析对一项具体技术的信任时，提出技术信任的功能性、有用性和可靠性三个维度，对应人际信任的能力、正直和善良维度。Li 等（2012）分析用户对购物网站的信任时，主要关注网站支持交易完成的功能以及技术功能运行的可靠性。可以看出，现有研究所探讨的技术信任产生于用户与信息技术互动的二元交互结构，主要关注信息技术功能对具体任务实现的支持作用，而对信息技术通过构建社会关系结构实现的治理作用缺乏深入探讨。

可以认为，共享经济平台已从单纯的匹配服务发展为提供筛选、验证和管理交易等多种服务的平台技术。在分析技术信任时，将共享平台视为单一功能技术，仅探讨技术辅助任务完成的工具性作用，忽略共享平台作为复杂信息与服务系统所涉及的社会因素，会导致在共享经济情境中对技术作用的研究受到局限。因此，以共享平台为信任对象的技术信任研究，应同时考虑技术的工具性作用和治理作用。

由此，本节拓展 McKnight 等（2011）对单项技术功能或单一维度的考虑，综合考察共享平台技术的工具性和治理作用，将技术信任分为功能型技术信任和治理型技术信任（杨文军，2016；谢康等，2018）。功能型技术信任是指用户与共享平台直接互动过程中产生的、能够依赖可预测的技术操作过程促进交易成功的信念（Leonardi，2013）。治理型技术信任是指用户依赖代表合法性规则和强制性规则的平台技术来界定和约束交易行为，提升服务提供方行为的可预测性，以保障交易顺利开展的信念（Grgecic，2015）。

传统上信任被描述为委托人与代理人之间的二元关系，然而在共享经济情境中，价值共创至少需要用户、提供方和共享平台三方的参与（杨学成和涂科，

2017）。用户作为委托人，会同时委托两个代理对象：共享平台和服务提供方。由于共享平台对提供方具有管理与约束作用，用户对共享平台的技术信任，从二元关系延伸到三方结构（Jarvenpaa and Teigland，2017）。在三方结构下参与互动的过程中，用户同时产生对共享平台的技术信任和对提供方的人际信任。

两种类型信任之间会发生"信任转移"的过程（Stewart，2003）。Möhlmann和 Geissinger（2018）指出，对共享经济的信任可能是一种分层构念，如果将平台视为一个提供服务的组织，那么就会产生对与之共享的人的信任，从而实现不同信任实体之间的溢出效应。现有对技术信任与人际信任在影响用户行为中的作用研究呈现出不同的观点。一方面，学者认为构建交易者之间的人际信任是共享经济发展的核心要素（Lui，2009），对信息技术构建的交易环境有效性感知增强或减弱人际信任对用户行为的影响。Gefen 和 Pavlou（2012）的研究强调了电子商务情境中用户对制度结构有效性的感知是信任和风险对交易行为产生影响的边界。Li 等（2012）考察了商家信任对网站信任与重复购买意向之间关系的中介作用，指出技术信任补充了人际信任。Fang 等（2014）研究发现，对制度机制有效性的感知并不直接影响用户的重复购买意向，通过交易过程中获取第一手信息建立的卖家信任才是重复购买意向的重要前因变量。由于人与人之间的互动是共享经济的基础，人际信任比其他在线交易更为重要，技术信任及对社会系统的信任处于信任圈的外部边界（Möhlmann and Geissinger，2018）。另一方面，随着智能化的发展，有学者提出，互联网平台如共享平台的成功取决于用户的技术信任，而非陌生人之间的人际信任（Whelan，2018）。Hong 和 Cho（2011）研究发现，在线市场中对交易中介的信任而非对个体卖家的信任，决定了用户的行为。Ou 等（2014）指出，通过对平台上嵌入的沟通技术的有效使用，用户感知到与卖家的互动和临场感，促进对卖家信任的产生，进而对重复购买意向产生正向影响。Mittendorf（2017）的研究显示，对 Uber 平台的信任能够显著促进用户对司机的信任及对 Uber 的使用意向。Whelan（2018）也认为，用户对平台监控的信任是共享经济成功的基础。自上而下、自下而上和网络化三种形式的监控，有助于促进陌生人的安全感知。如果对平台的技术信任减少，那么共享平台的成功将不复存在。

分析两种观点可以发现，技术信任在人际信任对用户行为的影响中分别发挥调节作用和前因作用。当共享平台技术信任侧重于用户对平台制定和实施的交易规则的有效性感知时，共享平台技术成为交易环境的构建者，技术信任会起到促进或抑制人际信任对交易行为的调节作用。而当共享平台技术信任侧重于共享平台作为供需双方沟通途径和支持交易实现的作用时，技术信任成为用户对提供方人际信任的前因变量，因为用户对提供方是否值得信任的评价，取决于共享平台提供的数字化信任线索（Martin，2019）。由此可见，本节区分不同类型的共享经济平台技术信任，对深入和系统地探讨技术信任在促进用户价值共创行为中的作用具有理论意义。

此外，现有研究对陌生人之间人际信任的考察主要侧重于对受信个体整体特征的探讨，通常采用 Mayer 等（1995）对组织中人际信任的概念，用能力、正直和善良来测量用户对提供方的信任。Li 等（2012）认为，使用这三个反映型指标来测量人际信任的话，只能得出人际信任的整体特征。因此，本节将用户对提供方的人际信任分为基于认知的能力信任和基于认同的情感信任（McAllister，1995），进而探讨技术信任与人际信任在影响用户价值共创行为中的具体关系。

现有研究对共享经济情境下技术信任与人际信任之间关系探讨的不足为本节的研究提供了理论起点。首先，在现有共享平台技术信任侧重于关注信息技术工具性作用的基础上，本节基于社会物质性理论，将共享平台技术信任分为功能型技术信任和治理型技术信任，系统地揭示以共享平台为信任对象的技术信任内涵，及两者对人际信任和用户行为的不同影响作用；其次，针对现有研究将人际信任视为单维度构念来分析的不足，本节将用户对提供方的能力信任与情感信任进行区分，以揭示共享经济情境下技术信任与人际信任在对用户行为产生影响中的关系。

二、研究模型与假设

1. 功能型技术信任与提供方信任

用户对平台技术的功能型技术信任为用户判别提供方提供了参考依据。根据信任传递理论，当用户对陌生个体的值得信任性感知到较大不确定性时，通过信任的共享平台所提供的信息，会产生对另一对象的信任，实现了信任的传递过程（Stewart，2003）。功能型技术信任为用户提供了对陌生个体产生依赖的认知基础，平台技术功能设计通过信息线索的传递唤起用户对提供方的积极信念（Deng and Poole，2010）。

Pavlou 和 Gefen（2004）指出，信任技术的用户也会信任提供方，是因为感知到提供方与平台技术之间的联系。Mittendorf（2017）对 Uber 用户的调查显示，用户对 Uber 的信任会促进对司机的信任，Cohen 和 Sundararajan（2015）也强调了人际信任形成的技术前因。用户对提供方的人际信任包括两个维度：基于信息互动产生对提供方的能力信任和基于情感互动建立对提供方的情感信任（McAllister，1995）。由此，提出以下假设：

H1a：用户对共享平台的功能型技术信任对提供方的能力信任具有正向影响。

H1b：用户对共享平台的功能型技术信任对提供方的情感信任具有正向影响。

2. 提供方信任与价值共创行为

参与价值共创的用户在与共享平台和陌生人的交互中面临着不确定性。信任被认为是降低不确定性的前提条件。根据理性行为理论，信任代表了用户的积极态度，能够促进用户的行为意向（Pavlou，2004）。由此，在共享经济情境下，作为一种不确定性降低机制，用户对提供方进行评估以后产生的信任信念，也成为参与价值共创的前因变量。Yi 和 Gong（2013）指出，用户参与企业价值共创的行为可以分为参与行为和公民行为，其中参与行为是指用户表达自身诉求、搜寻产品相关信息等行为；公民行为体现为推荐行为、帮助行为和反馈行为。结合共享经济情境分析，本节选择持续使用共享平台的行为意向作为参与行为体现，用户的反馈行为意向，即积极反馈提供方的表现和绩效供平台管理以及供其他用户参考，作为公民行为的表现（Zwass，2010）。由此，提出以下假设：

H2a：用户对提供方的能力信任能够促进持续使用意向。

H2b：用户对提供方的情感信任能够促进持续使用意向。

H2c：用户对提供方的能力信任能够促进反馈行为意向。

H2d：用户对提供方的情感信任能够促进反馈行为意向。

3. 人际信任的中介作用

共享经济的初始理念来源于传统社区中资源的无偿共享，社区成员之间的信息互动与情感互动所产生的人际信任，是共享的前提条件（Chen et al.，2015）。由此，许多共享经济平台通过提供增强信任的信息线索，在陌生人之间有效地建立信任，缓解复杂环境中感知到的不确定性，从而促使各方参与价值共创（Möhlmann and Geissinger，2018）。从社会学视角来看，用户的功能型技术信任来源于与平台技术的互动过程，在对提供方缺乏有意义的信息、直接经验或情感联系的基础上，通过平台技术获取提供方知识，对提供方特征进行了解，产生基于信息互动或情感互动的提供方人际信任。人际信任的产生触发用户与平台互动的积极意向，即价值共创行为。由此，提出以下假设：

H3a：能力信任在功能型技术信任与持续使用意向之间发挥中介作用。

H3b：情感信任在功能型技术信任与持续使用意向之间发挥中介作用。

H3c：能力信任在功能型技术信任与反馈行为意向之间发挥中介作用。

H3d：情感信任在功能型技术信任与反馈行为意向之间发挥中介作用。

4. 治理型技术信任的调节作用

当用户对共享平台的治理型技术信任水平较高时，即用户相信平台会通过技术手段来规范提供方的行为，如通过制裁的威慑或奖金的鼓励来引导提供方行为，会激发用户对提供方的信任，尤其是利用智能算法来量化管理的提供方能力的信任，更容易受到平台对机会主义行为约束程度的影响。具体而言，当共享平台通过追踪技术、语音提示和评论反馈等途径呈现平台的治理举措时，用户对提供方是否能够完成共享任务的信心就会增加，其参与动机会被强化。在共享经济应用中，具有完善技术管理水平的共享平台会运用实时状态显示和固定的操作步骤为用户描述对提供方进行管理的确定性和即时性。当用户感知到平台所传递出的价值主张时，会认为提供方技术能力和平台技术的治理作用能够为其提供服务价值（杨学成和涂科，2017）。这种感知，不仅能促使用户继续使用共享平台来获取资源或服务，也能够让用户愿意参与到共享情境的建设中去，积极进行评论和反馈来共同管理提供方。在治理型技术信任的促进下，对提供方完成任务能力的信念，会使用户在使用共享平台过程中的态度更加积极，并产生一定的忠诚度，使能力信任对价值共创行为的正向作用得到强化。由此，提出以下假设：

H4a：治理型技术信任正向调节能力信任与持续使用意向之间的关系。

H4b：治理型技术信任正向调节能力信任与反馈行为意向之间的关系。

用户对提供方的情感信任是用户在对认知具有局限性的情况下基于群体特征相似性产生的对提供方的认同感（程德俊，2010），这种认同感减少了用户评估提供方是否值得信任时所需要付出的努力。当情感信任被用户用于降低感知不确定性时，会对行为意向产生影响。

在共享经济情境下，情感信任对用户行为的促进作用也受到用户对技术治理作用感知的影响。一方面，当共享平台能够通过技术手段实现对提供方行为的有效约束，主动帮助用户避开可能受到伤害的行为时，会使用户的感知风险降低到一个相对可控的水平。在此基础上，情感信任促进交易关系的作用的重要性就会有所降低。另一方面，在共享经济情境下，治理型技术信任用于减少用户对共享经济内在情境风险的感知（Fang et al.，2014），当用户对共享情境的信任已超过用户行为所需的最低信任水平时（Tan，2000），治理型技术信任就降低了情感信任作为一种风险降低机制对行为的影响。相反，当用户对共享平台技术的保障作用没有信心时，就会在更大程度上依赖情感信任来缓解采取行为时所面临的风险感知。由此，提出以下假设：

H4c：治理型技术信任负向调节情感信任与持续使用意向之间的关系。

H4d：治理型技术信任负向调节情感信任与反馈行为意向之间的关系。

基于上述理论分析，本节研究模型如图6-1所示。

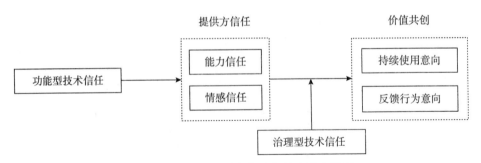

图 6-1　平台技术信任与市场效率研究模型

三、研究设计与实证检验

1. 变量测量

本节研究选择打车 APP 作为研究情境。打车 APP 解决了用户的需求痛点，应用非常广泛，是共享经济实践的代表；同时打车 APP 依赖智能算法为用户提供优质服务，也是对技术应用感知较为强烈的情境，因此是探讨本节研究问题的合适情境。研究中测度变量的测量量表大部分借鉴国际顶级期刊文章采用的成熟量表。基于已有测量题项，一方面根据打车 APP 的具体情境调整内容表述，另一方面邀请从事相关研究的学者对题项表述提出建议，经过多次修改获得最终问卷。其中，功能型技术信任来源于 Vance 等（2015）和 McKnight 等（2011）的文章中对技术工具性作用的测量题项，结合打车 APP 应用情境，用"这个 APP 的技术功能是可靠的""这个 APP 的功能模块是有用的""这个 APP 的功能模块是足够的"和"这个 APP 提供了打车所需要的所有模块"来测量。治理型技术信任参考 McKnight 等（2011）和杨文君（2016）研究中对技术治理作用的考察，结合本节研究情境，用"打车 APP 通过技术手段减少司机乱收费的可能性""打车 APP 通过技术手段减少司机绕路的可能性""打车 APP 通过技术手段有效规范司机的服务态度"和"总体而言，打车 APP 通过技术手段强化了对司机的管理"来测量。

能力信任参考 Mayer 等（1995）和 Lui（2009）的文章，用"总体而言，我认为司机的驾驶技能都很专业""我相信司机能够准确快速地将我送到目的地""我认为不用怀疑司机提供良好乘车体验的能力"和"我认为司机的工作能力是可以信任的"来测量。情感信任来源于 McAllister（1995），用"我相信 APP 上的大部分司机都能服务周到""我相信 APP 上的大部分司机不会故意伤害乘客的利益""我相信 APP 上的大部分司机是守信用的"和"APP 上的大部分司机是值得信任的"来测量。持续使用意向来源于 Bhattacherjee（2001），用"未来我还会用这个打车 APP 来打车""以后我会经常用这个打车 APP 来打车"和"用这个 APP 打车一直会是我的出行选择之一"来测量。反馈行为意向来源于 Yi 和 Gong（2013），用"我会给在 APP 上遇到的每一位司机评分和评价""当 APP 平台回访用户时，我会积极提供反馈意见""如果有提升服务的好想法，我会主动向 APP 平台反映"和"当我使用 APP 遇到问题时，我会主动向 APP 平台反映"来测量。所有题项采用 Likert 5 分量表，受访者选择 1~5 分来表达从非常不同意到完全同意的态度。此外，根据现有信任相关研究的结论，选取用户的年龄、性别、学历、月收入水平和使用打车 APP 的频率作为控制变量。

2. 数据收集

正式问卷借助专业在线问卷平台编辑成易于传播的形式，通过多种社交渠道进行扩散，发放时间为 2018 年 3 月 1~15 日，历时半个月，回收问卷 513 份，其中有效问卷为 464 份，有效问卷率为 90.4%。从有效样本的人口特征来看，在性别方面女性用户占比较高（60.8%）；在年龄方面主要分布在 23~30 岁（39.2%）和 31~40 岁（35.6%）年龄段；学历上占比最高的是大专或本科（52.4%），其次是硕士及以上（37.1%）；月收入主要分布在 5001~10000 元（27.6%）、3001~5000元（23.1%）和 10000 元以上（20.3%）。具体样本分布情况如表 6-1 所示。样本分布情况与现有共享经济用户画像分布是一致的，如 36 氪研究院 2018 年网约车用户调研报告显示，尽管网约车对男性和女性而言都是常用的出行方式，但相对于男性用户，更多的女性用户将使用打车 APP 打车作为首选的出行方式，如表 6-1 所示。

表 6-1　样本人口统计特征描述

	分类	数量（人）	比例（%）		分类	数量（人）	比例（%）
性别	男	182	39.2	学历	高中以下	15	3.2
					高中或中专	34	7.3
	女	282	60.8		大专或本科	243	52.4
年龄	18 岁以下	7	1.5		硕士及以上	172	37.1
	18~22 岁	14.7	14.7	月收入	1000 元以下	70	15.1
	23~30 岁	182	39.2		1000~3000 元	65	14.0
	31~40 岁	165	35.6		3001~5000 元	107	23.1
	41~50 岁	31	6.7		5001~10000 元	128	27.6
	50 岁以上	11	2.4		10000 元以上	94	20.3

由于本节研究的自变量、中介变量、调节变量和因变量均属于用户个体的感知或态度范畴，因此可能会存在共同方法偏差对研究结论产生误导。为控制共同方法偏差，本节除了在问卷设计过程中尽可能选用现有成熟测量量表，并对测量题项的语言描述进行多轮修正以通过程序控制方法控制共同方法偏差，也从统计方法上采用 Harman 单因素检验方法检验是否存在严重的共同方法偏差。依据检验思路，对所有变量的题项进行未旋转的因子分析，主成分因子分析结果显示，析出 6 个因子，共解释了 65.402% 的总方差，其中第一主成分解释了 17.602%，低于 20%，因此，可以认为本研究不存在显著的共同方法偏差。

为确保各变量的信度和效度，本节分别采用 SPSS20.0 和 MPLUS 软件对测量问卷进行可靠性检验和验证性因子分析。信度检验结果如表 6-2 所示，可知各变量的 Cronbach' α 值均高于 0.800，表明变量的测量具有较好的信度；同时通过因子分析计算得到潜变量上的因子载荷大于 0.700，且在 $p<0.001$ 水平下显著，各变量的组合信度也都大于 0.800，表明变量具有良好的收敛效度。

表6-2　信度和效度检验结果

构念	题项	因子载荷	T 值	CR	Cronbach's α
功能型技术信任	FUNC1	0.699	19.730	0.834	0.822
	FUNC2	0.830	5.636		
	FUNC3	0.784	6.741		
	FUNC4	0.665	15.273		
治理型技术信任	GOVN1	0.805	14.929	0.896	0.862
	GOVN2	0.870	18.490		
	GOVN3	0.846	14.815		
	GOVN4	0.783	10.035		
能力信任	CAP1	0.772	11.280	0.888	0.866
	CAP2	0.874	12.978		
	CAP3	0.811	14.222		
	CAP4	0.805	13.883		
情感信任	AFFE1	0.760	17.289	0.902	0.927
	AFFE2	0.836	10.374		
	AFFE3	0.875	17.926		
	AFFE4	0.863	14.662		

续表

构念	题项	因子载荷	T 值	CR	Cronbach's α
持续使用意向	CONT1	0.818	12.351	0.828	0.827
	CONT2	0.814	13.607		
	CONT3	0.720	10.131		
反馈行为意向	FEDB1	0.870	11.206	0.891	0.863
	FEDB2	0.758	19.798		
	FEDB3	0.770	12.229		
	FEDB4	0.875	16.974		

为进一步检验各变量的区别效度，本节研究采用 MPLUS 软件进行验证性因子分析，比较各因子的 AVE 值平方根和因子间的相关系数的大小，如表 6-3 所示。结果发现所有变量的 AVE 值平方根（对角线上的数字）都大于 0.500，且大于各变量之间的相关系数，说明各因子具有很好的区别效度。从信度和效度检验结果得出，测量量表适合展开对结构模型的检验。

表 6-3　AVE 平方根及因子间相关系数矩阵（N=464）

	FUNC	GOVN	CAP	AFFE	CONT	FEDB
FUNC	0.728					
GOVN	0.342	0.542				
CAP	0.563	0.413	0.759			
AFFE	0.379	0.407	0.329	0.515		
CONT	0.349	0.305	0.279	0.321	0.620	
FEDB	0.158	0.202	0.221	0.326	0.285	0.733

本节采用 MPLUS 软件对研究模型中的路径进行拟合检验，检验用户对共享平台功能型技术信任对提供方信任的影响作用，以及提供方信任对价值共创行为影响作用的大小及显著性，各路径系数标准化估计值及统计显著性如表 6-4 所示。

表 6-4　假设检验结果汇总

假设	估计值	T 值	P 值	结论
H1a：功能型技术信任→能力信任	0.762	28.207	0.000	支持
H1b：功能型技术信任→情感信任	0.834	38.892	0.000	支持

123

续表

假设	估计值	T值	P值	结论
H2a：能力信任→持续使用意向	0.150	2.902	0.004	支持
H2b：情感信任→持续使用意向	0.661	14.379	0.000	支持
H2c：能力信任→反馈行为意向	0.284	5.021	0.000	支持
H2d：情感信任→反馈行为意向	0.400	7.324	0.000	支持
拟合指标	χ^2/df	RMSEA	CFI	TLI	SRMR
	2.516	0.057	0.940	0.928	0.044

由表6-4可以看出，模型拟合指标为χ^2/df =2.516，RMSEA=0.057，CFI=0.940，TLI=0.928，SRMR=0.044，各拟合指标都处于推荐值范围内，表明本节提出的研究模型设定可以接受。标准化路径系数结果显示，用户对共享平台的功能型技术信任显著促进用户对提供方的能力信任（β = 0.762，p<0.001）和情感信任（β =0.834，p<0.001），假设H1a和假设H1b得到支持，表明用户对平台技术功能的依赖和信任，能够促进用户对司机认知上的深化和情感上的认同。

用户对提供方的人际信任能够显著促进参与价值共创的行为意向，表现为能力信任（β =0.150，p<0.001）和情感信任（β =0.661，p<0.001）对持续使用意向的影响作用，以及能力信任（β =0.284，p<0.001）和情感信任（β =0.400，p<0.001）对反馈行为意向的影响作用，在统计上都是显著的。由此，假设H2a~假设H2d均得到验证，表明了在共享经济情境下陌生个体之间的人际信任是价值共创的重要基础。

提供方信任的中介效应检验。为检验用户对共享平台的功能型技术信任在技术作用感知与提供方信任之间的中介作用，本节采用Bootstrap方法。相对于其他检验方法，Bootstrap方法通过对样本数据的放回抽样放松了对数据分布的假设，被认为具有较强的适用性和统计效力（Zhao et al., 2010）。本节采用MPLUS软件提供的基于残差Bootstrap方法进行ML估计，设置bootstrap次数为2000次，获得中介效应系数值、标准误和95%置信区间的下限和上限。如果置信区间不包括0，那么中介效应系数是显著的；如果置信区间包括0，那么表明不显著。结果得出对能力信任和情感信任在功能型技术信任→持续使用意向和功能型技术信任→反馈行为意向中的中介效应检验如表6-5所示。

表6-5　消费者对提供方人际信任的中介作用检验结果

	功能型技术信任→持续使用意向				功能型技术信任→反馈行为意向			
	中介效应	S.E.	95% 置信区间		中介效应	S.E.	95% 置信区间	
			下限	上限			下限	上限
能力信任	0.120	0.054	−0.020	0.260	0.212	0.060	0.057	0.367
情感信任	0.509	0.076	0.312	0.705	0.312	0.069	0.134	0.490

从表6-5中可以看出，情感信任在功能型技术信任与持续使用意向之间发挥显著的中介作用（0.312，0.705）。能力信任（0.057，0.367）和情感信任（0.134，0.490）在功能型技术信任与反馈行为意向之间的中介效应显著。假设H3b、假设H3c和假设H3d得到验证。而能力信任在功能型技术信任与持续使用意向之间的中介作用不显著（−0.020，0.260），假设H3a没有得到支持。

治理型技术信任的调节效应检验。为检验治理型技术信任的调节作用，本节研究采用MPLUS软件中的潜调节结构方程（LMS）方法考查调节作用的大小与显著性。LMS是适用于检验潜变量调节作用的方法，如果调节项系数显著，就代表存在显著的调节作用（王孟成，2014）。通过软件得到结果如表6-6所示。

表6-6　治理型技术信任的调节作用检验

调节项	因变量			
	持续使用意向	T 值	反馈行为意向	T 值
能力信任 × 治理型技术信任	0.019	0.317	0.127**	2.085
情感信任 × 治理型技术信任	−0.033**	1.936	0.057	0.366

注：** 表示 1% 的显著性水平。

从表6-6中可以看出，治理型技术信任对能力信任和反馈行为意向之间关系产生显著的正向调节作用，假设H4b得到支持，表明在促进用户反馈行为意向中，用户对共享平台的治理型技术信任能够强化对提供方能力信任的影响作用，两者相互补充。而治理型技术信任对情感信任和持续使用意向之间关系产生显著的负向调节作用，假设H4c得到支持，表明在促进用户持续使用共享平台的过程中，用户对共享平台的治理型技术信任会弱化情感信任的影响作用。检验结果也表明，假设H4a和假设H4d没有获得数据支持。

综上所述，本节研究基于社会物质性理论分析共享经济平台技术的性质，并结合现有技术信任研究将共享平台技术信任分为功能型技术信任和治理型技术信任，通过构建两类技术信任分别作为前因变量和调节变量的研究模型，探讨用户对共享平台的技术信任、对提供方的人际信任与其价值共创行为之间的关系。实证结果表明，用户对共享平台的功能型技术信任通过能力信任的中介作用影响用户的反馈行为意向，通过能力信任和情感信任的中介作用影响用户的持续使用意向和反馈行为意向。这表明，用户对共享平台辅助完成共享过程的作用，分别通过对提供方提供服务的能力认知和情感认同，促进参与共享经济的意向。

同时，在用户对提供方的人际信任影响其价值共创行为的过程中，治理型技术信任正向调节能力信任与反馈行为意向之间的关系，表明用户对平台技术抑制机会主义行为作用的信念越强，对提供方的能力信任越能够促进用户积极参与对提供方的管理和共同创建良好共享环境的实践。治理型技术信任对情感信任与持续使用意向之间关系发挥负向调节作用，表明对共享平台保障用户权益的感知越强，用户依赖心理上的情感认同，参与风险承担行为的可能性越低。治理型技术信任对能力信任和情感信任之间关系不同方向的调节作用表明，其作为降低用户使用共享平台时感知风险的重要因素，对人际信任与用户行为之间关系的影响会由于人际信任来源的不同而有差异。

本节研究的理论贡献主要体现在两个方面：

第一，现有技术信任研究重点关注信息技术所具有的技术功能辅助人类完成任务的功能性、有用性和可靠性（McKnight et al., 2011），对信息技术通过治理创造可靠交易环境的作用关注相对不足（Grgecic et al., 2015），探讨这一问题能有助于理解技术如何驱动劳动适应性创新。本节基于共享平台作为复杂信息和服务系统的性质分析，将用户对共享平台的技术信任分为功能型技术信任和治理型技术信任，通过实证研究结果展现两类技术信任在影响用户行为过程中所发挥的前因和调节作用。研究结论不仅解释了现有研究对技术信任与行为之间关系得出不一致结论的原因（Mittendorf, 2017；Fang et al., 2014），深化了共享经济情境下技术信任在促进价值共创行为中发挥的多重作用，也拓展了Li等（2012）得出的技术信任补充人际信任的结论，为技术信任与人际信任之间关系的多样化提供了实证证据。

第二，本节将用户对提供方的能力信任和情感信任进行区分，依据共享经济实践中用户可与提供方展开线上与线下交互，从而获取提供方是否值得信任的多维度信息的现实，拓展了现有电子商务信任研究中将卖家信任视为单维构念的分析。治理型技术信任对能力信任和情感信任与用户行为关系不同方向的调节作用，揭示了共享经济情境下能力信任与情感信任促使用户参与价值共创行为的机理差异，以及两者发挥作用的边界差异。

本节研究结论对以打车应用为代表的共享经济实践具有一定启示。首先，用户对共享平台技术信任的不同来源，表明在通过技术界面为用户提供服务时，共享平台不仅要注重技术解决用户需求的功能性作用，也要在平台设计时嵌入多种技术功能，如实时位置追踪、紧急求助和争议即时解决等，使用户感知到交易环境的可靠性。其次，在有限沟通的情境下难以建立情感信任时，共享平台应考虑增强技术手段使用户相信平台能够保障用户获取良好服务的权益。一方面可以通过完善提供方的信息，如接到的投诉数量、被处罚的次数等，使用户能够判断提供方提供服务的能力，进而做出是否接受服务的决策；另一方面可以利用信息技术对提供方的行为展开更严密的监管，如引入区块链技术管理提供方的声誉等措施，使用户产生通过共享平台获取服务是安全的感知。

第二节　组织结构适应性创新与管理效率

组织结构适应性创新是数字经济生产关系适应性创新三种主要形式之一。本章先探讨数据驱动的组织结构变革如何构建数字经济的创新逻辑，后揭示数据要素如何影响组织结构适应性创新。

正如 Biedenbach 和 Söderholm（2008）总结的那样，互联网的兴起引发了一系列针对组织变革的探讨，包括虚拟组织、网络组织和平台组织等组织类型，认为这些组织都具有不稳定性、短暂性和结构的灵活性等特点，提高了企业在技术开发、客户交付及与合作伙伴协同等方面的适应能力。近年来，模块组织、平台组织、生态组织等方面的研究层出不穷，如探讨区块链驱动的分散化自治组织（Murray et al.，2019）、基于信息技术构建的平台组织（Gol et al.，2019）、强调数字经济条件下创新的资源配置方式与组织方式，或从创新生态系统演化的视角探讨平台企业的运行和管理模式（张昕蔚，2019）。总体来看，现有研究主要集中于对上述各类组织特征的描述或分析，缺乏针对数字经济更一般的制度基础或社会秩序方面的剖析。

针对上述理论研究缺口，本节探讨数据驱动的组织结构变革如何构建数字经济的创新逻辑，与工业经济环境下的科层制（Bureaucracy）概念相对应，本节在肖静华（2020）前期研究基础上，完善数字经济环境下的"网格制"（Gridstitution）①概念，拟形成以下两方面的理论创新：

---

① 这是本节构造的一个新词汇，是网格（grid）与制度（institution）两者的一个组合词。

第一，具体阐述网格制概念的内涵及特征。科层制是在工业经济环境下形成的、由训练有素的专业人员根据一定规则进行管理运作的组织体制，与之类似，网格制是在数字经济环境下形成的、由行动者通过网格化方式进行资源协调和管理运作的组织体制。科层制所表述的是与工业经济相适应的抽象化组织制度，而不是具体的各种科层组织；同样地，网格制所表述的是与数字经济相适应的抽象化组织制度，而不是具体的各种网络型组织。网格制的组织制度具有三个主要特征：一是资源的集中和分散是相对和变动的，组织流程、制度与形式具有很强的灵活性而适应环境的高度动荡；二是组织的分层模块化结构支撑多层次的规则异构性和多主体的决策自主性，形成管理边界的可扩充性和可选择性，组织边界日益模糊而体现出边界不确定性的特征；三是多管理区域灵活组合的结构，支撑前端多主体决策与后端大平台决策的资源协同需求，形成多元化的组织创新特征。从这一角度来看，现有研究提出的虚拟组织、网络组织、项目组织、模块组织、平台组织和生态组织等，均属于不同表现形态的网格制组织。由此，本节在文献研究的基础上阐述网格制的概念及理论，对组织管理的研究形成推进。

第二，通过对从工业经济科层制到数字经济网格制的组织结构适应性变革的论述，认为新一代 IT 与实体经济的深度融合构成组织结构变革的主要推动力，数据驱动的组织结构变革构成数字经济的制度基础，进而成为数字经济创新的社会制度和社会秩序基础，这种变革具体反映在规则、权力和行动的转变过程中。平台经济、赢者通吃、网红经济等都是数字经济创新活动的表象，其背后则是从科层制到网格制的制度基础与社会秩序变革。由此，本节在组织结构变革与数字经济创新之间建立起制度变迁视角的逻辑关系，探讨组织制度变革推动数字经济创新的内在机制，为数字经济成为经济新增长点和形成新动能等宏观经济政策分析提供组织制度变革层面的探索和启示。

一、从科层制到网格制的演进

1. 工业经济环境下的科层制

泰勒提出的科学管理与福特建立的工厂生产线，体现了工业经济的理性思想。马克斯·韦伯提出的科层制理论将这种工业经济的理性思想进行了提炼和升华。既有研究认为，科层制建立起工业经济的组织制度，或者说，科层制是工业社会最高效率的组织制度，是人与人之间社会关系的秩序化（马克斯·韦伯，2004）。这主要体现在科层制提供了工业经济所需要的组织管理特征，尤其是科层制蕴含的理性精神或工具理性，强调效率优先，追求精确性、持续性和统一性，都是工业化时代规模经济发展所要求的。

具体地，与工业经济相匹配的科层制具有三方面的结构特征：一是行动者专业化且高度理性。行动者根据组织目标进行劳动分工并实现专业化，通过专业化培训使所有劳动者按照某个既定标准进行程序化操作。同时，组织中每个层面的职位占有者具有非人格化的理性，体现了工业经济的社会理性。二是行动者按权威、等级、流程与规章行动。组织建立合法权威，实行金字塔型的等级制度，以合乎逻辑和高效的方式完成复杂目标来保障组织的控制与协调；同时，依靠严密稳定的规章制度来运行，即规章制度成为科层制的管理基础。三是按普遍标准选拔和考核行动者。强调量化的管理工具，重视通过绩效考核量才用人，通过普遍的用人标准选拔专业人才，形成合乎理性的管理体系（王春娟，2006）。

科层制带来效率、标准、统一的同时，也使人日益异化，成为流水线或层级制中的一个个机械单元，如同卓别林在电影《摩登时代》中所表现的场景。因此，科层制受到了诸多批判。归纳起来，科层制的缺陷主要有三个：一是严密的专业分工和规章制度，造成了组织内部的部门隔阂，阻碍了组织内部的高效协同；二是金字塔型的等级制度和非人格化的理性，阻碍了组织内部的高效沟通与合作；三是严密细致的流程管理和量化考核等，造成了组织结构的刚性，阻碍了组织的变革与创新。由此，科层制形成了庞大的中间管理层、复杂的管理流程及各种量化的关键绩效指标，如波士顿咨询公司指出，在科层制下，企业的工作流程、管理层级、协调机构和决策审批程序等增加了50%~350%，导致了组织效率的损失（樊晓军和李从质，2018）。

为拆除部门墙、强化协同与合作来提高科层制的管理效率，一方面，企业通过对IT的广泛应用来推动一系列的组织变革（Robey and Boudreau，1999）。例如，在运营管理中大量应用各种信息系统，包括产品数据系统（PDM）、生产过程系统（PPS）、企业资源计划（ERP）、供应链管理系统（SCM）、客户管理系统（CRM），以及办公自动化系统（OA）等。另一方面，企业通过使科层制流程与规则具备动态演化的能力来提升科层制运行的灵活性，通过降低科层制的严密分工与非人格理性程度来寻求与快速变化的环境的适应性，将环境因素和文化因素融入科层制的规则灵活性中，从而使科层制适应当代组织变革的要求（王旭辉，2008）。然而，即使科层制不断提升灵活性，并通过IT提高信息共享程度来降低协调成本，作为工业经济的管理基础，科层制依然难以完全适应数字经济发展的要求。伴随数字经济的崛起，组织制度也在不断进行变革和创新。

2. 数字经济环境下的网格制

面对科层制的弊端，国内外学者从多个角度开展了组织变革的创新探讨，包括虚拟组织（Davidow and Malone，1992）、网络组织（Ghoshal and Bartlett，

1990）、项目组织（Whitley，2006），以及从科层制改良而来的矩阵组织（张光军等，2019）。近年来又兴起对模块组织（徐宏玲，2006）、平台组织（Ciborra，1996）、模块化平台组织（王凤彬等，2019）、分散化自治组织（Murray et al.，2019）、生态组织（张昕蔚，2019），以及平台＋服务＋中小企业（刘刚和马骎，2016）等组织形态的研究。这些研究从多角度和多层次对数字经济环境下各种新型组织结构的特征进行了分析，并对传统组织如何转变为新型组织、转变后具有哪些以往科层制不具备的组织优势，以及存在哪些组织结构的不足等问题进行了论述。

为总结和提炼出这些新型组织结构的共同特征，表6-7对上述新型组织结构的优势与不足进行了简要归纳和总结。由表6-7可以看出，虚拟组织、项目组织、网络组织、模块组织、平台组织和生态组织等新型组织形式均具有Biedenbach和Söderholm（2008）总结的不稳定性、短暂性和灵活性等共同特点。同时，由表6-7及相应文献可以看出，无论哪种组织形式，其组织结构的优势均离不开信息技术尤其是互联网基础设施的支撑，组织结构的不足则主要源于制度与技术的约束。

表6-7　各类新型组织形式的主要结构特征

组织形式	组织结构的优势	组织结构的不足
虚拟组织	虚拟组织使企业功能外部市场化或市场交易内部企业化，是一种灵活的学习型自组织	组织能力投资的独占与共享存在矛盾，资源整合与协调成本较高，结构具有高度的不稳定性
项目组织	具有结构扁平化、快速决策、高效资源配置、目标管理、专业协同等优势的临时性社会网络	存在纵向职能结构与横向项目结构、标准化流程与临时性计划、战略层集权与项目层分权等矛盾
网络组织	行为主体间具有水平联结、跨组织协作、高效互动的特征，组织边界较模糊	网络结构的治理成本较高，强联结、弱联结、自由交易间的关系易受机会主义行为的冲击
模块组织	专业化分工与一体化分工并存、报酬递减与递增并存、外生不确定性的化解与内生不确定性的提高并存	存在核心企业与一般企业的内生性利益冲突、过于苛刻的协调要求、认知极限的挑战、高昂的协调成本等
平台组织	双边市场、前端小团队后端大平台的双层结构、信息与资源整合协同程度较高	平台组织的多边架构设计不仅涉及雇佣与非雇佣等复杂关系，而且涉及难以治理的机会主义行为
生态组织	包含虚拟组织、项目组织、网络组织、模块组织和平台组织的特征，具有多种组织形态的包容性	生态组织的复杂性使单一企业甚至核心企业也难以对其进行有效治理

资料来源：笔者团队根据公开资料收集整理。

此外，即使组织结构从金字塔结构、扁平化结构或矩阵式结构转变为网络结构、平台结构或模块化组织结构，也有可能是科层制的组织制度，只是组织结构的形式发生改变而制度基础没有发生本质变化。例如，主张科层制是平台型组织的基础（樊晓军和李从质，2018）。或者强调即使在平台型组织中，科层制也依然存在，只是变得更加扁平化和灵活化，大企业需要打破科层制，但不可能消除科层制（穆胜，2016）。

正如组织社会学一再强调的那样，作为组织制度的科层制，不是狭义地指早已存在的官僚制度，而是对普遍存在的组织制度与社会秩序的一种抽象化描述。同理，无论是虚拟组织、网络组织、项目组织或矩阵组织，还是模块组织、平台组织或生态组织，都是互联网时代组织结构的具体表现形式，而不是与作为工业经济制度基础的科层制相对应的组织制度。与科层制相对应的数字经济环境下的组织制度，应是对蕴含在上述各种新型组织结构中具有普遍性、稳定性和近似一致性的共同特征进行抽象化描述的制度。

根据上述讨论，将科层制与平台组织、模块组织或生态组织相对应是欠妥的，因为科层制是一种组织制度或工业经济的社会秩序，而平台、模块、生态等是具体的组织形式，与之逻辑相对应的概念应该是金字塔、扁平化或矩阵式等结构特征。因此，需要一个与科层制概念在逻辑上相对应的概念来分析数字经济环境下的组织特征。据此，为与科层制概念在逻辑上相对应，本节进一步明确数字经济的网格制概念，以此刻画和反映数字经济的组织制度基础和社会秩序特征（肖静华，2020）。

在计算机领域，网格指将分散于网络上的信息及信息存储、处理能力等整合成比单一信息及处理能力强大得多的一种融合与共享方式。网格通过使用标准、开放、通用的协议和界面来协调非集中控制的资源，以获得高水平的服务，提升资源利用效率。网格具有可扩充性和可选择性、多层次的异构性、难以预测的结构和行为及多管理区域等特征（郑士源等，2005）。社会管理领域借此形成了"网格化管理"的概念，指基于网格地图技术将某个地理管辖区域划分为若干个网格单元，这些单元作为最小管理和服务单位的一种公共管理模式（竺乾威，2012）。但在本节中，网格制既不是计算机领域中的网格概念，也不是公共管理中网格化管理的网格概念，而是指数字经济环境下的一种组织制度或社会秩序，这种组织制度具有与计算机网格相类似的特征。

与科层制三个主要结构特征相对应，作为组织制度的网格制也有三个主要结构特征：

第一，组织资源的集中与分散是相对的和变动的，组织流程、制度与形式具有极强的灵活性而适应环境的高度动荡。简言之，网格制源于组织的信息结构从不及时、不连续、不细化和不完整转变为及时、连续、细化和完整。在工业经济环境下，由于信息的不及时、不连续、不细化和不完整，因此需要通过科层制的等级治理规则、金字塔权力及标准化行动来进行组织的管控和决策。尽管信息系统的应用有效提升了企业利用信息的效率，但上述信息结构的特征并未发生本质变化（Thatcher，2018）。数字技术的出现，使信息结构逐步具有了及时、连续、细化和完整的特征（Ghasemaghaei and Calic，2019）。从组织生态学角度来看，信息结构的这种改变使组织的运作从机械式转变为生命式运作，由此，工业化的串联式、封闭式、机械式管理转变为数字化的开放式、生态式和自组织管理（Lyytinen et al.，2016）。由于信息的及时、连续、细化和完整，数字经济中的网格制可以实现平等治理规则、多中心权力结构及非标准化行动来进行组织运作，因此形成如各类共享经济平台、阿米巴组织、众包、众筹等组织结构，能够对环境变化具有高度适应性。

第二，组织的分层模块化结构支撑多层次的规则异构性和多主体的决策自主性，形成管理边界的可扩充性和可选择性，组织边界变得模糊而体现出边界不确定性的特征。数字技术形成的分层模块化结构（Yoo et al.，2010，2013），使数字经济的网格制具有多样化的扩充和选择弹性，从而支撑起规则的异构性与多主体的自主决策，形成组织的创生能力或生成能力（Yoo et al.，2013）。同时，组织规则的异构性和多主体的自主决策过程会形成大数据资源，这些大数据不仅能成为经济发展的重要资源，也能使其他生产要素的属性特征发生改变，形成虚拟聚合与重组，资源属性逐渐表现为丰裕、共享和流动，具有高固定成本和低边际成本的特征（Iansity and Lakhani，2014）。由此，企业边界呈现出扩张或收缩的不确定特征，使组织边界日益模糊而具备边界不确定的特征，如数字经济环境下组织的平台化扩张和组织的专业化聚焦并存。

第三，组织具有多管理区域灵活组合的结构，行动者雇佣关系与非雇佣关系相互影响，支撑前端多主体决策与后端大平台决策的资源协同需求，形成多元化的组织创新特征。互联网、大数据、AI 等新一代 IT 通过改变组织的信息结构和资源属性，可以实现前端小团队与后端大平台之间高效柔性协同的集体行动，从而使市场结构从垄断、竞争和竞合为主转变为以合作、共享和生态为主（Mcintyre and Spinivasan，2017），形成互联化价值、开放性创新和平台化生态等多元形态（肖静华和李文韬，2020），并在此基础上形成多样化的组织创新，包括小团队的灵活创新及小团队与大平台之间的协同创新。与工业经济科层制"统一、服从、精准、等级、单一"的效率特征相比，网格制具有"分散、自主、模糊、平等、多元"的创新特征（张云昊，2011）。

3. 从科层制到网格制的演进

网格制是科层制根据环境变化进行适应性变革的结果，体现出组织结构的演进过程。与工业经济环境相比，数字经济环境下的资源属性、信息结构和价值实现方式均发生了根本性变化，从而促使组织结构也发生根本性变化，从科层制逐步转变为网格制（肖静华，2020）。正如工业经济与科层制是一种协同演化、相互促进的关系一样，数字经济与网格制也是一种协同演化、彼此增强的关系。数字技术的发展推动科层制不断进行变革，进而催生了网格制的产生，网格制促进了数字经济的创新，数字经济规模的扩大又强化了网格制的组织制度，这就是经济与管理制度变迁的规律（道格拉斯·C. 诺斯，2008）。

科层制向网格制转变的适应性变革有赖于适应性组织学习（Hopkins，2007）。现有研究指出，适应性组织学习是指企业以各类有助于推动组织学习的技术为依托，根据环境的重大变化而形成即时反馈、即时调整、持续变化的知识应用和知识探索（吕鸿江等，2007；Wong and Kwong，2018）。在互联网、大数据、AI 与实体经济深度融合的背景下，适应性组织学习通常表现为数据驱动、人机协同的组织学习，构成影响组织创新活动和适应环境变化的重要学习方式，是对探索式和利用式学习的综合（Posen and Levinthal，2012）。

数据驱动、人机协同的组织学习，充分体现出数字经济环境下基于经验的组织学习与基于 AI 的机器学习的相互融合（Iansiti and Lakhani，2020）。现有研究指出，人机协同的适应性组织学习具有相互理解、相互协作和协同提升等特征。相互理解指组织学习与 AI 的算法学习有着不同的学习模式，两种学习的融合基于双方相互的理解。基于大数据的学习正在逐步融入组织学习中，促进组织学习的适应性变革（Cheng et al.，2019）。相互协作指组织通过数据分析师、IT人员与 AI 的紧密协作，通过深度利用数据形成协作系统来促进组织学习和创新（Grover et al.，2018）。协同提升指大数据、AI 与人的协同拓展人类的认知边界，形成组织学习与 AI 算法学习的协同提升效应（刘业政等，2020）。在从工业经济的科层制到数字经济的网格制的演进过程中，数据驱动、人机协同的组织学习扮演着不可或缺的促进角色，因此，网格制可以视为数据驱动的组织结构适应性变革与创新的结果。

二、网格制的规则、权力与行动

在马克斯·韦伯看来，组织具有三个主要特点：行动者执行规则、行动者之间形成权力关系及从独占利益的理性目标出发形成行动的封闭性。从这个角度来看，即使工业经济转变为数字经济，组织的这三个主要结构特征依然存在，科层制依然是数字经济环境下社会主体开展合作的主要组织形式之一，但是，数字技术使组织的规则、权力和行动特征发生了变化，这些变化体现了数字经济网格制的主要结构特征。

如前所述，网格制具有对环境快速变化的高适应性和灵活性、分层模块化松耦合结构带来的组织边界不确定性及前端小团队后端大平台间柔性协同的多元化创新三个主要结构特征。与科层制相比，网格制这三个结构特征内嵌的组织规则、权力和行动存在本质差别。

1. 网格制的规则

在科层制中，合法性的正式规则支配着组织成员的集体行动，构成组织行动的"宪法"。或者说，那些获得正当性权威的规则形成稳定的共识规则系统，支配着组织的集体行动（张云昊，2011）。

然而，数字技术改变了行动者的规则。主要体现在以下三个方面：一是使规则建构的基础发生变化，技术、数据、知识、AI等要素在规则的建构中发挥着越来越大的作用，如产品创新从以往的经验规则转变为数据规则（刘意等，2020），基于大数据建立的"时空关"（时间—空间—关联）分析规则正逐步替代以往的时间或空间分析规则（贾建民等，2020），这些均体现了数字经济中网格制的规则变化；二是使规则交互的主要对象发生变化，从以往侧重组织内部或组织间为主要交互对象，转变为以用户为主要交互对象，如企业的供应链从面向上下游合作伙伴转变为面向用户（肖静华等，2015），又如企业通过与用户的交互提升平台组织的权力（梁静，2020）；三是使规则的作用边界发生变化，网络的无边界和便捷性使组织更多地受到社会网络的影响，小世界、结构洞、强关系与弱关系等社会网络规则显著扩大了组织规则的作用边界。例如，尽管线上与线下的双重动力都独立存在，但线上对虚实网络转换的推动效应大于线下的拉动效应（边燕杰和缪晓雷，2019），表明组织无边界的影响力超过存在边界的影响力。

上述数字技术改变行动者规则的三个方面，体现了科层制规则向网格制规则转变的三种方式，从中可以看出网格制规则与结构特征之间的关系：一是在互联网、大数据、AI情境下，由于形成了以技术和数据为核心的规则体系，因此，组织不同层级间可以实现高度的信息共享和资源协同，从而使网格制具备对环境的高适应性与灵活性；二是由于规则交互的对象不仅包括企业内部和企业之间，还包括广大用户，因此，组织形成了多样化的虚拟网络规则，从而使组织边界变得越来越模糊；三是由于社会网络规则扩大了组织规则的作用边界，因此，组织前端可以容纳多个小团队并行发展，后端形成大平台保障资源的集中配置，从而使组织形成多元化的创新。

总体而言，科层制与网格制规则的差别主要体现在，前者强调总部权威决策与一线执行和反馈，后者强调大数据和 AI 算法规则与总部决策规则的协同优化。因此，网格制规则本质上是人与数据、AI 协同演化的规则，是对组织规则的拓展与创新。

2. 网格制的权力

本质上，权力是一种对他人行为施加影响的能力。在组织行为中，权力依赖于情境，形成诸如影响力、组织权力或权威等不同类型的权力，构成组织的稀缺资源。

工业经济环境下的科层制权力主要来源于以下四个方面：一是来自组织规则，如通过制定各种流程、标准或规章制度，并拥有对这些流程、标准或规章制度执行的解释权，形成政策权力；二是来自信息非对称，如借助各种方式获得更全面及时的信息，或对其他相关人员屏蔽信息，形成信息权力；三是来自对组织与环境关系的控制，如借助产业联盟或核心企业的优势地位对供应商或经销商采取强硬策略，形成结构权力；四是来自不可替代或难以替代的职业技能和专业技能，如制造工厂中老师傅凭借机器声音就可以判断故障等技能，形成专业权力（米歇尔·克罗齐耶和埃哈尔·费埃德伯格，2007；埃哈尔·费埃德伯格，2008）。

数字技术改变了上述科层制四种权力来源的环境和条件，开放的网络式管理模式与无边界的生态圈管理模式形成了不同的权力来源和特征（赵书松等，2020）。首先，由于组织的分层模块化结构支撑多层次的规则异构性和多主体的决策自主性，因此，政策权力趋向多中心化和去中心化；其次，由于组织不同层级间可以实现高度的信息透明和共享，因此，大部分组织及个人的信息权力正逐步变小，信息权力主要集中于拥有大数据的大型平台组织和政府部门等；再次，由于互联网使组织与环境的关系发生了极大变化，因此，结构权力逐步从核心企业转向拥有社会资本的个人和拥有大量用户的平台，掌握互联网关键节点的行动者通常拥有更大的结构权力，如意见领袖、网红等个体，电商、社交等平台；最后，由于大数据或 AI 规则等形成了新的权力，对传统的专业权力构成了部分替代或相互补充，因此，个体拥有的专业权力正日益被削弱。

诚然，不同社会体制下政策权力、信息权力、结构权力和专业权力的影响力各有不同，但网格制的结构特征使其权力特征与科层制相比有一个显著差异，即科层制的权力影响具有确定性和稳定性，但网格制的权力影响具有较高的不确定性和不稳定性。网格制的权力通常表现在行动者通过集体行动的选择来反映其诉求，这种行动者的集体行动选择具有两极放大效应：一方面可能具有更高的社会合作价值；另一方面也可能更容易导致社会价值的分裂。例如，网络虽然使用户的信息权力比以往有所增加，但由于平台企业的结构权力增长得更快，反而又导致消费群体阶层的两极分化更严重（梁静，2020）；又如，由于社会网络形成的信息权力与结构权力变迁，出现了特朗普当选美国总统和英国脱欧等各种政治事件，充分体现出网格制的权力影响具有难以预测和控制的特征（何晴倩和丹尼尔·诺兰，2020）。

总体而言，科层制与网格制权力的差别主要体现在，前者强调规则、信息、结构和专业的影响力，后者强调新一代 IT 对传统影响力的改变及其催生的新型影响力的形成。因此，网格制权力本质上是人与数据、AI 共同形成的权力，与科层制权力比较而言，这种新型权力具有两极放大、高度不确定的特征。

3. 网格制的行动

在科层制的组织行为中，权力构成行动者的行动能力，决定组织集体行动的效率和秩序。行动者的行动能力内嵌在组织交换的正式与非正式契约中，如明文的雇佣契约或职员的心理契约。马克斯·韦伯将之划分为四种典型的社会行动类型，即目的合乎理性的行动或工具理性行动，纯粹由信仰决定、无关后果的价值理性行动，由情感或感觉决定的情感理性行动，以及由传统或习惯决定的约定俗成行动（马克斯·韦伯，1997）。韦伯的这种社会理性行动类型学划分，对于数字经济环境下的网格制行动类型依然具有理论价值。

首先，在互联网、大数据、AI 情境下，技术的发展使工具理性变得更加明显和突出。大数据带来的全局理性视野和 AI 带来的算法理性行为（陈国青等，2020）正在逐步介入到组织的理性行动中，成为组织集体行动发生适应性变革的关键驱动因素。在数据理性的网格制下，行动者的行动要以数据为理性基础，数据及其对社会现象的洞察构成组织集体行动的逻辑基础和起点。在数据理性下，组织的选择具有高度的自适应性和敏捷的自我调整行动，如成长品现象和产品研发创新的高适应性水平（肖静华等，2020）、数据驱动的合作资产适应性创新等（谢康等，2020）。可以说，大数据和 AI 为行动者的行动选择提供了客观合理性（Rolland et al.，2018）。

其次，在数据理性日益盛行的情况下，理论界对于 AI 社会伦理的探讨和争论也越来越激烈。作为一种技能偏向型技术进步，互联网、大数据、AI 一方面极大促进了经济增长，使社会变得更加美好（Acemoglu and Restrepo，2018）；但另一方面也使社会贫富分化进一步加大，算法歧视现象更加严重，导致社会数字鸿沟不是缩小反而扩大（Benzell et al.，2015）。例如，在人与 AI 的协同中，行动者既包括人又包括 AI 算法，两者协同演化形成的规则又会转变为新的算法，形成价格歧视或偏好锁定（叶明和郭江兰，2020），使行动者跨层级的转换成本越来越高，不利于跨层级流动，抑制价值理性行为或情感理性行为，使组织的集体行动更加偏向于某类行动而不利于组织的均衡发展。

再次，在网格制的行动中，情感理性行动表现出显著的两极效应。一方面，网络形成了大量以特定兴趣或话题为核心的小圈子，人们越来越关注圈内而不关注圈外；另一方面，网络的无边界特征又会使某些话题或人物得到快速且大规模的传播和关注，如网络造星、网红现象等（孙婧和王新新，2019），网格制这种情感理性行为的非理性程度及其影响力往往要远大于传统。可以说，在网格行动的非理性中，行动者情感理性一旦爆发，将比计算理性更加激烈，使组织中情感与计算的逻辑悖论冲突更加显著（高良谋和胡国栋，2013）。例如，海尔构建的数千个前端创业小团队与后端大平台之间的情感理性与数据理性冲突，韩都衣舍构建的小组制与数据驱动的算法规则之间的情感理性与数据理性冲突（刘旭等，2015；刘意等，2020），均体现了不同行动之间的相互影响。网格制行动中的工具理性与情感理性是数字经济社会网络中所蕴含的新的组织哲学（姜宁宁，2018）。

最后，互联网经过近30年的发展，逐步形成了各种基于网络的约定俗成行为，包括形成了一系列网络用语和网络节日，如"双11"购物节、520情人节等，尽管这些行为的表现与传统习俗有巨大差异，但其本质也同样是在塑造人们的共识和行为趋同。

总体而言，科层制与网格制行动的差别主要体现在，在网格制中，工具理性借助新一代IT得到了极大的增强，由此也使价值理性和情感理性变得更加多样化，与工具理性的冲突进一步加深。同时，网格制还催生了技术与商业、技术与社会行为相结合的一系列网络约定俗成行动。

综上所述，网格制的规则、权力和行动会随着大数据、AI的应用和发展而不断演变，远非上述讨论所能总结和概括的，但从上述讨论可以看出，网格制与科层制在规则、权力和行动方面均存在显著的差异，因此，网格制是一种与科层制不同的组织结构和制度安排，是科层制在数字经济环境下的演进和发展。

三、网格制构建数字经济的制度基础和社会秩序

正如诺斯在考察工业经济的长期发展中关注制度变迁的作用那样，考察数字经济的创新也离不开对制度变迁的考察。从制度变迁角度分析数字经济的创新逻辑，可以更具体和深入地阐述数字经济与工业经济运行的差别及创新之处。

（一）网格制构成数字经济的制度基础和社会秩序

正如工业经济探讨的是当社会的生产方式与交换方式以大工业形式组织起来以后，行动者之间的经济关系会发生什么变化，数字经济研究的是当社会的生产方式与交换方式以大数据、AI 等新一代 IT 方式组织或联结起来之后，行动者之间的经济关系会发生什么变化。这包括一系列的创新问题，例如，数据的价值与实现机制（谢康等，2020）、数据平台的垄断与反垄断、网络外部性带来的锁定与转换、行动者之间的雇佣与合作关系、人与 AI 的替代与互补关系等问题，将会成为一个形成众多理论创新方向的领域。本节主要从制度变迁的角度剖析数字经济的制度创新逻辑。

从制度变迁的角度来看，新一代 IT 与工业经济／实体经济之间相互影响和不断融合，推动科层制通过适应性变革而转变为适应数字经济环境的网格制。科层制的创新逻辑以决策逻辑为主，网格制又形成了两种新的创新逻辑，即创生逻辑和适应逻辑，由此，形成决策逻辑、创生逻辑和适应逻辑相互融合的创新逻辑，进而构成数字经济创新的制度基础和社会秩序。这一过程可以概括为如图 6-2 所示的理论框架。

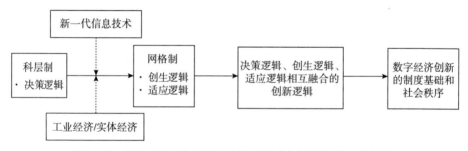

图 6-2　制度变迁视角下网格制推动数字经济创新的理论框架

按照诺斯的观点，制度是社会游戏的规则，组织是社会游戏的参与者，制度与组织间的持续交互和彼此影响构成制度变迁的关键。据此，图 6-2 包含了两方面的制度变迁含义：

从组织结构的演化角度来看，新一代 IT 与实体经济的不断融合，促使科层制适应环境变化而不断进行组织结构的改变，逐步形成适应数字经济环境的网格制。现有研究表明，互联网、大数据、AI 等新一代 IT 与实体经济深度融合，构成经济数字化转型和数字经济创新的基础，其中，信息化与工业化深度融合，又构成新一代 IT 与实体经济深度融合的核心内涵。从技术效率角度来看，信息化与工业化融合本质上是两者交互的技术效率最大化，由此形成对经济增长的影响

（谢康等，2012）。新一代IT与实体经济的融合不仅产生了大量的互联网创新企业，也推动了传统企业进行数字化转型，这些企业创新和转型的基础就是组织结构的变革，从适应工业经济环境的科层制演进为适应数字经济环境的网格制。

从创新逻辑的演化角度来看，从科层制到网格制的变迁过程也是从工业经济创新逻辑到数字经济创新逻辑的演变过程。由于科层制是与工业经济的规模化、标准化、数量化、统一性等要求高度匹配的组织制度，因此，科层制形成了以决策逻辑为主的创新逻辑，即组织通过搜集有限的市场信息做出决策，开展运营和创新活动。在数字经济环境下，新一代IT为行动者提供的全局性大数据、AI自决策或自适应等条件，为虚拟组织、项目组织或平台组织的集体行动提供了多样化创新的可能，由此形成了网格制下的两种新的创新逻辑，即创生逻辑和适应逻辑。创生逻辑是在开放性创新平台上通过大量异质用户的参与和多主体间的信息共享形成的创新逻辑；适应逻辑则是借助大数据和AI自决策进行大规模的自然实验，对产品进行持续验证和即时调整的创新逻辑（肖静华等，2020）。这三种创新逻辑各有优劣，决策逻辑适合企业主导、用户辅助的创新，创生逻辑适合企业支持、用户主导的创新，适应逻辑适合企业与用户高度互动的创新。随着制度的变迁，三者不断融合，构成数字经济创新的重要基础。

总体而言，与工业经济制度变迁的速度和发展阶段相比，基于数据驱动的数字经济制度变迁速度更快，发展阶段更具有时空压缩性，组织制度与社会制度的趋同将更加迅速和明显。网格制是数字经济生产与交换方式的规则、权力和行动的集合，一方面保留了科层制的部分基础原则，另一方面又形成了与科层制完全不同的规则、权力和行动，以适应新的环境，通过加速变迁，最终形成数字经济的制度基础和社会秩序。

（二）数字经济的创新与治理

上述讨论表明，网格制是科层制演进产生的新型组织制度与社会秩序，既包含科层制的基础结构，又具有新的规则、权力和行动特征，这种继承与发展的特性对数字经济创新的影响主要体现在以下三个方面：①通过兼具科层制的集中化权力结构和网格制的适应性权力结构，使决策逻辑、创生逻辑和适应逻辑三者相互融合，形成跨界创新、颠覆性创新、众智创新及智能化创新等多样化创新方式，促进了创新的广度、深度和速度；②通过兼具科层制的工具理性和网格制的有限理性与数据、AI理性，形成大数据驱动的企业、用户和技术多主体互动创新，促进了创新生态的发展；③通过兼具科层制的正式规则和网格制的灵活规则，形成组织松紧结合的均衡结构，促进了创新的开放化和网络化。

然而，与此同时，网格制的特征也使其存在权力、规则和行动高度不确定带来的极化效应问题，主要体现在以下三个方面：①从全球化发展来看，一方面，网络化促进了经济全球化；另一方面，网络化也形成了经济与社会的分化，造成逆全球化、民粹主义反弹、社会价值观撕裂等一系列问题。②从就业结构来看，互联网、大数据、AI 等新一代 IT 一方面创造出大量新的就业岗位，另一方面又对既有的生产和管理岗位形成替代，如美国 1000 名工人对应的机器人数量每增加一台，就业率降低 0.18%~0.34%，工人平均工资减少 0.25%~0.50%（Acemoglu and Restrepo，2018），社会不平等状况进一步恶化。中国的数据也表明，企业 IT 应用会扩大高低技能劳动者的收入差距（宁光杰和林子亮，2014）。③从社会公平发展来看，大数据垄断、AI 规则中的算法歧视等不仅扩大了社会贫富分化，而且使贫富结构之间的转换成本越来越高，造成更大的数字鸿沟，不利于组织和社会的均衡发展。

由此可见，数字经济的创新价值需要以有效的治理为基础才能得以实现（祁怀锦等，2020）。本节尝试从数字经济的组织结构变革角度提出数字经济的创新与治理问题，目的是抛砖引玉，期望有更多的研究关注数字经济创新的制度基础，以保障数字经济快速、健康、均衡的发展。

上述讨论的结论主要有三个：①网格制是在数字经济环境下形成的、由行动者通过网格化方式进行资源协调和管理运作的组织体制。网格制表述的是与数字经济相适应的抽象化组织制度，现有虚拟组织、网络组织、项目组织、模块组织、平台组织或生态组织等，均属于不同表现形态的网格制组织。网格制具有对环境快速变化的高适应性、组织边界的不确定性和组织创新的多样化三个主要特征，构成数字经济的制度基础和社会秩序。②网格制在规则、权力和行动三个方面与科层制存在显著差异，主要体现在规则、权力和行动均具有高度的灵活性、不确定性及极化效应，因此，网格制是一种与科层制不同的组织结构和制度安排，是科层制在数字经济环境下的演进和发展。③从制度变迁的角度来看，新一代 IT 与实体经济的不断融合，促使科层制适应环境变化而不断进行组织结构的变革，逐步形成了数据驱动的网格制。科层制的创新逻辑以决策逻辑为主，网格制则产生了创生逻辑和适应逻辑两种新的创新逻辑，通过制度变迁，决策逻辑、创生逻辑、适应逻辑三种创新逻辑不断融合，构成数字经济创新的基础，网格制也成为数字经济的制度基础和社会秩序。

本节阐述了"网格制"这一概念及理论，为数字经济的制度基础与组织结构变革研究提供了新的研究方向，后续尚有诸多议题亟待进一步探讨。其中，有三个领域的研究尤其需要拓展：①针对网格制带来的极化效应，亟待对数字经济环境下的治理问题展开深入的探析和讨论，例如，全球化、社会不平等和就业结构等问题，需要得到更多的关注；②针对网格制带来的以大数据、AI 等为基础的数据理性与以人为基础的价值理性和情感理性的冲突，亟待从规则、权力和行动三方面进行拓展研究，探讨网格制下人与人之间、人与组织之间，以及人与机器之间的相互作用和交叉影响，形成商业伦理和管理哲学层面的理论推进；③针对网格制带来的高不确定性，亟待对网格制的发展和演化机制进行持续动态的研究，揭示新一代 IT 与组织制度之间的协同演化关系。

第三节　技术契约适应性创新与市场效率

治理针对的是事前与事后机会主义，从经验驱动转变为数据驱动仅仅是数字化转型的过程与现象，而不是治理创新。如果数字经济的治理是针对数字经济中的新型机会主义，那么，究竟什么是数字经济的治理创新？要回答好该问题，需要对既有的契约理论进行梳理。脸书、苹果、谷歌、亚马逊和微软等成为全球数字经济中的数据平台，有学者称它们为社会量化部门。腾讯、阿里巴巴、百度、美团、字节跳动等也正在构建中国社会量化部门的阵地。这些社会量化部门与其他社会主体或个体的交流与交易关系依靠什么来维系？是依靠以往的正式契约、关系契约、心理契约或社会契约来治理，还是需要引入新的治理方式形成新型治理机制来应对数字经济发展的挑战，这是数字经济治理创新逻辑的一个重要问题，也是本节试图探讨和回答的问题。

同时，与既有工业经济或信息经济的运行相比，数字经济的运行究竟有何创新？数字经济的创新逻辑既相互关联，又相对独立。例如，基于区块链技术的分散化自治组织是通过智能合约对交易进行编码和执行，这种新型组织形式可能使以往存在于组织中的部分委托代理关系问题不再成为问题，而会形成新型的委托代理问题（Murray and Fussey，2019）。可见，组织创新与委托代理关系之间既有联系又相对独立。本系列研究从产品适应性创新、资产适应性创新、组织结构适应性创新三个角度分别探讨了数字经济在产品创新、资产创新、组织创新三个层面的创新逻辑（肖静华等，2020；谢康等，2020）。在此基础上，本节拟从治理角度对技术契约的概念及其扩展进行探讨，提出数据驱动的技术契约适应性创新概念，从以技术契约为基础的数字经济治理创新、基于技术契约互补性的数字经济治理创新两个方面剖析数字经济的创新逻辑，形成理论创新。

具体地，针对数字经济中的算法歧视、大数据杀熟、数据操纵等新型机会主义，现有研究主要从价格歧视或价格欺诈、法律惩戒与用户权益、数据审计和程序透明等方面给出策略性分析，缺乏从不完全契约等视角对这类新型机会主义的治理进行深入探讨。本节针对数字经济中的机会主义具有更高的技术隐蔽性和边界模糊性，机会主义产生原因更复杂和多样等特征，提出大数据、人工智能和区块链等新一代信息技术（IT）情境下的技术契约及其适应性创新概念，构建以技术契约互补性为基础的数字经济治理创新理论，强调数据驱动的技术契约适应性创新是针对契约的不完全性而采取的对契约执行过程持续、动态、适应性调整的治理思路，强调执行过程的信息透明和可追溯对结果控制的治理效果，认为这是一种有别于 Hart 机制设计学派和 Williamson 交易成本学派的新型治理思路而形成理论创新。

简要地说，技术契约嵌入既有正式契约、关系契约、心理契约和社会契约中形成技术契约互补性，据此构成的混合治理是保障数字经济运行的基础，也是数字经济区别于工业经济和信息经济的主要治理特征。如果缺乏技术契约互补性形成的混合治理规则，那么数字经济难以有效运行，由此提出数字经济治理创新研究的新视角而形成理论创新。

一、契约理论、技术信任与技术契约

要回答什么是数字经济的治理创新这个问题，需要对既有的契约理论进行梳理。治理与机会主义、契约和信任三个概念密切相关。

（一）四种契约理论

契约是一组承诺的集合。这些承诺是签约方在签约时做出的，并且预期在未来契约到期日能够被兑现。在委托人与代理人的契约关系中，存在正式契约、关系契约、心理契约和社会契约四种契约关系。

正式契约又称为强制性契约，是指基于委托人与代理人双方的目标函数不一致、信息不对称，委托人为约束代理人的道德风险而提出的强制性契约。例如，委托人通过设置强制性契约将代理人的收益与其工作绩效联系起来，缩小合作过程中的风险范围，有助于促成更多值得信任的长期合作关系。在契约制定过程中形成的原则可以为后续合作提供参照点，便于合作双方达成一致意见（Poppo and Zenger，2002），这是正式契约的优点。然而，由于人的有限理性、信息的不对称及交易事项的不确定性等因素限制，往往导致契约具有不完全性，使正式契约存在先天不足。在企业管理实践中，各类绩效考核均属于正式契约，规章制度和组织政策等也属于正式契约（Michael and Pearce，2004）。

关系契约指在特定环境下第三方不能强制执行，契约方基于重复博弈的未来关系价值来自我执行的非正式协议（Gibbons，2005），也称自执行契约或隐性契约（Klein and Leffler，1981；Macleod and Malcomson，1989）。例如，企业内部的非正式协议和不成文的行动规则、企业间的联盟和商业合作等都属于关系契约。关系契约有助于契约双方的合作，弥补正式契约的某些不足，如缔约双方需要根据实际情况进行随机应变。关系契约中双方也存在违约动机，如委托人不履行自己的承诺而故意低报员工绩效等。因此，关系契约的自我执行及执行效果取决于双方的声誉及双方对主观绩效评价结果的认同（Macleod and Malcomson，1989；Bull，1987）。在企业管理实践中，选择具有良好口碑和声誉的经理人，利用企业文化、潜规则或口头协议进行管理，发出终止合作威胁等，均属于关系契约。

心理契约是指存在于个人与组织之间的一种内隐协议，明确双方关系中一方期望另一方的付出与收获（Kotter，1973），或存在于个体与组织间的、没有明文规定的期望（Schein，1980）。心理契约也指员工对于自身和组织相互责任与义务的理解和信念（Rousseau，1989）。因此，委托代理关系中的心理契约可以定义为委托人与代理人主观理解和感知的、没有明文规定的、彼此为对方承担的责任。心理契约不同于正式契约和关系契约，属于心理层次的契约关系，是对以经济人为假设的正式契约和关系契约不足的重要补充。这种契约具有三个特征：一是对相互责任和义务的理解是主观感知、没有明文规定的；二是这种主观感知是时刻存在的；三是由于心理契约属主观感知，委托人与代理人的理解常常存在差异，是否违背心理契约是各自独立判断的。在企业管理实践中，员工的公平感和忠诚度、个体或小团队的心理期望等所谓的"人心"，均属于心理契约。

社会契约的概念非常广泛，一般认为社会契约是个体向集体转让其全部自然权利而进入社会活动的一种契约总和（Donaldson and Dunfee，1994，1995）。借助社会契约的概念，将企业与其他利益相关者之间遵循的所有契约形式描述为综合性社会契约，从而将企业社会责任与企业利益相关者的利益诉求统一起来。这种以人的社会道德责任为基础而形成的交易关系，被称为社会契约。社会契约就像物理学中的磁场一样看不见摸不着，但却为人们所默认，因而有人将之形象地称为社会道德"场"。在企业管理实践中，信任就属于社会契约。阿罗认为信任是市场经济的灵魂，委托代理信任是社会繁荣的必要条件（Arrow，1974）。

上述四种契约关系的存在是人性复杂性和交易多样性决定的，四者既有区别又有联系。从人性的复杂性来看，人既是利己的经济人，又是具有社会道德的社会人；既是理性的人，又是感性的人，且一个人可以同时或阶段性呈现出不同的个体或社会特性。从交易的多样性来看，交易的内容、形式和结果均具有多样性。正式契约是基于利己的经济人假设，社会契约是基于符合社会规范的社会人假设，关系契约和心理契约则是融合了经济人与社会人的假设。因此，四种契约各有优劣。正式契约是建立在交易结果可被双方观察，并能被第三方证实、事前可以确定缔约的基础上，其优点是可以减少契约双方的风险，不足是契约签订前提条件严格，应用受到限制。关系契约可以部分克服正式契约的先天不足，但执行要依赖于双方声誉和对交易结果的认知相同。心理契约是委托人或代理人单方面对双方相互责任的主观理解，其执行难以判断。社会契约是委托人或代理人基于社会道德对自身责任的感知和行动，能弥补正式契约和关系契约的不足，但存在主观性、难以衡量等缺陷。

总体而言，上述经典的契约理论为探讨互联网、大数据、人工智能等新一代IT与实体经济深度融合条件下的数字经济治理机制创新提供了理论基础。

（二）技术信任与 IT 的治理价值

由上述经典的契约理论研究可知，与契约密切相关的概念是信任。信任指一方相对于另一方自愿处于弱势地位的意愿，这种意愿基于无论一方的监督和控制如何，对方都会履行对其承诺的行动（Mayer et al., 1995）。技术信任是 IT 与信任交叉研究的一个概念（Mayer et al., 1995），现有研究主要从制度视角和技术视角来剖析技术信任。

一方面，从制度视角来看，技术信任是指对 IT 基础设施和控制机制促进交易成功的信念。技术信任属于制度信任，是制度信任的延伸和扩展（Ratnasingam and Pavlou, 2003; Gefen and Pavlou, 2012）。这一视角最初关注的是 IT 的底层设计，从基础的 IT 保护机制分析技术信任的维度，聚焦解决电子商务最初引入过程中的安全性问题，后来逐步关注通过 IT 抑制电子商务中的机会主义行为，强调技术信任的治理作用（Vance and Paik, 2015）。另一方面，从技术视角来看，技术信任是指人们感知 IT 值得信任的信念，具体包括对 IT 的功能性、可靠性和有用性的信任信念。功能性指 IT 具备完成相应任务的功能或特性，可靠性指 IT 能够持续正常运作，有用性指 IT 可以为使用者提供足够且及时的帮助（Mcknight, 2011）。据此，可以测度并分析技术信任的商业影响（谢康等, 2016）。

在现实情境中，随着 IT 基础设施的不断完善和人们对 IT 的熟练运用，社会主体对 IT 技术特性的关注逐步减少，对 IT 治理价值的关注则不断增多（Xiao et al., 2013; Vance et al., 2015）。IT 通过信息透明、信息共享和信息可追溯等特征，能够对机会主义行为进行监督、控制和问责，从而产生治理价值，在电子商务、企业供应链协同和各类平台发展中形成广泛的技术信任（冉佳森等, 2015）。

现有研究将技术信任划分为三级：一级技术信任指对 IT 本身技术的信任，即对 IT 功能性、可靠性和有用性的信任；二级技术信任指对 IT 治理特征的信任，即对 IT 形成的信息透明、信息共享和信息可追溯等的信任；三级技术信任指对

IT 治理信任与制度信任和人际信任形成的混合治理的信任（谢康等，2014）。其中一个典型表现是 IT 具有与契约治理、关系治理互补的治理价值（肖静华和谢康，2010）。由此可见，IT 的治理存在多重性，技术信任也存在多重性。

（三）技术契约的概念及其表现

在供应链协同管理中，如果将 IT 投资或供应链信息系统投资视为跨组织委托人与代理人之间的一种契约形式，那么，这种契约可称为技术契约，即企业供应链信息系统投资及其运作，构成核心企业与成员企业之间的一种技术契约。这种技术契约既不是契约双方为明确责权利而签署的正式契约，也不是一般的技术合同，而是供应链网络中核心企业与成员企业之间在系统协同过程中形成的无形契约，具有排他性和高沉淀成本的资产专用性（肖静华，2009）。从这个角度来看，技术契约既不是正式契约，也不是关系契约、心理契约或社会契约，而是基于 IT 在社会主体之间建立起来的一种新型契约。

工业互联网、物联网、区块链等新一代 IT 的兴起及应用，进一步丰富了技术契约的内涵，扩展了技术契约的外延，使技术契约从供应链跨组织投资的狭义视角扩展为社会主体之间合作规则的广义视角。在工业互联网发展中，信任、期望收益和自我认知构成的价值主张促进工业互联网平台的建设，而工业互联网平台又促进了资源提供方与需求方的价值共创（魏津瑜和李翔，2020）。从技术契约角度分析，工业互联网成为跨组织间技术契约的一种具体形式。同时，物联网和区块链的发展将工业、农业、服务业的产业链映射到大数据和区块链的网络世界中，形成各种形式的数字孪生体，数据形态的生产要素影响和改变工业、农业和服务业生产中的生产力与生产关系，促进工业、农业和服务业产业链的制度变迁（肖静华等，2019；付豪等，2019）。从技术契约角度来看，物联网和区块链也构成跨组织间乃至社会主体间技术契约的具体形式，尤其是在互联网金融和社会信用体系创新中，区块链更是发挥了技术契约的典型功能。

基于区块链的智能合约是技术契约的一种具体表现，是指一个用计算机处理的交易协议，能够执行合约的条款。智能合约的宗旨是为了满足通用的合同条件，减少机会主义行为或意外带来的争议，减少对第三方中介的依赖（Szabo，1996）。区块链的出现和资产数字化的加速发展，使 Szabo（1996）提出的智能合约思想得以在现实中实现。其中，区块链奠定了智能合约的应用基础（黄少安和刘阳荷，2020），资产数字化的加速则为智能合约提供了社会需求的必要条件。可以预计，随着区块链技术的普及应用和资产数字化的加速发展，尤其是数字货币的推广应用，智能合约将从有关是否属于可信赖的合同等争议转变为社会主体生活中一种不可缺少的技术契约。这种技术契约具有数据驱动的自动执行特征，为社会主体提供一个特定合作关系的条款，然后向所有满足这些条款的潜在合作伙伴自动发布数据或运行程序。因此，智能合约可以视为数据驱动的、自动执行的技术契约的具体形式之一。

本节给出技术契约的广义和狭义两种定义。广义的技术契约是指IT自身包含有治理特征，狭义的技术契约是指运用IT为降低契约不完全性带来的机会主义而形成的隐性行为的规范。无论是广义还是狭义的技术契约都有三个基本特征：一是一种中立的、不包含人的主观判断的第三方契约。二是虽然技术契约具有治理作用，但不受法律保护，未来随着数字资本的深化，技术契约可能会逐步受法律保护。三是在互联网、大数据、人工智能等新一代IT情境下，技术契约越来越显示出数据驱动的动态特征。数据驱动的动态特征不仅影响到技术契约与正式契约或心理契约的区别，而且影响到技术契约对社会信用体系或交易体系的制度创新特征。

二、数据驱动的技术契约及其治理的适应性创新

在探讨数据驱动的技术契约及其治理的适应性创新之前，有必要对技术契约的产生逻辑进行梳理，以此作为后续理论探讨的逻辑起点。

（一）技术契约的产生逻辑

人类社会的各类治理制度安排均与信息密切关联，针对机会主义的传统治理主要建立在信息不完全和信息不对称基础上。这样，信息结构和信息特征的改变必然会带来治理机制的改变。IT以其具有的信息透明、信息可追溯、信息快速传播和共享等特征，对社会主体的活动不仅具有降低成本、提高效率的生产价值，更有抑制机会主义的治理价值。同时，IT作为一种以技术为基础的新的制度安排，与原有的制度安排相结合能够产生更好的治理效果。因此，在线上购物、跨境电商、互联网金融、智能投顾等行为中，需要进行技术与制度的混合治理（谢康和肖静华，2014）。这样，IT的信息透明、信息可追溯和交互性形成的功能性、可靠性和有用性特征，构成IT治理价值的技术基础和制度条件，这是IT作为技术契约的产生逻辑。

IT作为技术契约的产生逻辑体现了内嵌的治理思想。具体而言，无论哪种技术都是由人类所发明创造出来为自身服务的，因此，各种技术本身都内嵌了人类的经济管理思想。IT之所以能够抑制机会主义，归根结底是人们可以通过IT来反映自身的经济管理思想，使各种行为规范内嵌于IT之中，从而规范人们的行为。通过IT使信息更真实与透明，行为变得更可视化，从而在更大程度上解决由于信息不对称而导致的不完全契约问题。这样，通过IT治理将对人的依赖

转变为对技术的依赖。由此，数字经济的治理体系将在正式契约、关系契约、心理契约和社会契约及其组合基础上，形成对技术契约的接纳而形成新的契约组合关系。

从更一般的契约形式来看，关系契约可以看成是正式契约的一种特殊形式，社会契约可以看成是心理契约的一种特殊形式。因此，正式契约和心理契约是两类基本的契约形式。本小节拟从以下四个方面探讨技术契约与正式契约和心理契约的差异。

（1）三种契约的作用机制不同。正式契约是基于制度选择行为，属于机制设计的制度安排范畴。心理契约是基于心理预期选择行为，属于心理活动范畴。技术契约是基于技术特征选择行为，属于信息透明和信息可追溯的信息结构范畴。由此可见，通过技术契约的信息结构形成的技术信任，使基于制度安排的信任与基于心理活动的信任之间的互动得到增强，从而促进制度信任与心理信任之间的互动。这样，技术契约会提升正式契约与心理契约之间信任的互补性。

（2）三种契约的成本结构和监控结构不同。正式契约缔约成本低，执行成本高，如反复协商、检查监控等成本往往很高，因此，正式契约的许多信息与行为无法监控或监控成本高。技术契约的初始投资成本高，执行成本低，因此，技术契约的许多信息与行为可监控，监控成本低。相对而言，心理契约的初始缔约成本和执行成本均处于正式契约与技术契约之间，但心理契约通常难以监控。由于正式契约有极高的执行成本，因此，人们可以通过心理契约作为正式契约的补充，通过心理的承诺来降低契约的执行成本。同时，技术契约由于执行成本低，可以与正式契约和心理契约的治理形成互补。

（3）三种契约的作用特征不同。正式契约难以明晰过程，只能以结果为导向，控制的是结果。正式契约即使针对过程，也只能针对过程的结果，难以针对过程本身。正式契约的静态特征使委托代理双方可能会对结果产生不一致的意见，难以形成共识，通常需要采用客观与主观相结合的方式来解决契约结果的分歧。相反，客观的控制特征和动态特征，使技术契约能充分利用 IT 的实时性功能实现过程导向，从而控制个体的行为。可以说，正式契约是人为导向，治理过程主观性强，技术契约是流程导向，治理过程客观性强。相对而言，心理契约的控制特征主要表现为过程控制，具有主观性，时间特征表现为动态性。

（4）三种契约的法律效力不同。正式契约是有形的，受到法律的保护。心理契约是无形的，不受法律保护。技术契约也是无形的，现阶段暂不受法律保护。但是，部分技术契约如基于区块链的智能合约已经具备有电子合同的法律构造，智能合约的发布及其代码执行本质上属于电子合同的升级版，应被赋予与电子合同一样的法律效力（陈吉栋，2019）。简言之，现阶段不是所有的技术契约都可以被赋予法律效力，但随着新一代 IT 应用的深入，技术契约会逐步获得法律效力。

表 6-8 对上述技术契约与正式契约和心理契约之间的差异进行了总结归纳。

表 6-8　技术契约与正式契约和心理契约的比较

	正式契约	心理契约	技术契约
作用机制	基于制度选择行为，属于机制设计范畴	基于心理预期选择行为，属于心理活动范畴	基于技术特征选择行为，属于技术应用范畴
成本与监控结构	· 初始成本低，执行成本高 · 许多信息与行为无法监控或监控成本高	· 初始成本中，执行成本中 · 难以监控	· 初始成本高，执行成本低 · 许多信息与行为可监控，监控成本低
作用特征	· 控制特征：结果控制；客观 + 主观 · 时间特征：静态	· 控制特征：过程控制；主观 · 时间特征：动态	· 控制特征：过程 + 结果；客观 · 时间特征：动态

总之，技术契约是一种中立、客观的契约，可以认为是一种第三方契约。从博弈角度来看，可以认为 IT 在技术契约中扮演了自然的角色，并参与到博弈过程中，影响博弈双方的行为。技术契约具有多重性，既在企业层面也在社会层面发挥多重治理机制。作为正式契约的另一种补充形式，技术契约通过过程的透明和智能的规则设计，将正式契约的事后控制变为过程控制，降低契约的执行和监控成本，提高对机会主义的抑制效率。同时，在大数据、人工智能和区块链等新一代 IT 情境下，技术契约通过个体或集体行为轨迹的数据化、模型化和可视化，将心理契约的事前与事后承诺转变为数据化、模型化和可视化的过程，成为心理契约"可信赖"的第三方监督机制，从而扩大了对机会主义的抑制领域。

（二）技术契约治理的适应性创新

在数字经济中，随着资产数字化、数据作为生产要素参与分配而不断影响到社会经济活动，基于大数据和人工智能的技术契约与正式契约和心理契约相互补充，体现了对机会主义治理的适应性创新，成为数字经济治理创新的一种关系规范。技术契约治理的适应性创新，指针对契约不完全而采取的对契约执行过程持续、动态、适应性调整的治理思路，强调执行过程的信息透明和可追溯对结果适应性控制的治理效果。

技术契约治理的适应性创新，意味着需要秉承不完全契约的思想。不完全契约面临的一个核心问题是缔约方机会主义行为造成的资源配置的帕累托无效，不完全契约理论就是研究如何消除或限制这种机会主义或道德风险。要知道，造成契约不完全的根本原因是信息的不完全，即缔约方在签约时面临的不可预见的不确定性，或即使可以预见但无法描述。

契约的不完全性来自三类难以克服的成本：一是预见成本，即当事人由于某种程度的有限理性，不可能预见到所有的或然状态；二是缔约成本，即使当事人可以预见到或然状态，但以一种双方没有争议的语言写入契约也很困难或者成本太高；三是证实成本，即关于契约的重要信息对双方是可观察的，但对第三方（如法庭）是不可证实的（Tirole，1999）。这三类成本都直接或间接地形成契约关系中的不可描述的不确定性。因此，不完全契约理论或者强调通过事后监督、再谈判或中期绩效评价等机制设计来解决不可描述的不确定性问题（Hart and Holmstrom，1988），或者通过比较不同的治理结构后选择一种最能节约事前和事后交易费用的治理制度来解决不可描述的不确定性问题（Williamson，1987，1996）。

在解决契约不完全问题上，技术契约治理的适应性创新概念，意味着既不完全是 Hart 等的机制设计思路，也不完全是 Williamson 等的交易成本思路，而是介于两者之间的过程适应性治理的第三种思路，即基于信息透明和信息可追溯等特征，通过技术契约的信息结构来选择事前与事后的监督机制，再通过选择事前或事后的监督机制来确定新的阶段性技术契约。如此循环，从而使不可描述的不确定性持续地被数据化、模型化和可视化形式呈现出来，再借助人工智能模型使不可描述的不确定性转变为具有一定概率的、可描述的相对确定事件，从而对缔约双方的机会主义进行适应性治理。这种适应性治理思路有别于 Hart 机制设计学派和 Williamson 交易成本学派的新型治理思路，可称为数据驱动的技术契约适应性创新。

关系契约也是一种不完全契约，是一种由未来契约关系的价值所维系的非正式协议（Baker，2001），因为社会主体的交换包含关系性和交易性两类特征。关系契约是社会主体交换活动中产生的，同样具有事前与事后的信息非对称特征，如企业内部员工之间、上司与下属之间关于任务分配、晋升、止损决策等的不成文共识属于关系契约。Williamson 认为，关系契约更适合用来解决专用性投资造成的事后机会主义，如随着企业关系由竞争转向竞合，越长期的合作将使企业越来越依赖于关系契约。从这个角度来看，数据驱动的技术契约适应性创新概念进一步扩大了关系契约的适用范围，如通过将关系契约的执行过程以数字化呈现出来，使关系契约中约定的内容由原来无法验证转变成可以通过数据验证，从而提高了关系契约的实施效率。

总之，数据驱动的技术契约适应性创新通过将正式契约、关系契约、心理契约和社会契约关系中存在的不可描述的不确定性不同程度地转变为数据化、模型化和可视化的过程，使大数据成为第三方验证机制，从而构建起数字经济治理创新的制度基础。

（三）基于技术契约的金融科技创新

随着信息技术在金融业中的普遍应用，传统金融业是大工业时代最早面临数字化转型压力的行业，也是最早完成全球数字化转型与管理创新的"传统行业"。例如，银行自助柜员机（ATM）使银行业可以提供 7×24 小时不间断金融服务，股票自动交易系统的普及和应用使纽约、伦敦、东京、中国香港、新加坡等股票交易现场逐步凋零或只具有象征意义，保险电子系统为保险经纪人提供无纸化的全球移动办公环境和服务，石油、天然气、大豆等大宗期货交易系统使交易参与者全球无缝对接。电子货币乃至虚拟货币的发展，尤其人工智能和区块链技术的逐步盛行和普及应用，在原有金融与科技融合 1.0 版本基础上，使全球金融服务市场进入到 2.0 融合时代。

金融大数据与金融产品研发创新形成更为紧密的互动创新模式。金融大数据分析一方面增强了原有金融理论的结论；另一方面对原有金融理论的结论形成挑战，甚至修正原有金融理论分析范式。互联网、大数据、人工智能等新一代信息技术与金融服务的深度融合，构成数字经济的重要内容。这种融合对经济增长和社会发展的影响范围和影响程度，完全可以媲美新一代信息技术与实体经济深度融合所产生的影响和程度。其中，人工智能和区块链等技术与金融服务的结合，不仅能提高金融服务效率和多样化，形成多层次普惠金融，而且直接形成金融服务产品创新、金融流程创新和金融商业模式创新。

上述结论和观点是目前所熟知或理解的，但科技金融在数字经济发展中的中心地位或价值也体现在促进国民数字化素养和能力提升，承担数字经济时代的用户普及教育功能上。这一点通常没有被数字经济理论研究者所重视或认识到。例如，微信和支付宝在中国的广泛普及和应用，不仅提高了中国商贸流通市场的效率和便捷性，而且对中国国民和用户进行了数字经济教育，提高了国民的数字化素养。科技金融的这种外部性，从经济系统开放性和国民数字化素养的教育两个重要方面，推进了数字经济的金融服务体系构建。进一步说，正是这两个经济外部性，进一步增强了金融与科技深度融合在数字经济发展中的中心地位。

金融与科技的融合关键在于应用。从这个角度来看，与现有发达国家和地区相比，中国在资源禀赋上具有天然的优势，同时也存在能力基础上的不足。从优势上来看，中国移动电子商务的发展，尤其是网民禀赋基础使中国金融科技具有良好的应用环境。如果说世界工业化 200 多年也仅使全球约 10 亿人实现了工业化，那么，中国一国的工业化就使 13 多亿人口迈入工业化门槛，使全球工业化人口激增 1 倍多。①同样地，美国经过上百年才使北美大陆实现有线电话网的覆盖，而中国用 40 年时间不仅实现中国本土移动网络的覆盖，而且向"一带一路"沿线国家和地区提供互联网服务。在此基础上，中国人工智能和区块链技术及其应用形成的科技金融创新平台和服务体系，将会对全球金融科技与创新体系形成重要影响。诚然，中国科技金融市场的成熟度和监管能力等，也构成制约中国数字经济发展和科技金融市场发展的障碍，如何通过技术创新与制度创新来实现突破，亟待深入探讨。

可以认为，货币构成凯恩斯经济学的中心。数字货币或虚拟货币是否改变或在多大程度上重构凯恩斯经济学基础，尤其是金融与科技融合后形成的对经济运行中的委托代理信任、信用、市场信念与预期的影响，都需要进行重新反思和探讨。因此，构建以科技金融为核心的数字经济运行体系，不仅是科技金融研究的重要课题，而且是数字经济应用基础研究的重要课题。目前，区块链与有效金融市场理论的交叉研究，以及金融科技与金融风险的交叉研究等课题得到越来越多的重视。可以预期，对这个领域的深化研究与探讨将推动数字经济理论的发展。

三、技术契约构建的数字经济治理创新机制

如前所述，与从机制设计或交易成本角度抑制事前与事后机会主义的治理思路不同，数据驱动的技术契约适应性创新强调基于过程的信息透明和可追溯结构来选择和优化治理机制，依托连续的技术契约适应性创新来抑制多重复合的机会主义，形成与社会结构适应性调整的智能合约，对机会主义采取与机制设计和交易成本互补的适应性混合治理机制。在数字经济中，具体表现在以技术契约为基础的治理创新和基于技术契约互补性的治理创新两方面。

（一）以技术契约为基础的数字经济治理创新

以技术契约为基础的数字经济治理创新主要强调两个基本观点：一是技术契约对数字经济治理创新发挥新型商业纽带作用；二是技术契约创造出数字经济中的新型劳动关系。具体阐述如下：

技术契约形成的技术信任构成数字经济治理的基础，成为数字经济社会交换与交易的新型商业纽带，一方面，促使资产数字化乃至经济数字化转型；另一方面，资产数字化乃至经济数字化转型又推动技术契约的拓展和完善。

---

① 中国社科院工业经济研究所.工业化蓝皮书："一带一路"沿线国家工业化进程报告［M］.北京：社会科学文献出版社，2016. https://www.chinanews.com/m/cj/2016/01-21/7726718.shtml。

可以说，滴滴专车、Uber、Airbnb等共享经济现象体现出以技术契约为基础的数字经济治理创新。以滴滴专车为例，服务提供方与服务需求方通过平台实现双方撮合而形成社会资源的有效配置，服务提供方（滴滴司机）与滴滴平台之间存在正式契约，也存在技术契约，服务需求方（用户）与滴滴平台之间则以技术契约为主，与服务提供方也以技术契约为主。共享经济情境下的技术契约在服务交换中发挥技术信任的功能，这里，技术信任具体是指用户认为共享平台的基础设施与控制机制能够支持服务提供方与用户沟通、交易和协作的主观信念。作为一种依赖关系，技术信任来源于用户与技术的交互过程（谢康等，2017）。

技术契约的信息结构不仅促使数字经济中的既有劳动关系得到更高效率的发挥，而且创造出数字经济的新型劳动关系。数字经济中的新型劳动关系一方面依托于技术契约的治理价值，另一方面推动技术契约治理价值的扩展和完善。

再以滴滴平台为例，服务提供方与滴滴平台之间的契约关系与以往劳动合约关系有所不同（黄再胜，2019）。首先，服务提供方与滴滴平台之间形成非雇佣关系的劳动契约，但平台对服务提供方进行数据化的劳动过程管理，通过微劳动、外包、弹性用工等方式使劳动契约双边化，同时，借助技术契约对服务提供方的机会主义形成有利于平台方的适应性治理。其次，基于技术契约的劳动关系对以往的关系契约形成替代，主要关注劳动结果的交割，无须关注服务提供方的忠诚或组织归属等，形成技术契约的去互惠化。最后，数据驱动的算法管理成为平台方对服务提供方劳动过程管理的基本方式，服务提供方向用户提供的服务过程被数据化、模型化和可视化刻画并形成可追溯，使数据化声誉替代传统口碑成为用户选择或平台评价的第三方依据。

（二）基于技术契约互补性的数字经济治理创新

在数字经济中，资产数字化或经济数字化转型加速使技术契约的治理场景大量涌现。技术契约互补性指技术契约嵌入既有的正式契约、关系契约、心理契约和社会契约中而形成的治理互补性，且治理的互补程度取决于具体情境，即技术契约与其他契约形成的混合治理价值有多高取决于情境条件。据此，基于技术契约互补性的数字经济治理创新也强调三个基本观点：一是技术契约互补性来自技术嵌入性、过程透明性、时间颗粒性和边界模糊性四个特征，这与关系契约的关系嵌入性、自我履约性、条款开放性和时间长期性四个特征相似；二是技术契约在数字经济治理中是一种嵌入既有契约形式中的技术嵌入型契约，既对数字经济中的治理机制发挥润滑剂的价值，也对数字经济中的治理机制发挥推进剂的价值，且这种双重价值的发挥程度取决于情境条件；三是技术契约互补性是数据驱动的技术契约适应性创新的一种社会治理机制，构成保障和提高数字经济运行效率的交流与交易的社会准则。具体阐述如下：

数字经济的技术契约互补性来自技术嵌入性、过程透明性、时间颗粒性和边界模糊性四个特征，且这四个特征构建起技术契约与其他契约形式形成混合治理的具体情境。显然，这些具体情境是高度变化的、不确定的、模糊的和复杂的。

如前所述，关系契约具有关系嵌入性、自我履约性、条款开放性和时间长期性四个特征。

关系嵌入性指关系契约需要考虑发生的情境，交易都是嵌入复杂的人际关系中。因此，关系契约总是在一定的语境下发生的，只有在特定的语境中，当事人、当事人的行为、当事人的合意判断和合意内容才能得到准确的诠释。因此，关系契约中包含了很强的人格化要素，长期合作中出现的矛盾可以通过声誉、合作和其他补偿性方式来解决，形成自我履约特征。在这种自我履约中，关系契约的条款必须是开放的、柔性的，否则难以在未来自我履约。这也促使关系契约具有时间长期性，时间足够长才能在利益相关方之间形成更高的信任。

与关系契约的上述四个特征相似，技术契约互补性来自技术嵌入性、过程透明性、时间颗粒性和边界模糊性特征。首先，技术契约不仅像关系契约那样嵌入到具体人际关系中，而且还嵌入到人际关系的具体行为轨迹中，通过数据化、模型化和可视化形式展示出人际关系的轨迹结构和特征，使人际关系过程数据化、模型化和可视化，使关系契约转变为可以由第三方（如被法庭采纳的数据）介入的正式或非正式治理机制，形成与关系契约的互补治理价值。其次，技术契约的信息结构使关系契约的自我履约过程变得具体、透明、动态和第三方可评估，如区块链的相互印证机制嵌入委托代理关系中，形成对机会主义的约束。这样，技术契约通过使关系契约的自我履约性具体化、透明化和动态化，尤其是数据作为第三方评估共识，形成与关系契约互补的适应性治理机制。再次，技术契约使契约执行的时间过程被数据颗粒性。关系契约的轨迹数据被技术不断提高颗粒度，使过程具有更高的透明性，技术契约与关系契约形成更高的互补性。最后，技术契约的技术嵌入性、过程透明性和时间颗粒性，使技术契约与关系契约互补性的边界变得模糊和动态，互补程度取决于具体的情境条件。同样，技术契约的技术嵌入性、过程透明性、时间颗粒性和边界模糊性特征，也适用于与正式契约、心理契约和社会契约形成互补的情境。

在数字经济的治理机制中，技术契约是一种技术嵌入型关系契约和社会契约，发挥治理机制润滑剂与推进剂的双重价值。同时，技术契约治理双重价值的发挥程度取决于数字经济治理的情境条件。

有研究认为，数字经济运行以企业数据智能化和网络协同化为基础或前提

（何大安和许一帆，2020）。研究表明，企业数据智能化和网络协同化只是数字经济运行的具体现象，而不是数字经济运行的基础或前提，技术契约构成的治理机制才是数字经济运行的基础或前提。缺乏技术契约适应性创新机制形成的治理规则，数字经济将难以运行。

具体来说，技术契约构成一种技术嵌入型关系契约和社会契约。例如，科技金融中 P2P 平台借贷服务乃至传统商业银行对个人授信服务，依赖于平台方或商业银行对个人信用数据分析基础上的技术信任。又如，个人信用卡如想提高信用授信额度，需要在流程上承诺平台或银行信用卡中心对个人信用行为的信息进行查询和征信。再如，在滴滴专车、共享单车、个人网络购物等情境中，用户对平台或服务提供方服务条款的直接或间接承诺等，均构成数字经济运行的基础或前提。用户直接或间接承诺来自对交易平台的技术信任，以及对平台服务提供者的技术信任转移。这样，技术契约一方面对数字经济治理发挥润滑剂的调节价值，另一方面对数字经济治理发挥推进剂的促进价值。诚然，技术契约治理双重价值的发挥程度取决于数字经济治理的具体情境。

技术契约互补性是数据驱动的技术契约适应性创新的一种混合治理机制，构成保障和提高数字经济交流与交易效率的社会准则，这是数字经济解决不完全契约问题区别于工业经济和信息经济的特征之一。

如前所述，不完全契约面临的一个核心问题是缔约方机会主义造成的资源配置帕累托无效，不完全契约理论就是阐述如何消除或限制这种机会主义。在数字经济运行中，技术契约使社会交流或交易中的不完全契约程度得到缓解，技术契约互补性构成数字经济中解决不完全契约难题的一种适应性混合治理机制，数字经济的资源配置效率取决于技术契约互补性发挥的程度，即取决于数字经济创新的具体情境条件。

在数字经济运行中，技术契约互补性构成保障和提高数字经济交流与交易效率的社会准则，离开技术契约互补性，数字经济就缺乏保障和提高交易效率的基础。按照 Arrow 的说法，信任是市场经济的灵魂，缺乏信任是经济不发达的原因之一。同样地，数字经济中利益相关者对平台的经济信心和社会信任的感知程度，也构成平台增长和盈利能力的关键决定因素（Tabasinejad，2019）。缺乏技术契约互补性的数字经济依然存在运行的信任基础，但本质上与工业经济或信息经济运行的信任基础无异。区别于工业经济和信息经济，数字经济运行的信任既包括正式契约、关系契约、心理契约和社会契约及其组合形成的信任，也包括技术契约互补性构建的混合治理形成的信任。同时，技术信任在这些信任及其组合中发挥润滑剂和推进剂的双重治理作用，使数字经济的治理规则区别于工业经济和信息经济。

四、技术契约治理创新促进数字经济创新

技术契约治理创新促进数字经济创新的逻辑，构成数字经济的主要创新逻辑之一。为阐述清楚这一创新逻辑，需要提出技术契约治理创新促进数字经济创新的理论框架，并借助该框架探讨对算法歧视、大数据杀熟、数据操纵等机会主义的抑制机制，由此明晰该框架的理论解释性。

（一）治理创新促进数字经济创新的理论框架

如果从信息不完全角度出发，且将经济形态划分为农业经济、工业经济、信息经济和数字经济四种形态，那么，工业经济相对于农业经济的信息不完全程度的内涵与外延都在扩大，信息经济相对于工业经济的信息不完全程度亦如此，数字经济相对于信息经济和工业经济的信息不完全程度，内涵与外延进一步扩大了，不仅从线下的信息不完全扩展到线上信息不完全，而且大数据、人工智能和区块链等新一代 IT 使信息不完全的内涵发生了质的变化，从信息不完全本身变为具备适应性变化的"智能"特征。这种特征在既有委托代理关系模型中未被深入地刻画，但是，数字经济中涌现出来的算法歧视、大数据杀熟、数据操纵等新型机会主义表明，既有委托代理关系模型中的信息不完全假设条件内涵需要进行适应性创新，这既是技术契约治理创新促进数字经济创新研究的关键科学问题，也是技术契约治理创新促进数字经济创新的理论出发点。

据此，本节提出如图 6-3 所示的技术契约治理创新促进数字经济创新的理论框架。基于新一代 IT 和实体经济深度融合形成的技术信任，改变了数字经济的信息不完全特征，构成数据驱动的技术契约适应性创新的基础。如图 6-3 所示，数据驱动的技术契约适应性创新嵌入到正式契约、关系契约、心理契约和社会契约及其组合中，形成技术契约互补性，使数字经济治理区别于以往工业经济和信息经济的治理。技术契约互补性形成针对数字经济机会主义行为的混合治理，进而通过以技术契约为基础的治理创新和基于技术契约互补性的治理创新，形成数字经济治理创新。最终，数字经济治理创新通过促进数字经济运行规则的创新而影响数字经济创新。

图 6-3 的理论框架强调，数字经济创新与工业经济和信息经济创新的主要区别，在于技术契约成为数字经济的嵌入性契约形成的治理创新。在数字经济治理中，经典契约与技术契约都会各自形成治理价值，但技术契约嵌入四种经典契约中形成的技术契约互补性及由此形成的混合治理，在数字经济治理创新中更为普遍。下面借助图 6-3 的框架来讨论数字经济中三种典型的机会主义事例及其治理思路，说明图 6-3 框架的理论解释力。

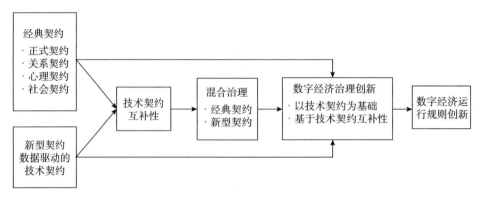

图 6-3　治理创新促进数字经济创新的理论框架

（二）数字经济的两个治理难题

算法歧视是数字经济中一种典型的事前机会主义。这种机会主义源自程序开发者的价值观、偏见、思维缺陷或技术偏好，或表现为训练数据的选择偏差，程序员对数据进行不当分类造成的分类偏差等。基于算法的决策与结论及其推演不会关注人类的道德、情绪、诚意、善良等情感因素（Logg et al.，2019），如训练数据或搜寻数据显示某少数族裔欠账比例较高，针对该少数族裔提出更高利率和更高风险控制的算法规则，造成对该少数族裔的算法歧视。又如，训练数据中CEO 均为男性，秘书均为女性，可能会得出女性不适合担任 CEO 的结论，客观上形成对女性的性别歧视。因此，算法歧视指算法在编码、分类、选择或使用数据训练时，直接或间接基于种族、肤色、性别、宗教、政治见解、民族、血统或社会出身等的区别、排斥或特惠的偏见现象（杨学科，2019）。显然，算法歧视比常见的种族歧视、性别歧视更具有隐蔽性。同时，算法歧视究竟是程序开发者有意为之的机会主义，还是能力限制客观上导致的问题，或者是大数据、人工智能等新一代 IT 结构化标签带来的，三者之间的边界存在着模糊性。

大数据杀熟是数字经济中一种典型的事后机会主义。这种机会主义来自产品或服务提供方依据掌握的大数据对用户偏好进行标签化或定位后形成的一级价格歧视。也有研究认为，这种机会主义属于侵害用户知情权和公平交易权的一种价格欺诈（刘佳明，2020）。典型的大数据杀熟例子来自携程网，2018 年 11 月出差阿根廷的王先生发现，用注册新账号预定的酒店价格比自己用老用户账号预定的价格便宜约 1/3。回国后，他发现预定上海的五星级宾馆也存在类似现象。2018 年 10 月，某知名作家通过微博也曝光了其在飞猪网被大数据杀熟的遭遇。针对携程、飞猪等在线旅行行业中的大数据杀熟现象，赵正（2019）提出，科技背后是有价值观的，它应当向善，而也只有当它向善时，科技创新难以被量化统计的价值才是正向的。这实质上要求携程、飞猪等平台企业与用户之间达成关系契约、心理契约或社会契约。然而，用户的这种契约要求通常会被多种利益因素或利益相关者的选择压力所抵消。平台方借助大数据可以获取更高的边际收益，这本身就依靠技术信任获得，又如何依托技术信任来形成混合治理？同时，与算法歧视一样，大数据杀熟的机会主义也存在着技术隐蔽和边界模糊的特征。

数据操纵既可能是数字经济中一种事前机会主义，也可能是一种事后机会主义。这种典型的机会主义源自数据平台方或流量控制方对数据的操控权，如通过职业粉丝群体或亚文化意见领袖短期内提高粉丝数量或导入流量，或直接采取面上数据与真实数据区别形成对第三方群体的数据欺诈或信息蒙蔽，或通过水军灌水等方式粉饰数据等。之所以形成数据操纵的机会主义，是因为数字经济中流量具有强大的资本功能和价值标签。为追逐更高利润或资本价值，专业流量咨询公司通过社交媒体、平台广告等全媒体数据操纵行为，为明星吸引粉丝或为社会主体提升社会资本价值。其中，数据操纵行为既可能发生在签订委托代理合同前（如数据操纵的测试），也可能发生在签订委托代理合同后（如吸粉操纵的打榜或刷数据），形成明星与广告商合谋行为（李业，2019），或社会主体与数据操纵方合谋损害第三方等行为。与算法歧视和大数据杀熟一样，数据操纵也存在着技术隐蔽和边界模糊的特征，同时具有利益相关方的合谋等多重机会主义特征。

由此可见，与工业经济或信息经济的机会主义治理相比，针对数字经济中的机会主义治理存在两个难题：一是后者具有更高的技术隐蔽性和边界模糊性；二是后者自身就在利用数字治理工具来采取机会主义。如何破解数字经济中这两个治理难题？

（三）数字经济治理的抵消性规则

在工业经济和信息经济中，信号发送、信息甄别和信息搜寻构成三种典型针对机会主义的抵消性规则。这三种抵消性规则在数字经济中依然适用，且会被更多地运用于混合治理中。同时，按照图6-3的数字经济治理理论框架，针对算法歧视等事前机会主义，可以选择以技术契约为基础的治理为主，因为这类机会主义行为的情境相对确定；针对大数据杀熟等事后机会主义，可以选择基于技术契约互补性的治理为主，因为这类机会主义行为的情境相对不确定；针对数据操纵等事前与事后机会主义，则需要在以技术契约为基础的治理与基于技术契约互补性的治理之间进行适应性选择或组合。

无论是针对事前机会主义还是事后机会主义，都需要面对具有更高的技术隐蔽性和边界模糊性的机会主义治理难题。针对此，不能单纯依靠制度、法律等正式契约关系，如算法审计制度、可信赖算法等法律的保障，也不能单纯依赖技术契约，如强调程序开发的透明性和可追溯性、充分的测试、构建可解释算法，尤其是要求代码中融入伦理和法律要求（李晓楠，2020），而需要通过技术契约互补性进行混合治理，推动算法公正、大数据公平定价、可信赖数据等治理方向的发展，进而对数字经济中的机会主义进行有效治理。简要而言，契约的适应性混合治理构成数字经济治理的第一个抵消性规则。

针对机会主义本身就源于数字治理工具的治理难题，按照"解铃还须系铃人"的思路，需从治理工具自身入手来建构适应性治理机制，类似于纪检监察部门对自身进行纪检监察的思路，对数据操纵、数据滥用和数据隐私侵权等机会主义，需要应用区块链等强化技术信任的技术，同时，大力推动数字治理技术的发展，以此形成更有效的数据安全机制。因此，技术的发展是数字经济治理的第二个抵消性规则。诚然，杜绝或抑制数字经济的机会主义不可能仅依靠上述两种抵消性规则就能办到，但围绕这两种抵消性规则，结合更多的治理创新，可以使数字经济运行效率更高，促进数字经济的创新发展。

总之，本节从技术信任与 IT 的治理价值入手，在工业互联网、物联网、大数据、人工智能和区块链等新一代 IT 背景下，对肖静华（2009）提出的技术契约概念进行了重新阐释和拓展。在此基础上，通过剖析数据驱动的技术契约适应性创新影响数字经济治理创新的内在逻辑，力图揭示治理视角的数字经济创新逻辑，获得以下四个主要结论：

第一，技术契约广义是指 IT 自身包含的治理特征，狭义是指运用 IT 降低契约不完全带来的机会主义而形成的隐性行为的规范。技术契约有三个基本特征：①它是一种中立的、不包含人的主观判断的第三方契约；②虽然技术契约具有治理作用，但不受法律保护，未来随着数字资本的深化，技术契约可能会逐步受法律保护；③技术契约具有数据驱动的动态特征，影响社会信用体系或交易体系的制度创新。

第二，基于大数据和人工智能的技术契约与正式契约和心理契约相互补充，体现出对机会主义治理的适应性创新，成为数字经济治理创新的一种新型规范。技术契约治理的适应性创新指针对契约不完全而采取的对契约执行过程持续、动态、适应性调整的治理思路，强调执行过程的信息透明和可追溯对结果控制的治理效果。这是一种有别于 Hart 机制设计学派和 Williamson 交易成本学派的新型治理思路。

第三，尽管技术契约可以单独发挥治理价值，但与四种经典契约形成技术契约互补性的混合治理，在数字经济治理创新中更为普遍。技术契约互补性指数字经济中技术契约与正式契约、关系契约、心理契约和社会契约形成的治理具有互补性，且互补程度取决于具体情境。在数字经济的治理机制中，技术契约互补性是数据驱动的技术契约适应性创新的一种治理机制，保障和提高数字经济的交易效率。

第四，算法歧视、大数据杀熟、数据操纵是数字经济中三种典型的机会主义。这些新型机会主义具有更高的技术隐蔽性和边界模糊性，且自身就在利用数字治理工具来采取机会主义。破解或减缓这两个治理难题的抵消性规则，包括契约的适应性混合治理和数字治理技术的发展两类。最终，通过数据驱动的技术契约适应性创新，促进数字经济的创新发展。

第七章

数据要素与生产方式适应性创新*

前述章节分析了数字经济生产力适应性创新的三种主要形式，要素适应性创新、产品适应性创新和资产适应性创新；进一步，分析了数字经济生产关系适应性创新的三种主要形式，劳动适应性创新、组织结构适应性创新和契约治理适应性创新。本章将进一步探讨数据要素如何影响生产方式适应性创新。现有研究对生产方式的概念有不同理解（卫兴华，2012；赵家祥，2007）。本章遵循《新帕尔格雷夫经济学大辞典》（约翰·伊特韦尔等，1996）对生产方式的定义，即"从一般意义上说，生产方式可以定义为生产力与生产关系的某一具体组合"。因此，生产方式的数字化转型与适应性创新，是指生产力与生产关系具体组合的数字化转型与适应性变革，既包括生产力也包括生产关系，及其两者具体组合三方面的数字化转型与适应性变革。

在上述研究基础上，本章拟从生产方式数字化转型与适应性创新视角，探讨数字经济创新逻辑的政治经济分析框架，形成对数字经济创新特征的理论认识。

第一节　数字经济的技术—经济基础

数字经济的技术—经济基础指数字化技术与经济融合形成的数字经济活动赖以存在和发展的泛在环境与条件。这个概念受卡萝塔·佩蕾丝在《技术革命与金融资本：泡沫与黄金时代的动力学》一书中提出的技术—经济范式概念的启发，但前者强调的是作为经济形态的技术与经济融合的环境与条件，后者强调以某类技术为基础的经济发展模式（卡萝塔·佩蕾丝，2007）。下面，分别从数字化技术的泛在特征、数字化技术创新特征及数字化技术的社会化结构特征三个方面，探讨数字经济的技术—经济基础。

---

　　* 本章主要以谢康、吴瑶、肖静华"生产方式数字化转型与适应性创新——数字经济的创新逻辑（五）"（《北京交通大学学报（社会科学版）》2021年第1期）内容为基础改写而成。

一、数字化技术的泛在与创新特征

数字化技术的泛在特征可以从两个角度来分析：一是从社会主体的供给与需求，或生产、分配、交换、消费过程；二是从人的衣食住行等生活行为过程。从这两个角度来看，数字化技术及其应用都广泛存在，且对社会主体和个人的行为选择产生越来越深刻的影响。其中，以智能制造、工业互联网、物联网、云计算、生产大数据等数字化技术为核心形成的制造服务生态系统，为数字经济供给端的数字化生产方式发展提供了不可缺少的泛在环境和条件。以 5G 网络、边缘计算、人工智能（AI）、区块链、消费大数据等数字化技术为核心形成的消费服务生态系统，则为数字化需求端的数字化生产方式发展提供了必要的泛在环境和条件。尤其是情感计算和边缘计算等技术突破形成的泛在感知场景，将重塑社会主体的行为选择及方式，作为现实劳动主体的人与作为虚拟劳动主体的机器人协同活动，将广泛存在于社会经济生活中，进一步凸显了数字化技术的泛在特征。

5G 网络的关键技术包括实现核心网控制面与用户面分离，及功能集中部署的 5G 架构，按需配置端到端系统网络的网络切片实现方式，网络功能虚拟化（NFV）/软件定义网络（SDN）技术，多接入边缘计算，以及设备对设备（D2D）通信等。这些关键技术使 5G 网络具有设备高连接密度、低功耗、通信质量高可靠性、超低延迟、高传输速率等特征，并极大促进边缘智能、情感智能等 AI 技术的进步。边缘智能的基础是边缘计算，边缘计算指在网络边缘执行计算的一种新型计算模型（施巍松等，2017）。其有三个主要特征：①在网络边缘处理大量临时数据；②在靠近数据生产者处处理数据；③将用户隐私存储在网络边缘设备上且不再上传（李子姝等，2018）。因此，与一般网络终端节点不同，边缘节点具有泛在感知能力。

当这种泛在感知能力与 AI 个性化情感计算技术的突破相结合，边缘 AI 计算与区块链技术相结合，将在网络各个边缘节点形成泛在边缘智能，从而为社会主体形成千变万化的自适应创新提供环境和条件。据思科公司预测，到 2021 年，5G 网络将承载 10 亿个场所的连接、50 亿人的连接以及 500 亿物的连接。基于这种万物互联的新一代数字化技术基础设施，尤其是边缘智能等技术进步，支撑起社会主体自适应创新的泛在环境和条件，构成数字经济的技术—经济基础之一。

数字化技术具有可重新编程性、数据标准化和数字技术自参照性三个显著特征。这三个特征与物理产品创新和社会行为相结合而形成数字化技术创新。虽然可以举出诸多数字化技术的创新特征，但认为分层模块化结构是数字化技术创新最显著的特征之一。分层模块化结构指数字化技术催生的一种新型产品架构。具体地，指物理产品的模块化架构与数字技术的分层架构的混合体，通过集成由数字化技术创建的设备、网络、服务和内容四个松散耦合层，扩展了物理产品的模块化架构，使产品架构产生了创生能力（Yoo et al.，2010；Youngjin et al.，2012）。

模块化允许物理产品被分解为接口标准化的多个功能组件（Baldwin et al.，2000），分层架构支持以下两种分离：一是由于可以重新编程，物理设备与服务之间可以分离；二是由于数据标准化，网络与内容之间可以分离。分层架构为模块化增加了创生性（Generativity），使数字化技术可以同时是产品、服务或平台（谢康等，2018），这是数字化技术与早期信息技术相比的本质区别，也构成数字化技术创新的显著特征之一。

创生性概念来源于生物学，其在创新领域的含义是指通过大量异质用户的参与和多主体间的信息共享，形成多样化的分散决策和多样化的创新成果，以应对创新的不确定性（Le et al.，2019）。数字化技术之所以具有创生性，在于其具有的内在动态性、交互性和延展性，可支持大量异质用户的参与，不断拓展产品边界，使产品处于无限变化的过程中，从而提高产品灵活性和多样性（Zittrain et al.，2006）。可以说，如果没有理解或把握好这一点，就难以深入剖析数字化技术创新的源头，也难以清晰解释为什么数字经济中存在大量跨界创新的商业逻辑。由此，基于分层模块化架构的数字化技术形成大众参与的创生能力，使创新活动大众化。同时，产品创新的分层模块化架构逻辑，不仅改变了建立在此之上的服务创新逻辑，而且促使企业变革原有的组织运行逻辑，形成企业数字化创新活动的分层模块化结构特征（Yoo et al.，2010）。

数字化创新的分层模块化结构，就是数字化技术与具有属性功能的物理组件之间的某一具体组合结构，通过组合不同来源的数据形成不同的产品或服务，使数字化创新具有显著的重组、跨界、聚合及分散特征（Barrett et al.，2015）。同时，基于数字化技术或数据平台大量异质主体参与创新的生成性，使数字化创新具有高度动态性或不完整性，产品或服务似乎永远处于创新过程中，即不断通过资源整合或重组创造更多的创新机会，产生数字化创新的聚合效应（Gawer et al.，2014）。从产业经济视角来看，这实质上就是通常所说的新一代数字化技术和实体经济深度融合的产品创新实现过程。这样，基于数字化技术的产品分层模块化架构形成的数字化技术创新的分层模块化结构，支撑起数字经济创新活动的泛在环境和条件，构成数字经济技术—经济基础的一般结构形式。

二、数字化技术的社会化结构特征

数字化技术创新的分层模块化结构改变组织结构和制度的显著结果之一，是催生出数字经济的分层模块化组织制度或社会结构。例如，当前各类数字平台的创生能力，充分反映了数字化技术具有的动态性和延展性，通过延迟绑定、创新唤醒和数字痕迹等方式，使大量不同类型和不同层次的组织或个体实现跨层级的异构资源整合，形成区别于基于非数字化技术的价值创造模式（Yoo et al.，2013）。这里将 Yoo 等（2010）提出的分层模块化概念进行拓展，认为数字化技术不仅催生产品创新的分层模块化架构，而且催生经济社会组织的分层模块化结构，新一代数字化技术和实体经济深度融合，使各类社会组织及其行为活动呈现出分层模块化的结构特征。

在以往的工业经济中也存在局部的分层模块化结构，如大工业制造中的福特制或丰田制（Toyota Production System, TPS）[①]，具有模块化生产的特征。这两种生产制度代表着互为补充的科学主义产业哲学和人本主义产业哲学（万长松，2006），均在追求生产制造的分层模块化结构。然而，丰田制或福特制的分层模块化结构不是建立在数字化技术的分层模块化架构基础上的，因此，没有形成社会化的泛在分层模块化结构。

唯有数字化技术的兴起和普及，并与经济融合形成社会化的分层模块化结构，才能构成数字经济活动赖以存在和发展的泛在环境和条件，即构成数字经济技术—经济基础的社会结构。这既表现在从基于物联网、数字孪生等的智能制造，到基于 5G 网络、边缘计算等的服务活动，再到基于区块链、AI 等的社会生活的分层模块化结构，也表现在生产、分配、交换、消费全过程的社会分层模块化结构，构成数字经济创新活动的社会化环境和条件。

综上所述，数字经济的技术—经济基础有三个：一是工业互联网、云计算、5G 网络、大数据、边缘计算、AI、区块链等新一代数字化技术支撑起社会主体自适应创新的泛在环境和条件；二是数字化技术创新的分层模块化结构，提供了数字经济创新活动的结构环境和条件；三是数字化技术与经济融合使社会组织及其行为活动呈现分层模块化结构，构成了数字经济创新活动的社会化环境和条件。同时，社会主体自适应创新的泛在环境和条件、数字经济创新活动的结构环境和条件、数字经济创新活动的社会化环境和条件三者之间也是相互影响的，泛在环境为结构和社会化环境提供基础，社会化环境为泛在环境和结构环境提供应用场

---

① 也有译为丰田生产方式，为避免与本节所述的生产方式概念混淆，译为丰田制。

景和价值实现，结构环境为泛在环境和社会化环境提供价值实现的具体途径。三者重构资源配置方式，共同构建起数字经济的技术—经济基础，进而催生生产方式的数字化转型。

第二节　数字经济生产方式的数字化转型

本节使用的生产方式定义是指生产力与生产关系的某一具体组合。生产方式的数字化转型，是指生产力与生产关系具体组合的数字化转型。下文分别探讨生产力、生产关系及两者具体组合的数字化转型问题。

一、生产力的数字化转型

根据之前对数字经济创新逻辑的探讨（谢康等，2020；肖静华等，2020），提出如图7-1所示的生产力数字化转型的"要素—产品—资产"分析框架。图7-1简要刻画了要素、产品和资产三者数字化转型的关系，其中，要素数字化转型是产品和资产数字化转型的基础，产品和资产数字化转型是要素数字化转型的结果，且两者之间构成相互作用的关系。

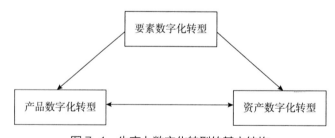

图 7-1　生产力数字化转型的基本结构

首先，数据已作为新生产要素参与分配与再分配，这构成生产力数字化转型的基础。农业经济和工业经济中都存在数据，但这些经济中的数据是不连续、不完备的，难以整合成精细颗粒化的近似全局数据，难以形成对现实经济和社会活动的即时精确刻画，因此也难以独立发挥作用。基于新一代数字化技术形成的大数据，可以对市场参与者行为进行近似全局的精确刻画，利用大数据和 AI 构造多维盈利模式，这与农业和工业经济的数据价值存在本质区别。然而，数据从可能的生产要素转变为现实生产要素，需要企业具备大数据分析能力，并通过组织学习和组织惯例的更新来实现（谢康等，2020）。总体而言，要素的数字化转型不仅是数据成为新生产要素，更重要的是数据在要素数字化转型中发挥桥梁性作用，通过提高劳动、资本、土地、技术、知识和管理要素之间的协同效率来提高全要素生产率的进步效率。只有要素实现数字化转型，才能形成产品和资产的数字化转型。

其次，产品的数字化转型构成生产力数字化转型的重要体现。产品数字化转型的标志之一是产品具备适应性调整的特征，由此，从传统的成品逐步转向成长品。成长品具有发展方向难以预测、即时反馈、即时调整三个主要特征（肖静华等，2020）。成品与成长品之间的产品状态可称为产品适应性创新水平（肖静华等，2020）。例如，典型的成长品或高适应性创新产品包括程序化创意广告、《我的世界》等游戏产品，边缘智能驱动的个性化美妆产品、沉浸式新闻服务和无人驾驶服务等。随着 5G 网络和边缘计算的普及和应用，基于工业互联网、物联网等数字化技术的产品适应性创新形式将越来越多，随着创新深度的发展，将形成更复杂的成长品，拓展产品的边界和内涵。以成长品为代表的产品适应性创新，构成产品层面的生产力数字化转型。

最后，资产的数字化转型构成生产力数字化转型的另一个重要体现。数字化技术使劳动与劳动关系转化为数字化形式而存在，数字劳动与劳动数字化必然产生数字资产。在生产者与生产者之间，生产者与用户之间，乃至用户与用户之间形成大数据合作资产。大数据合作资产指合作者之间在数字化服务交互中成为能够被另一方所拥有和利用，并能创造当前或未来经济收益的数字化资产（Xie et al.，2016）。大数据合作资产是在数字化情境下结合服务主导逻辑理论和资产特征提出的，用来反映数字经济价值。具体而言，数字化技术构成大数据合作资产的技术基础，基于数字化技术形成的合作者之间的服务交换构成大数据合作资产的互动特征，数字化资源使用权的可转移性构成大数据合作资产的互动条件（谢康等，2020）。大数据合作资产构成资产层面生产力数字化转型。

由此，通过要素的数字化转型推动产品和资产的数字化转型，构成生产力数字化转型的基本结构，使数字经济时代企业竞争优势的创造方式发生根本性改变。工业经济环境下的企业竞争优势创造方式主要以原有资源组合为基础，通过企业战略、产品创新、用户需求三者之间的异步串联和供应链协同模式来获取竞争优势。基于生产力的数字化转型，数字经济环境下的企业竞争优势转变为以要素数字化和数据要素来重构资源配置方式，通过企业战略、产品创新、用户需求三者之间的同步并行和供应链智能模式来获取竞争优势。由于数字化技术的分层模块化结构，这种生产力数字化转型通常与生产关系数字化转型紧密结合在一起。这样，数字经济中生产力与生产关系之间的关系将变得不像农业经济或工业经济中那么清晰，这是数字经济的政治经济分析需要深入探讨的理论方向之一。

二、生产关系的数字化转型

根据之前对数字经济创新逻辑的初步探讨（谢康等，2020；吴瑶等，2020），本节提出如图 7-2 所示的生产关系数字化转型的"劳动—组织制度—契约治理"分析框架。图 7-2 简要刻画了劳动与劳动关系数字化转型、组织制度数字化转型和契约治理数字化转型的相互关系。

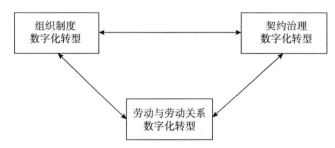

图 7-2　生产关系数字化转型的基本结构

首先，生产关系的数字化转型体现在劳动与劳动关系的数字化转型上。所谓劳动与劳动关系数字化转型，是指基于数字化技术的劳动与劳动关系的数据化和虚拟化过程。劳动数字化转型不仅改变了劳动作为生产要素的内涵，也改变了劳动市场调节劳动供给与需求的生产关系内涵。互联网线上劳动、受众劳动和玩劳动等形式的劳动（李弦，2020），是劳动数字化的典型反映。劳动数字化不仅改变了传统雇佣关系与非雇佣关系的社会结构，也强化了劳动关系的分层模块化结构特征，形成多样化的工作时间模式和工作方式，使劳动关系在时空上分散化和虚拟化，从而推动企业内外部雇佣关系的灵活化，形成多种形式的内外部雇佣关系及非雇佣关系（陈莹和王继平，2019）。由此，生产关系数字化通过释放人的劳动潜力而促进经济发展。德国劳动力市场 4.0 研究表明，与工业 4.0 匹配的劳动数字化可以形成就业稳定、收入合理、工作时间减少、工作效率提高等较为理想的劳动图景。以 2030 年为例，与常态发展模式相比，德国劳动力 4.0 将使就业人数增加 26.3 万，失业率降低 20%，工作时间减少 0.2%，工作效率提高 4.6%，人均收入提高 4%，价格指数下降 0.2%（陈莹和王继平，2019）。

其次，生产关系的数字化转型也反映在组织制度的数字化转型上。例如，平台型组织、生态型组织、网络化组织、虚拟组织等，均是组织制度数字化转型的表现形式。组织制度的数字化转型本质上是从科层制（Bureaucracy）向网格制

（Gridstitution）转变。就像之前论述的那样，科层制是在工业经济环境下形成的、由训练有素的专业人员根据一定规则进行管理运作的组织体制。这种组织制度通过效率优先，追求精确性、持续性和统一性，与工业化规模经济的要求相适应，使之成为工业经济的制度基础。与科层制不同，网格制是在数字化环境下形成的、由行动者通过网格化方式进行资源协调和管理运作的组织体制。网格制具有三个主要特征：一是资源的集中和分散是相对和变动的，使组织流程、制度与形式具有很强的灵活性而适应环境的高度动荡；二是组织的多层次规则异构性和多主体决策的自主性；三是通过前端多主体与后端大平台的资源协同，形成多元化创新（谢康等，2020）。需要说明的是，科层制向网格制转变的组织制度数字化转型，不是指用网格制完全替代科层制，而是指网格制与科层制逐步融合，以适应数字经济的新环境。

最后，生产关系的数字化转型还体现在契约治理的数字化转型上。契约治理数字化转型的核心是技术契约的形成（肖静华，2009）。技术契约是指数字化技术包含有治理特征，形成隐性的行为规范，构成一种中立的第三方契约，不包含人的主观判断（吴瑶等，2020）。例如，企业供应链信息系统投资及运作构成核心企业与成员企业之间的一种技术契约，高速公路管理部门的电子超速拍照系统与司机之间构成一种技术契约，滴滴平台搭建的信息系统构成司机与乘客之间的一种技术契约。显然，技术契约不是契约双方明确责权利而签署的文字合约，但却客观存在于合作伙伴的系统协同过程中。技术契约是基于数字化技术在社会主体之间建立起来的一种新型契约，这种契约对数字经济的机会主义行为具有三种治理价值：一是技术契约对数字经济的治理创新发挥新型商业纽带作用；二是技术契约创造出数字经济中的新型劳动关系；三是通过技术契约与正式契约、关系契约等的组合能有效提升治理效率（吴瑶等，2020）。当前，区块链技术正在构成技术契约的主要形式。

总之，劳动与劳动关系的数字化转型构成生产关系数字化转型的基础，组织制度的数字化转型构成生产关系数字化转型的实现方式，契约治理的数字化转型构成生产关系数字化转型的社会规范。三者相互作用，才能形成经济增长的新动能。

三、数字化转型变革数字经济生产方式

综上所述，生产力与生产关系的数字转型必然造就生产方式的数字化转型。具体而言，要素、产品和资产的数字化转型构成生产力数字化转型的基本结构，劳动与劳动关系、组织制度和契约治理的数字化转型构成生产关系数字化转型的

基本结构。生产力的数字化转型从数据作为新生产要素及对既有生产要素协同的促进、产品具备适应性调整的特征和大数据合作资产的构建三个方面变革生产方式，生产关系的数字化转型从劳动与劳动关系的数据化及虚拟化、组织制度由科层制向网格制转变和技术契约治理的形成三个方面变革生产方式。

数字经济生产方式指数字化技术和经济融合环境下的生产力与生产关系的分层模块化组合结构或关系。数字经济的生产方式有三层含义：一是指劳动者基于分层模块化结构在行动过程中的选择行为，及其选择数字平台、数字终端等生产资料的参与方式；二是指劳动者基于分层模块化结构形成的数字经济制度形态；三是指劳动者的行动方式与所处的制度形态相结合形成的某种组合形式。这些组合形式构成数字经济生产方式适应性创新的社会行动基础。上述三层含义表明，数字经济生产方式会随条件和情境的不同而呈现不同的内涵，因此，数字经济的生产方式具有适应性创新的特征。

第三节　数字经济生产方式的适应性创新

如之前文献定义的那样，适应是指个体或系统通过改善遗传或行为特征，并通过遗传保留改善后的特征以更好地应对变化的行为，适应性创新是指在创新过程中不断获取新知识进而持续改进创新活动及其策略的过程或状态（肖静华等，2020）。据此，数字经济生产方式的适应性创新，是指数字经济生产力与生产关系组合形成分层模块化结构的适应性变革。数字经济的技术—经济基础、生产方式的数字化转型、企业数字化转型分别构成数字经济生产方式适应性创新的社会、产业和企业基础（肖静华，2020），没有生产方式的数字化转型，就难以形成数字经济生产方式的适应性创新。

一、数字经济生产方式适应性创新的特征

如前所述，从要素—产品—资产视角分析，要素适应性创新、产品适应性创新和资产适应性创新构成数字经济生产力适应性创新的三种主要形式。以这三种主要形式及其相互关系为研究对象，构成数字经济生产力理论研究的分析框架。

据此，数字经济生产力适应性创新的主要特征有两个：一是数字经济中人与数据、数字平台相结合形成组织的动态能力或创新能力，如企业借助普通用户的数据化参与来促进产品创新，通过成长品来快速满足用户的动态个性化需求，通过对领先用户与普通用户使用不同的营销模式来提高对用户需求的适应性（肖静

华等，2020，2018；吴瑶等，2017）；二是数字经济中 AI 与数据、数字平台相结合形成人与 AI 协同的组织动态能力或创新能力，如制造企业通过智能制造形成基于资源重组的竞争能力等（肖静华和李文韬，2020）。

如前所述，从劳动—组织制度—契约治理视角分析，劳动适应性创新、组织制度适应性创新和契约治理适应性创新，构成数字经济生产关系适应性创新的三种主要形式。同样，以这三种主要形式及其相互关系为研究对象，构成数字经济生产关系理论研究的分析框架。据此，数字经济生产关系适应性创新的主要特征有三个：

（1）劳动过程透明化与管理算法化、劳动合约安排"去互惠化"、劳动合约激励数字声誉化、劳动关系虚拟化、多样化和模糊化及劳动市场关系双边化等（黄再胜，2019），构成数字经济中劳动与劳动关系数字化的适应性创新特征。例如，基于数字化平台劳动者与平台之间的劳动关系可能既是生产者又是用户，类似于托夫勒在《第三次浪潮》中所说的生产用户，这是劳动关系模糊化的一种形式。

（2）工业经济科层制的创新逻辑以决策逻辑为主，网格制则形成了两种新的创新逻辑，即创生逻辑和适应逻辑，由此，形成决策逻辑、创生逻辑和适应逻辑相互融合的创新逻辑（肖静华等，2020），构成数字经济创新的制度基础和社会秩序。可以说，用户在数据生产中的地位，AI 在数据生产中的地位，用户及其隐私权在数据要素分配与再分配中的地位等，都受到网格制与科层制融合的隐秩序影响。网格制与科层制的不断融合，构成数字经济中组织制度的适应性创新特征。

（3）在数字经济主体行为关系的治理中，技术契约成为数字经济的新型契约而形成治理创新。在数字经济针对机会主义的治理中，正式契约、关系契约、心理契约、社会契约和技术契约均可以单独形成治理价值，但技术契约与其他契约形成混合治理，能够对数字经济治理产生更高的价值。技术契约与其他契约混合治理的适应性创新，构成数字经济中契约治理的适应性创新特征。

综上所述，数字经济生产方式的适应性创新必然具有生产力和生产关系的适应性创新特征，并具有两者组合分层模块化结构的适应性创新特征，具体表现为生产力与生产关系合二为一的适应性创新，及分层模块化结构带来的虚拟化、多样化和模糊化特征。生产方式的适应性创新特征构成数字经济 VUCA 特征的基础。例如，在 5G 网络、边缘计算、AI 和 3D 打印快速应用的环境下，领先用户凭借自身较强的创新理念和意识，以及较为专业的设计与开发能力，成为生产用户，形成社会化设计与生产的群体行为，普通用户通过数据化参与广泛影响企业和领先用户的创新方向，不断提高产品或服务的适应性创新水平，强化劳动与劳动关系数字化的适应性变革，推动网格制与科层制的融合，推动技术契约与其他契约的混合治理。这些因素相互交织，形成了数字经济发展的 VUCA 特征。可以说，数字经济的 VUCA 特征是数字经济的生产方式适应性创新带来的，因此，唯有通过生产方式的适应性创新才能应对 VUCA 特征的挑战。

二、数字经济生产关系适应性创新的价值

概括来说，数字经济生产方式适应性创新具有三个主要价值：一是重构资源配置方式；二是重塑经济增长的学习方式；三是创造新的数字化社会形态。具体论述如下：

首先，数字经济生产方式适应性创新重构社会资源配置方式。针对工业经济生产方式，马克思认为"协作仍然是资本主义生产方式的基本形式"（中共中央马克思恩格斯列宁斯大林著作编译局，2006）。数字经济生产方式适应性创新的首要价值，是将工业经济协作或协同的生产方式转变为共享的生产方式。这样，从独占到协作的生产方式，再到共享的生产方式，反映出人类社会生产方式的进步。共享经济、平台经济、生态经济等之所以成为数字经济重构社会资源配置的具体形式，是因为数字经济生产方式的适应性创新为其提供了可能的经济基础。例如，在共享经济情境中，平台成为陌生人之间分享资源的核心媒介，用户对平台的技术信任构成其参与和推动共享经济发展的潜在基础（Hoffmann et al.，2014；Markus et al.，2008）。这里，共享经济中的技术信任不仅指用户认为共享平台的基础设施能够支持服务提供方开展服务的主观信念，也指用户对平台形成的技术契约的制度信念（谢康等，2018）。两种信念共同构成共享经济的信任基础，影响共享经济的资源配置方式变革。

其次，数字经济生产方式适应性创新重塑经济增长的学习方式。学习或干中学形成的知识或人力资本累积构成内生经济增长的源泉。数字经济生产方式适应性创新主要通过三种途径重构经济增长的学习方式：一是提升学习或干中学的效率，数字化技术应用有助于组织快速进行信息交互和知识共享，从而提升组织的知识利用效率（Lyytinen et al.，2016）；二是优化学习或干中学流程，通过构建数字平台改变企业内部、企业与合作伙伴以及与用户的信息与知识交互方式，使颗粒度更细、覆盖更全面、反馈更及时的数据可以实时流转，从而缩短组织学习周期（Raisch and Krakowski，2020）；三是拓展学习或干中学的知识边界，在干中学中通过大数据和 AI 分析产生有价值的新洞见，从而拓宽人类的认知边界，形成学习增强效应（Grover et al.，2018）。

最后，数字经济生产方式适应性创新创造新的数字化社会形态。正如尼古

拉・尼葛洛庞帝 2017 年在《数字化生存》中阐述的那样，数字化技术创造出人类崭新的社会存在方式——数字化生存，即以数字化形式存在的社会状态。数字经济生产方式适应性创新正在创造新的数字化社会形态。这是以数字经济生产方式适应性创新为基础的社会形态，表现为要素、产品和资产的适应性创新，以及劳动、组织制度和契约治理的适应性创新。一般地，社会存在不仅包括生产方式，还包括地理环境和人自身的生产（赵家祥，2007），因此，数字化社会形态既是一种新型的社会存在，也是一种新型的生活方式和社会意识。基于数字化技术的适应性行为和适应性创新，构成数字化社会形态中主要的发展形式和创新行为。

总之，数字经济理论创新成为当前经济学、管理学、社会学、哲学、通信技术、计算机科学等交叉学科研究和政策分析的前沿课题。本节从要素—产品—资产视角剖析数字经济生产力的数字化转型及适应性创新，从劳动—组织制度—契约治理视角探讨经济生产关系的数字化转型及适应性创新，由此构建数字经济生产方式的适应性创新分析框架。根据分析框架及研究结论认为，以数字经济的适应性创新为研究对象，阐述数字经济创新与发展的规律和特征，构成数字经济的政治经济分析。同时，数字经济的创新逻辑是数字经济政治经济分析的基本问题。

在研究内容和对象上，数字经济的政治经济分析主要针对以下四组概念及其相互关系展开分析：一是数字经济的技术—经济基础，包括泛在技术、分层模块化结构、创生性和创生能力等概念；二是数字经济生产力适应性创新，包括产品适应性创新与成长品、大数据合作资产、数据生产要素等概念；三是数字经济生产关系适应性创新，包括劳动与劳动关系数字化、网格制、技术契约等概念；四是数字经济生产方式适应性创新，包括生产方式数字化转型、重构资源配置方式、重塑学习方式、数字化社会形态等概念。通过分析上述概念及其相互关系，可以较好地刻画数字经济创新与发展的规律和特征。在未来的研究中，可能还会形成更多新概念，需要开展长期深入的研究。

在研究方法和理论框架上，数字经济的政治经济分析强调以案例研究和实证研究为基础，构建分析的逻辑起点、理论框架及理论观点的证据链。同时，主张广泛汲取政治经济学分析的核心概念和精华思想，结合数字经济发展的时代特征和情境条件，选择和构建数字经济的理论基础和逻辑结构。因此，数字经济的政治经济分析要求对数字经济有较好的案例研究和实证研究基础，也要求对数字经济有较为扎实的政治经济学经典理论的知识储备。在未来的研究中，如何将数字经济的研究成果与政治经济学经典理论相结合，构成数字经济政治经济分析的一个主要挑战。

数字经济适应性创新的影响

第八章

企业与用户互动促进现代产业适应性创新[*]

互联网环境下企业与用户互动的产品适应性创新、资产适应性创新、资源配置适应性创新，以及生产力与生产关系适应性创新，其特征主要体现在驱动因素变革、互动主体变化、方法工具创新、领先用户与普通用户的大数据合作资产形成及互动形式变化等五个方面。据此，基于前面章节，本章提出大数据驱动的企业与用户互动创新能力—制度—方法—平台（CMMP）理论模型，认为互联网环境下要实现大数据驱动的企业与用户互动创新，企业与用户互动创新动态能力需与制度设计相匹配，基于大数据的知识抽取方法体系需与支撑产品创新的大数据平台相匹配，且两者匹配形成的创新管理与创新技术互动迭代，构成大数据驱动的企业与用户互动创新机制的基础，在此基础上，推动企业与用户的价值创造，并实现企业与用户的创新绩效，由此促进现代产业适应性创新。

第一节　企业与用户互动创新的价值创造机制

本节将首先分析企业与用户互动创新的数据驱动特征，然后提出数据驱动的企业与用户互动研发创新理论模型，最后进一步分析企业与用户互动创新的价值创造与创新绩效。

---

[*] 本章主要以谢康、肖静华、王茜"大数据驱动的企业与用户互动研发创新"（《北京交通大学学报（社会科学版）》，2018 年第 2 期），肖静华、谢康、迟嘉昱"智能制造、数字孪生与战略场景建模"（《北京交通大学学报（社会科学版）》2019 年第 2 期），肖静华、谢康、吴瑶"数据驱动的产品适应性创新——数字经济的创新逻辑（一）"（《北京交通大学学报（社会科学版）》2020 年第 1 期），谢康、肖静华、于英"企业与用户互动创新大数据平台及应用"（《中国信息化》2018 年第 4 期）以及谢康、肖静华、邓弘林"数字孪生驱动的企业战略场景建模与决策分析"（《中国信息化》2019 年第 2 期）内容为基础，结合部分未经发表的工作文件改写而成。

一、企业与用户互动创新的数据驱动特征

综合上述各章论述，可以认为，大数据驱动的企业与用户互动研发创新的特征，主要体现在驱动因素变革、互动主体变化、方法工具创新、领先用户与普通用户的大数据合作资产形成以及互动形式变化五个方面。

第一，大数据驱动的企业与用户互动创新，尽管依然围绕着解决企业产品创新成本高、周期长、风险大的三大难题来展开，但与非大数据驱动的互动创新相比，无论是其能力基础和实现机制，还是方法工具或应用方式，均形成新突破和新发展。实现这种新突破和新发展源于驱动因素的变革，即互联网、大数据从互动创新的情境或手段，转变为互动创新规则的决定要素，互动创新从合作双方的动机、意愿和行为转变为基于大数据形成规则指导产品创新。产品创新驱动因素的转换，使互动创新边界、互动创新参与对象、创意涌现方向等具有更大的开放性，从而将企业创新推向一个面向全球用户数据化参与的新时代，使互动创新从领先用户为主体的合作模式转变为企业利用领先用户与普通用户不同特征进行组合式创新的新模式。

第二，与非大数据情境下的企业用户主要指购买或使用企业产品的用户含义不同，大数据情境下的企业"用户"指基于大数据形成的与企业行为直接或间接相关的全行业用户，既包括企业自身的用户，也包括购买或使用竞争产品的用户，以及市场上所有潜在用户，甚至包括传统意义上不属于自身领域的其他跨界潜在用户。显然，大数据驱动的企业与用户互动研发创新面向的用户参与，是一个广义的全体用户的概念，如美国国家航空航天局（NASA）对全球用户征集太空生活装置产品创意和设计，使全球不同国家、不同专业背景和动机的用户，均可借助 NASA 大数据创新平台参与太空产品研发创新。用户内涵的精细化与外延的全集变化，构成大数据驱动的企业与用户互动创新的重要特征。

第三，互联网与大数据为企业与用户互动创新提供了环境和工具，推动企业与用户互动创新形成更高效率、更高质量的产品研发创新。非大数据情境下企业与用户互动形式是企业与用户之间的主体互动，大数据驱动的企业与用户互动形式则是企业与数据化用户之间的迭代演化。知识抽取方法构成大数据驱动的企业与用户互动创新的核心方法，是影响互动创新频率和质量的关键因素。具体而言，大数据驱动的互动创新方法工具主要依靠大数据平台实现互动，非大数据驱动情境下主要依靠创新工具箱、参与、问卷、访谈和反馈等方式实现互动。

第四，在互联网环境下，用户在线心理和行为被大数据所刻画。大数据为产品研发创新管理提供了观察用户参与创新行为的"显微镜"工具，通过对用户不

同层级秒级参与创新行为的扫描"放大"，经用户标签化数据的多重组合与知识抽取后，一方面实现对领先用户的快速精准识别、高效匹配和快速征信，使企业可以利用大数据增强与领先用户的互动创新；另一方面实现对普通用户群体"微观"心理和行为的结构观察和分析，使企业可以借助大数据实现对普通用户群体的消费需求和方向做出全局性判断。因此，与非大数据情境下互动创新关注领先用户行为相比，大数据驱动的企业与用户互动研发创新在精准关注领先用户的同时，可以实现对普通用户群体行为的精细化分析。可以认为，大数据驱动的企业与用户互动研发的主要创新之一，就是较好解决了非大数据驱动情境下企业对普通用户参与创新不足的窘境，在对领先用户创新实现精准识别、匹配和征信的同时，形成对普通用户创新需求的精准捕捉、适应和引领。从企业与用户大数据合作资产的视角分析（Xie et al.，2016），企业与领先用户、与普通用户互动形成不同的大数据合作资产，且这两类大数据合作资产之间具有互补性。

第五，互动形式数字化。与非大数据驱动的企业与用户互动形式不同，大数据驱动的互动创新中的互动主要体现为企业与数据化用户的交互迭代。根据企业与用户互动大数据的主要来源，可将大数据驱动的企业与用户互动归纳为三层：一是基于企业外部大数据驱动的互动行为，即基于官方微博、虚拟社区、创新工具箱在线和第三方平台等形成的大数据，企业进行产品创新或改进，回应用户需求，把握用户情绪。用户使用和体验新产品，产生大数据迭代，形成企业与用户的互动。二是基于企业内部大数据驱动的互动行为，即企业基于大数据形成的用户画像特征，有效提高客户服务的互动效率，迭代完善用户画像，形成企业与用户的互动。三是基于企业全网营销（O2O）形成的大数据驱动的互动行为，即基于线上线下结合的全网销售形成大数据，企业基于在线大数据开展精准化线下促销，线下促销行为导流到线上形成在线大数据，企业与用户通过线上线下互动形成大数据迭代，构成企业与用户的互动。

二、数据驱动的企业与用户互动研发创新理论模型

1. 大数据驱动的企业与用户互动创新能力

大数据环境下企业与用户互动创新能力形成的原因是什么？肖静华等（2014）的研究表明，协同演化动态能力是互联网环境下企业竞争和发展的重要能力，是企业与用户合作进行研发创新的基础。根据协同演化理论，市场环境动荡形成的压力筛选是协同演化的前提。在企业与用户互动创新中，企业能力形成的关键因素来自两方面：

（1）环境压力，主要包括技术变革、用户增权和跨界竞争。就技术变革而言，

互联网和大数据的发展为企业与用户互动创新提供了技术条件，数据存储和处理技术快速发展，海量多元数据不断积累，使企业能有效利用用户的参与进行研发创新；从用户增权角度来看，信息搜寻、传递、交流及整合的便利与低成本，使企业与用户之间的关系发生了革命性改变，用户对企业的重要性大幅提升，用户的心理及行为能够被便利、低成本、突破时空限制地转化为可被企业获取和利用的大数据资源；从跨界竞争视角来看，互联网和大数据的发展使商业环境从有序、稳定的状态变为复杂、混沌的高不确定状态，新兴商业模式不断涌现，跨界竞争对手不断涌现，对企业发展构成了巨大压力。

（2）创新压力，主要包括创新成本、创新周期和创新风险。由于创新需要大量研发资源的投入，并伴随失败的可能，因此，各行各业的创新成本都极为高昂；由于创新是一种新的尝试，需要得到产品验证和市场验证，因此，需耗费较长时间；作为新的探索和尝试，创新的失败概率较高，因此，产品研发创新面临较高的风险（罗勇，2016）。

大数据驱动的企业与用户创新能力形成过程是怎样的？根据现有文献和对企业案例研究，大数据驱动的企业与用户互动创新能力形成主要包括两个方面：一是企业与领先用户的互动及与普通用户的互动；二是企业基于大数据的新型组织学习。由于领先用户是具有一定专业能力的用户，因此其专业能力使其能对产品的研发创新提供创意和专业意见，帮助现有产品的改进和新产品的创造。普通用户则是一般用户，没有专业能力，但能通过产品购买和使用反馈等，为企业提供相关信息，帮助现有产品的改进和新产品的创造。

大数据环境下，企业与这两类用户的互动创新方式存在显著差异。通过企业调研和案例研究发现，在基于大数据的企业与用户互动创新过程中，对于领先用户，企业首先通过大数据搜寻到专业人士，以扩大有效的领先用户流量；其次通过大数据匹配精准的专业人士，以提高研发创新的合作有效性；最后通过大数据对用户产生的研发创意进行信用查询，以避免造假、侵权等诸多知识产权方面的问题。对于普通用户，首先，企业通过提供契合用户需求的产品和鼓励用户提供信息的机制，促进用户进行购买、反馈和交流，用户通过在品牌社区、各类社群的信息分享和群体学习，产生不同类型的大数据。其次，企业通过对大数据的采集和分析，根据用户的意见和差异化需求研发差异化产品，使新产品更吻合用户需求，对用户产生正反馈，促使用户产生更多的购买、评价和建议，又产生更丰富的大数据。通过彼此的正反馈，不断加深相互合作，从而不断生成大数据。同时，企业通过对大数据的应用，将机器学习引入到原有的组织学习中，形成大数据驱动的新型组织学习。最后，基于大数据的企业与用户互动创新能力的演进规律，根据企业调研和案例研究，认为，基于大数据的企业与用户互动创新能力是在互动实践中不断演进的。具体而言，首先，用户通过交易与企业建立关联，进而生成交易行为与交易特征的大数据，企业在获取用户数据后，对用户购买特征进行分析，为用户构建不同层级不同类别的标签，形成细分用户的能力，进而实现精准化、差异化、情境化的产品创新；其次，企业通过与用户的不断互动，不仅生成了交易数据，还生成了具有情感特征的交流数据，通过大数据的不断迭代，企业逐步完善产品创新的算法，通过算法优化产品研发创新的决策，形成优化决策的能力；最后，随着大数据的不断增多和企业应用数据能力的不断增强，企业利用用户大数据来构建研发创新的规则和流程，形成构建规则、以规则指导产品创新的能力。

2. 基于 CMMP 模型的大数据驱动企业与用户互动创新机制

与互联网环境下非大数据驱动的互动创新相比，大数据驱动的企业与用户互动创新具有更加鲜明的信息技术影响因素特征。探讨大数据驱动的企业与用户互动创新价值创造机制，不仅需要研究互动创新能力与互动创新制度设计之间的动态匹配问题，也需要探讨互动创新方法体系与支撑互动创新的大数据平台之间的动态匹配问题，还需要剖析上述能力制度匹配、方法平台匹配之间的管理与技术互动迭代问题。据此，从业务—技术战略匹配视角，提出大数据驱动的企业与用户互动创新能力—制度—方法—平台（Capability-Mechanism-Methodology-Platform，CMMP）理论模型，在此基础上，提出大数据驱动的企业与用户互动研发创新价值创造机制框架，即 CMMP 推动企业和用户互动的价值创造，最终实现企业和用户的创新绩效（见图 8-1）。CMMP 模型为探讨大数据驱动的企业与用户互动创新价值创造机制提供了一个理论分析框架。本节重点探讨 CMMP 理论模型，CMMP 模型对价值创造和创新绩效的影响在下节中讨论。

在企业与用户的互动创新过程中，大数据驱动的企业与用户互动创新能力和制度设计是创新价值实现的关键因素，大数据驱动的企业与用户互动创新方法体系和大数据平台是创新价值实现的技术基础。大数据驱动的互动创新能力与制度设计动态匹配（以下简称 CM 匹配），强调企业仅仅具备与用户互动的动态能力是不够的，企业要需要将这种动态能力与激励和规范用户参与互动创新的制度设计，及企业内部与互动创新相衔接的组织变革进行动态匹配，包括促进组织进行创新学习的制度及组织结构的调整等。同时，企业如何通过互动创新方法体系与大数据平台的动态匹配（以下简称 MP 匹配）来支持互动创新，也是大数据驱动的互动创新能够发挥作用的重要一环。与互联网环境下非大数据驱动的情境相比，大数据驱动的互动创新更强调知识抽取方法体系与大数据平台之间的动态匹配关

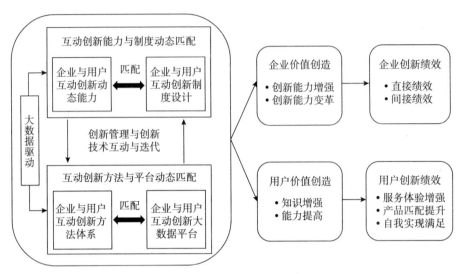

图 8-1　基于 CMMP 模型的大数据驱动产品研发创新价值创造机制

系，前者互动创新主要体现在品牌社区的领先用户参与、在线市场调查、线上线下的互动中，后者互动创新则主要体现在依托大数据平台形成的各种知识抽取建模与方法的迭代中，即企业通过对领先用户和普通用户画像的持续迭代优化，实现与用户互动来推动产品创新。最后，CM 匹配需要与 MP 匹配互动和迭代，形成创新管理与创新技术之间的互动迭代，这种互动迭代在理论上也属于一种业务与技术的战略匹配（张延林等，2014）。

　　企业要成功实现由非大数据驱动的互动创新转变为大数据驱动的互动创新，需要通过有效的制度设计来促进和保障，因为制度设计对技术创新具有非线性影响（Fredrickson and Mitchell，1984）。在制度设计中，一是需要关注大数据驱动的企业与用户互动创新动态能力形成和演进的制度设计，包括组织学习的制度设计和多主体参与的激励机制设计；二是需要关注大数据驱动的企业互动创新导向战略的建构和实施的制度设计，包括互动价值链重构、共创价值模式、组织结构变革与保障机制的制度设计；三是需要关注企业互动创新大数据平台与外部互联网大数据平台之间数据回流的激励机制设计，以及互动创新大数据平台与企业内部数据平台之间信息共享的激励机制设计。这三方面制度设计与企业互动创新动态能力之间形成动态匹配，才能有效提高企业与用户的价值创造。

　　在 MP 匹配中，Chambers 和 Dinsmore（2015）将大数据分析方法总结为构建分析路线图、用例分析、预测分析、最终用户分析以及构建分析等五个部分，认为要实现用分析驱动商业价值，不仅需要大数据分析方法，也需要有相应的分析人才和组织团队。其中，他们提出大数据分析方法的八大流程，即确定关键业务目标、定义价值链、开放式分析、描述分析解决方案的机会、创建决策模型、评估分析解决方案的机会、建立分析路线图，以及对路线图迭代演进（米歇尔·钱伯斯等，2016）。

上述方法及流程对大数据驱动的企业与用户互动创新具有启发价值。大数据驱动的互动创新方法体系，首先应包括用户体系，即用户画像与行为分析体系，这是互动创新的主体基础。其次应包括产品创新方法体系，如产品研发模拟仿真系统、全生命周期管理等，构成互动创新的对象。再次应包括基于大数据的知识抽取等多种方法，使企业与虚拟化的用户之间的互动创新成为可能，因此，以知识抽取为核心的大数据知识发现方法，构成大数据驱动的互动创新方法体系的重要一环。领先用户识别是用户创新知识抽取的前序步骤之一（Lüthje and Herstatt，2004；Brem and Bilgram，2015）。为了克服基于问卷筛选等传统领先用户识别方法存在可靠性和样本量局限等问题，学术界提出基于机器学习、文本分析、网络民族志等技术的在线社区领先用户识别方法（Martinez and Olmedilla，2016；Yuan et al.，2017）。最后大数据平台构成互动创新的支撑工具，构建支持互动创新的大数据平台，也构成大数据驱动互动创新的方法体系内容。

学术界对大数据平台的研究主要分为三类，即基于应用、基于模型和基于平台的研究。支撑企业与用户互动创新的大数据平台研究，主要包括规划、数据环境与运维体系、数据应用体系及企业与用户互动应用体系四个部分。与一般标准的大数据平台构建相比，大数据平台的互动应用体系是互动创新大数据平台构建中最重要的一环。基于大数据平台的企业与用户互动应用体系主要承担企业与用户数据化互动交流的渠道或界面提供，主要包括企业与电商平台、社交平台、企业内部管理平台及互动系统集成等，如企业与 Facebook、Twitter、微博、微信等社交媒体的交互连接等系统建构。目前，国外研究者多针对 Facebook、Twitter 等进行数据采集应用研究，国内主要针对新浪微博进行数据挖掘研究及分析。大数据平台的互动应用体系为企业与用户互动信息与知识共享提供应用工具，如企业通过 API、网络爬虫、采集器等方法，或将多种方法综合使用，形成与用户的互动数据采集。

大数据平台的互动应用体系不仅包括对用户电商、社交等互动数据的采集，而且包括对用户在线学习行为、产品在线口碑传播等行为数据的采集。对用户在线学习行为数据的采集是探讨用户互动学习行为的第一步，需要构建用户学习行为采集模型，包括交互操作、共享操作、提问答疑、学习检测等行为要素。同时，网络产品口碑数据采集与排序方法影响互动创新中的产品评价，也构成互动应用体系的重要内容。

三、企业与用户互动创新的价值创造与创新绩效

大数据驱动的企业与用户互动创新，主要从创新能力增强和创新能力变革两方面推动企业的价值创造。在创新能力增强方面，企业首先通过用户形成的交易和交流大数据，更精准地了解用户需求，从而降低创新成本；其次通过与用户进行快速互动，快速进行大数据分析和迭代，有效地缩短创新周期，形成持续改进的创新；最后通过互联网环境下大量普通用户的在线参与创新，通过大数据进行的各种新产品测试，有效控制产品创新风险，提高新品投放市场的成功概率。大数据驱动的互动创新对产品创新能力的变革主要体现在三方面：一是在产品验证阶段，通过互动创新大数据仿真建模，使产品性能及材料工艺设计精准化，改变产品创意与初步设计阶段的研发成本结构；二是在市场验证阶段，将新品原来的验证阶级从事后提前到事中甚至事后，通过小批量投放市场、快速获取反馈、快速迭代更新的方式，改变新品验证的成本结构；三是在新品主流化阶段，通过大数据与用户紧密互动，变革新产品市场主流化的用户教育成本结构，从而实现对产品研发创新的全流程变革。

另外，大数据驱动的企业与用户互动创新，从用户知识增强和用户能力提升两方面为用户带来价值创造。在知识增强方面，用户通过大数据形成与企业的不断交互、与其他用户的信息交流，从而增强对产品创新的知识；在能力提升方面，用户通过大数据平台，提升搜寻、参与、判断和分析的能力。企业与用户互动创新形成的彼此能力改变与提升，构成企业与用户协同演化动态能力演变的两条线索，用户端能力的提升为企业提供了更多的研发创意和大数据资源，而企业获得更多大数据资源需要持续提升其数据管理的能力（Bourgeois and Eisenhardt, 1988）。

大数据驱动的互动创新价值创造最终实现了企业与用户的互动创新绩效。其中，企业创新绩效包括直接绩效和间接绩效两部分，直接绩效是通过大数据应用对创新成本、创新周期和创新风险的直接降低，间接绩效是通过大数据应用对创意涌现和创新生态形成的影响。用户创新绩效主要包括服务体验增强、产品匹配提升和自我实现满足三方面。在非大数据驱动的互动创新中，企业与用户互动创新的价值创造主要体现在企业与领先用户的价值创造及其创新绩效上。大数据驱动的互动创新形成的价值创造，不仅体现在企业与领先用户的价值创造和创新绩效上，也体现在普通用户通过数据化参与研发创新实现的价值创造和创新绩效上，如普通用户数据化参与研发创新形成的总体市场趋势、消费方向、情境化产品研

发创新特征等（韵江，2011），使企业可以更好地将领先用户参与创新与普通用户参与创新进行有机结合，创造出更具市场竞争力的新产品。

第二节　企业与用户互动的智造战略"租金"

数据驱动的企业与用户互动创新的价值创造机制，推动制造企业从大规模制造向智能制造转型升级，进而引发产业创新。本节将聚焦分析智能制造如何促进企业战略性"租金"形成，进而引发企业战略形态创新。

一、企业与用户互动创新提升智造战略"租金"

数字经济时代下的智能制造创造了数字经济新空间而形成企业战略性"租金"，改变了以往的企业运营模式，这些变化主要体现在以下三个方面：一是企业价值链重构。产品价值链向产品与服务融合价值链转型，形成价值曲面。数字经济时代，企业的价值创造已经转变为企业与用户、与合作伙伴的价值共创（Bettencourt et al.，2014）。互联网环境下制造企业通过协同演化动态能力将产品价值链与服务价值链进行持续融合，形成产品与服务深度融合价值链，具有更显著的整体协同创新特征（肖静华，2017）。二是大数据、人工智能创造出企业数字经济的合作资产。合作资产的形成降低了企业的交易成本，促进企业开放式创新。三是企业平台化运作成为商业新常态。信息技术改变了企业资源的异质性形态，数字孪生体将实体平台与虚拟平台有机结合，平台企业通过技术与数据跨行业赋能其他企业，实现平台企业的共同成长；通过人工智能技术作为一个虚拟劳动投入，提升平台的敏捷性和适应性、以及自我学习等方面的优势（杨丹辉，2018）。上述变化使经济"租金"有了新的内涵，工业互联网创造出企业数字经济的网络节点与网络外部性"租金"；大数据、人工智能创造出企业数字经济的合作资产"租金"；数字孪生平台创造出企业实体经济与数字经济深度融合的"租金"。

数字经济时代，企业的资源异质性内涵发生了变化，过往的理论认为异质性的资源是企业获得竞争优势的关键，然后在新情境下，企业的异质资源形态从实体向虚拟转化，呈现出共享、共创和共生性的特征，企业可以通过数据连接产生互联化价值，与外部资源深度合作拓展自身创新方式，并且基于低异质性的数据资源，可利用数字化的连接与融合功能形成企业经营的平台化、网络化和制造服务一体化，实现共同的成长和繁衍，赋能其他企业。技术进步所带来的资源变化也突破了已有竞争理论中关于成本领先战略和差异化战略不能共存的难题，并且深化了竞争战略在数字经济时代的内涵和表现形式，与三种经济"租金"所衍生的互联化价值战略、开放式创新战略、平台化生态战略共同构成数字经济时代的企业战略形态。这三种战略形态均与企业用户互动创新有着千丝万缕的联系。

在数字经济时代，企业的商业逻辑面临重构，智能制造创造了数字经济新的空间。基于工业互联网的智能制造生产模式建立企业数字经济的网络节点，企业现有资源被连接和重组，交易被数字化记录，数据以新的方式生成和分析，使得以前离散的对象、人员和活动被连接为一体，改变了公司间的交互过程（Iansiti and Lakhani，2014；Pagani and Pardo，2017）。企业除了自身的创新之外，更注重与外部资源合作的开放式创新，基于用户生成的大数据信息资源和企业提供的大数据平台资源形成的大数据合作资产，以此作为企业开放式创新资源基础，激发了企业的开放式创新广度和深度。数字孪生平台使得实体经济与数字经济深度融合，改变了传统企业的异质性资源形态，数据成为企业的核心要素，企业提高了企业配置资源的能力，企业基于数据构建的平台可以跨界服务和赋能其他企业，构建平台化生态。总的来说，智能制造情境下，企业呈现出互联化运营、企业与用户互动创新和构建平台化生态三大特征。

厂商经济租金是指厂商所创造的总收益在支付了所有成员的参与约束条件后的剩余，它等于厂商总收益减去各要素参与厂商的机会成本收益的总和（Rumelt，1984）。"租金"是在隔绝机制下形成价值专属所获得的价值，主要包含"李嘉图租金"、"彭罗斯租金"和"熊彼特租金"（罗珉和李亮宇，2015）。杨瑞龙和杨其静（2001）将企业经济租金界定为企业总收益在支付所有成员的保留收入（即满足其参与约束条件）之后的剩余，相当于经济学中的"超额利润"。他们认为，企业的本质在于企业经济租金的创造与分配。因而，市场竞争是一种以寻求和获取企业经济租金的自然现象，追求经济租金是市场经济制度的精髓（罗珉等，2005）。

李嘉图租金来源于企业资源禀赋，侧重于企业异质资源。其异质资源分为竞争性物质资源和基于知识与管理资源，基于竞争性物质资源的李嘉图租金仅仅是由于偶然的历史事件和路径依赖的黏滞性而留存于厂商组织的管理框架内，无法支持企业的持续成长；基于知识与管理资源的李嘉图租金作为厂商组织长期发展演化的结果，是厂商组织持续成长的优势和基础，具有独特性、稀有性和不可替代性。智能制造改变了企业的异质性资源内涵和生产方式。此处所指的资源是企业内部联通以及企业与用户互动产生的数据资源，而不是传统地基于知识与管理资源，且主体从企业向用户渗透。异质性资源产生方式也发生变化。传统租金异质性资源来源于企业内部，以企业的实体物理资源为主，现在的异质性资源来源于企业信息技术联通以及与用户互动产生的数据，资源形态是实体资源与虚拟资源的融合。

彭罗斯租金来源于企业资源优化配置方式，侧重于企业从整合、经营到盈利过程中管理异质资源的能力。企业内部的资源和能力构成了企业获取经济租金和发展方向的坚实基础，这种内部资源和能力形成的经济租金可以称为"彭罗斯租金"；该租金来源于企业在某类产品的生产与经营中所积累的经验、诀窍、心智模式与组织惯例等隐性知识，这些无形资产是"彭罗斯租金"产生的基础。大数据、云计算等技术的发展改变了企业的资源配置模式，企业资源从实体资源向实体资源与虚拟数字资源融合方向转化，且资源内容从企业内部资源占主导渐渐变为用户行为产生的数据资源和企业大数据平台资源占主导；配置异质性资源的主体和能力发生了变化，彭罗斯租金配置资源的主体是企业，是企业单向的行为，而合作资产"租金"配置资源的主体是企业和用户，是两者双向互动配置的模式。在能力方面，从企业内部形成的管理能力转变为企业和用户两者的合作能力，企业通过大数据获取、分析和商业化能力构成了企业合作能力，使其能够有效利用异质化的用户大数据信息资源；用户通过信息搜寻、学习和参与能力构成了用户合作能力，使其能够有效利用异质化的企业大数据平台资源。

熊彼特租金来源于企业商业模式、技术等创新能力，侧重于企业创新能力。企业通过内生的研发和创新促进技术进步和经济增长，通过进行产品技术上研发突破，增加其使用价值实现产品新技术上的垄断获取熊彼特租金；通过"创造性破坏"或创新打破现有优势企业的竞争优势来获得熊彼特租金。熊彼特租金是由于企业家的创新而产生的经济租金，因而也称为"企业家租金"。工业经济时代，企业的熊彼特增长主要是进行产品技术上的研发突破，增加其使用价值实现产品新技术上的垄断获取熊彼特租金；数字经济时代，用户注重产品的体验，包括整个购买过程的体验和产品使用的体验，已超越了使用价值的内容。企业创新的方式也发生了变化，工业经济时代的创新主要依赖于企业的内部研发，以物理世界为主；数字经济时代的创新资源不仅来源于企业内部研发，还来源于用户的数据化参与，数字孪生平台实现了物理世界和信息世界的互联互通与智能化操作，大数据和物联网技术显著提高了企业配置资源的能力。创造主体发生变化，工业时代的创造以单个企业为主，也有企业间的合作。数字化经济时代，数字孪生平台实现了企业间有效耦合，实现价值创造和成本节约并推动知识聚焦与精细化，足以支撑超大规模组织间协作而带来多样化知识，多样化知识的组合本身就能产生新知识而触发报酬递增，此类平台的外部经济性远高于工业经济时代，知识形成的报酬递增强于熊彼特当初的预想。

基于上述分析可知，传统经济"租金"的异质性资源形态和配置方式已经发生了变化，这也就意味着传统租金的来源发生了改变。隔绝机制是获取租金的重要基础，工业化时代企业的隔绝机制来源于技术，而在数字经济时代企业的隔绝机制来源于企业的互联化数据、开放式创新和数字孪生平台。工业互联网创造出企业数字经济的网络节点与网络外部性"租金"；大数据、人工智能创造出企业数字经济的合作资产"租金"；数字孪生平台创造出企业实体经济与数字经济深度融合的"租金"。

工业互联网的建立创造出企业数字经济的网络节点，企业现有资源被连接和重组，交易被数字化记录，数据以新的方式生成和分析，使以前离散的对象、人员和活动被连接为一体，改变了公司间的交互过程（Iansiti and Lakhani，2014；Pagani and Pardo，2017）。企业运营环节，企业的运作及其生态正在日益地走向网络化和动态化，现代企业的生产管理与商务决策在很大程度上依赖于社会媒体、网民群体、上下游合作企业以及竞争对手所构成的"网络生态系统"，并逐渐呈现出纵向整合和横向联合的两种新发展趋势（冯芷艳等，2013）；借助大数据、人工智能的方式方法，企业可以在一些产品内设置传感器、处理器和软件，并与互联网相连，同时产品数据和应用程序在产品云中储存并运行。海量产品运行数据让产品的功能和效能都大大提升。企业可以及时了解客户针对企业各类产品的意见、建议，可以收集客户使用各类产品以及退货、售后服务等相关信息（杨善林，2016；肖静华，2017；杨德明和刘泳文，2018）。在数字经济时代，用户根据不同的偏好组成不同的产品网络"社群"，"社群"成了企业获得经济租金的主要隔绝机制（罗珉和李亮宇，2015），企业趋向于从"长尾用户"中获利，从为用户提供"增值服务"中获利。通过工业互联网的连接，用户的信息和数据成为需求要素的主要构成部分，异质性资源的主体从企业向用户逐渐渗透，要素价值也有企业和用户共同创造，各个网络节点之间数据协同共通，产生了网络外部性"租金"，衍生出了诸多创新商业模式。

熊彼特主张通过新商业、新技术、新供应源和新的组织模式的创新来获得企业经济租金，但随着大数据、人工智能技术等的发展，企业除了自身的创新之外，更注重与外部资源合作的开放式创新。基于用户生成的大数据信息资源和企业提供的大数据平台资源形成的大数据合作资产，以此作为企业开放式创新资源基础，激发了企业的开放式创新广度和深度，使得企业在对创新资源外部来源的利用数量和利用程度发生巨大的变化。

合作资产主要包括三个方面的内容：一是资产价值不仅来源于顾客的购买价

值，还来源于非购买行为产生的数据；二是资产是通过交互形成的（共同创造）；三是资产的收益具有双边性（共同分享）。合作资产的形成是基于企业拥有异质化的用户大数据信息资源，同时企业和用户拥有配置这种资源的合作能力，企业通过大数据获取、分析和商业化能力构成了企业合作能力，使其能够有效利用异质化的用户大数据信息资源；用户通过信息搜寻、学习和参与能力构成了用户合作能力，使其能够有效利用异质化的企业大数据平台资源。异质性资源的主体从企业资源变为用户行为产生的数据资源，且资源配置能力从以前企业单向的能力变成企业与用户双向互动的能力，产生合作资产"租金"。企业间通过技术连接的合作创新相互协同并有序更新，建立流动性竞争优势。在此过程中，核心企业通过释放权力、能力衍生来汇集参与者，通过"多对多"的组织间关系实现资源组合多样化追求瞬时优势的有序整合，开放创新模式强调资源的组合方式比资源的积累过程更重要（赵振，2015）。数字技术与新材料技术和先进制造技术等技术融合应用，使数据成为新的关键生产要素，数字技术的"连接""融合"功能引发产业形态平台化、网络化和深度服务化（国务院发展研究中心，2018；谢康等，2018）；技术的应用使得生产信息流从以往的短缺，逐渐开始扩大传递范围，并且增加了相互之间共享信息的类型，从而打破产品、服务和地域对合作伙伴间信息共享的限制，实现及时、高效的信息共享，信息技术为信息交流水平的提升提供了技术支持（张群洪等，2010；冯华等，2018）。大数据、人工智能应用背景下的开放式创新模式推动了企业生成数字经济的合作资产"租金"，而合作资产"租金"进一步激发了企业的开放式创新广度和深度，使得企业在对创新资源外部来源的利用数量和利用程度发生巨大的变化。

数字孪生平台使得实体经济与数字经济深度融合，在企业内部，企业通过数字孪生设备，实现以大数据支撑的互联网和物联网平台来投资经营（Taddy，2018；何大安，2018），改变了传统企业的生产组织形式，提高了企业配置资源的能力。快速发展的信息、网络技术又推动着管理方式和组织结构的创新和发展，具有网络化、扁平化、柔性化和模块化等特点的企业组织形式，表现出了强劲的生命力，全面增强了公司的"灵活性"和"适应性"（侯汉坡等，2010）。在企业之间，操作系统和应用软件及计算技术帮助焦点企业连接各类供应商，基于互联网形成企业间知识流互换和知识联结体系，企业在虚拟空间聚集进而积累信息、扩散知识，发挥知识聚合和溢出效应（赵振，2015）。数字孪生平台实现了企业间有效耦合，实现价值创造和成本节约并推动知识聚焦与精细化，此类平台的外部经济性远高于工业经济时代，知识形成的报酬递增强于熊彼特当初的预想。特别地，数字孪生平台足以支撑超大规模组织间协作而带来多样化知识，多样化知识的组合本身就能产生新知识而触发报酬递增，这是熊彼特未考虑到的。在需求端，服务生态圈和制造生态圈基于互联网的虚拟网络促进焦点企业克服物理时空约束通过跨界、跨区域的互补性模块连接，以此获取额外的经济价值，虚拟供求市场贯通、零库存潜力、客户共同设计与需求个性化彰显的影响，传统品牌和渠道对于产品价值"认证"、达成交易的功能大为弱化，其原先占有的租金或价值空间将释放出来，拓展了制造环节的利润分配份额，这在相对意义上等价于制造企业价值捕获能力的提升（陈国亮和唐根年，2016；吴义爽等，2016）。上文通过虚拟网络促进焦点企业克服物理时空约束，通过跨界、跨区域的互补性模块连接，以此获取额外的经济价值所释放的租金就是本节所描述的企业实体经济与数字经济深度融合的"租金"。

三种新型租金产生须具备三个关键点：一是网络节点和连接；二是大数据资产；三是实体与虚拟的融合。在数字经济时代，每一台机器设备、每个人都是一个信息的节点，设备与人既是信息的采集器，也是信息的传播器和接收器，在此过程中实现互联化价值；数据成为数字经济时代的重要资源要素，包括企业内部的数据，企业与用户产生的数据等，为了收集和分析数据信息，企业必须实现工业互联网布局，能够实现企业自身数据的实时采集和分析，同时要建立与用户互动的平台，收集用户的行为数据，在此基础上，企业还要拥有利用这些数据资源的能力，用户也在此过程中通过信息搜寻、学习和参与能力等构成用户合作能力，使其能够有效利用异质化的企业大数据平台资源，基于数据资源和数据利用能力，企业才能真正实行开放式创新战略，并且能准确把握用户需求；数字孪生平台是实现物理世界和信息世界的互联互通与智能化操作基础平台，企业通过大数据支撑的互联网和物联网平台来投资经营，改变传统企业的生产组织形式，提高企业配置资源的能力，并且可以支撑超大规模组织间协作而带来多样化知识，产生新知识而触发报酬递增。

二、企业与用户互动情境下的企业战略形态创新

三种新型的经济"租金"催生了数字经济时代企业的智能制造新型战略形态。在经典的战略管理研究中，20世纪80年代Porter提出的竞争战略理论是代表性的理论流派之一（Porter，1996，2008）。其提出的成本领先战略、差异化战略和目标集聚战略是工业化时代企业建立竞争优势的重要理论依据。但在数字经济情境下，企业的战略形态背景、边界都在逐渐变化，竞争战略形态在过去面临的困境在新情境下也得到了解决和发展。

成本领先战略是使企业成为其产业中的低成本生产厂商，取得成本优势地位。

低成本生产厂商必须发现和开发所有成本优势的资源（包括规模经济、学习、生产能力利用模式、联系、相互关系、整合、时机选择、自主政策、地理位置、机构因素），保持对成本起决定作用的基本因素的长期优势，就可能实现成本领先战略（夏清华，2002）。工业化时代，成本领先是单点的成本领先或者离散的成本领先，是静态的过程。无论是压缩渠道、去中介化，还是控制某个业务环节成本等获得成本领先的手段，都极易被学习、复制、模仿，成本领先、成本降低往往伴随着收入的下降，成本领先仅是企业获得竞争优势的必要条件（杨德明和刘泳文，2018）。成本领先战略在数字经济时代的内涵已经发生了变化，不再是以前价值链单点的改变所形成的成本降低，而是通过打通价值链的各个环节，内部实现设备的连通和数据的分析，外部通过大数据、云计算等计算分析市场，连接合作伙伴，以带来企业系统性的成本降低，进而建立竞争优势。难以被复制、被模仿，每个企业有其独特的运营数据和用户数据，企业的运营战略是通过数据分析建立并调整，而且是整个企业内外部连接系统之间的协作，很难被轻易模仿。在智能制造时代，互联网、物联网等大大增强要素的流动性和"连接性"，人工智能（机器人）快速替代劳动，新的生产要素及其新的组合应用将引发生产方式的重大变革，而数字技术的"连接""融合"功能引发产业形态平台化、网络化和深度服务化（国务院发展研究中心等，2018）。互联网衍生战略首先打通了企业网络的节点，进而在信息网络空间中形成一种更为紧密耦合的关系（颜安和周思伟，2011；陈小勇，2017）。互联网衍生战略所带来的成本领先是系统性的成本领先或聚合的成本领先，是动态的过程。从微观层面来看，互联网衍生战略的基础是企业产生的数据，而通过数据的分析可以让企业发觉在工业化时代无法获知的经营细节，包括设备的数据、运营效率以及产品研发等，因此互联网衍生战略使企业可以从更小的颗粒度着手去降低企业的经营成本，做到更为精细的成本控制，这是在大数据、云计算等技术应用之前所无法做到的。

　　差异化战略的经济学意义是制造稀缺，是企业从对市场的深度挖掘中发现细致的差异化需求，在供求平衡或供大于求的市场结构中对某一商品或服务进行创新，使得产品更符合用户的需求，并形成"局部的供不应求"，从而产生竞争优势，获得超额利润（Porter，1980；芮明杰和李想，2007；徐万里等，2013）。企业至少有两种差异化战略：一种是创新差异化战略，另一种是市场差异化战略，前者是基于产品创新的差异化战略，后者是基于市场与形象管理的差异化战略（Porter，1980；Miller，1988；Amoakogyampah et al.，2008）。美国市场营销专家菲利普科特勒（Philip，2000）将企业的差异化变量细分为商品、服务、销售、人员、企业形象等，这些变量中的任何一种新发现或新组合，都可能改变由现有经营要素组合形成的不同产品，实现差异化。技术的发展使开放式创新成为企业的重要战略选择。工业化时代，产品的差异化主要是基于企业自身的内部研发，而在数字经济时代，基于数据化、网络化、智能化的生产方式，企业从内部研发转变为开放式研发，使制造过程的技术和知识含量显著增加，增强了制造型资产在创新系统中的作用（吴义爽等，2016；肖静华，2017）。在数字经济时代，制造业与服务业的边界逐渐模糊（Lee et al.，2014），以往差异化战略"以产品为中心"逐渐转向"以服务为中心"，这表明企业由"产品主导逻辑"逐步演化为"服务主导逻辑"（陈漫和张新国，2016）。产品价值链向产品与服务融合价值链的转型，以用户或客户活动为中心的智能活动，强调用户或客户是创新来源（Boudreau and Lakhani，2013）。数据和知识越来越成为企业构建新型差异化的核心基础，数据和知识的获取形式也逐渐从企业内部产生变成企业通过多种合作模式获取或者通过与用户的互动创新从用户处获取，还有直接从产品本身获取（会"说话"的产品，大数据研发，三一重工的塔式起重机）。因此，与竞争战略下的差异化相比，基于智能制造的开放性创新战略的目标，是企业通过多种类型的合作模式，利用不同主体的知识优势互补，创造新的产品、服务或商业模式来赢得市场优势。

目标集聚战略是把前两种战略用到较小目标市场中（Porter，1980；陈圻，2011）。企业要在行业内面向众多市场建立起产品的差异化和成本领先的优势是不现实的；专注于其中某一细分市场提供差异化或更低成本的产品更容易取得高于行业平均利润水平的业绩。聚焦战略包含两重含义：一是产品的目标市场从广众市场转向细分市场；二是与其他两种通用战略相结合，形成相对于竞争对手或者自己之前产品的差异化或低成本优势（Mcdowell et al.，2016；翁君奕，2009；杨震宁等，2014）。

资源价值从过去的非连续、离散到数字化集成，虚拟连续转变，数字孪生体将实体平台与虚拟平台有机结合；平台化生态具有网络效应，在网络达到临界规模后它对经济系统的作用会在瞬间被放大，鼓励参与者能够为平台生态系统增加价值的互补性产品、服务或技术（郭家堂和骆品亮，2016）。平台内部的信息集成共享，打通内部各子系统与企业；平台企业通过技术与数据赋能其他企业，实现平台企业的共同成长；通过人工智能技术作为一种虚拟劳动投入，提升平台的敏捷性和适应性以及自我学习等方面的优势。平台化生态战略的目标是通过平台化生态战略使企业自身价值链协同成本变低，同时也更便于企业与其他主体的共享和合作。企业可以通过技术手段实现构筑生态平台，让彼此关联的主体和组织共享数据和知识资源，利用数字化的连接与融合功能形成企业经营的平台化、网络化和制造服务一体化，实现共同的成长和繁衍。

总之，数字经济时代下，基于智能制造的企业运营模式，推动了新的经济"租金"产生以及企业新型战略形态发展。本节从智能制造技术视角，探讨了智能制造的技术进步对推动原有企业运营模式所起到的作用，主要体现在以下三个方面：一是企业价值链重构。产品价值链向产品与服务融合价值链转型，形成价值曲面。数字经济时代，企业的价值创造已经转变为企业与用户、与合作伙伴的价值共创。二是大数据、人工智能创造出企业数字经济的合作资产。合作资产的形成降低了企业的交易成本，促进企业开放式创新。三是企业平台化运作成为商业新常态。信息技术改变了企业资源的异质性形态，数字孪生体将实体平台与虚拟平台有机结合，平台企业通过技术与数据跨行业赋能其他企业，实现平台企业的共同成长和繁衍。这种变化使传统的经济租金在新情境下得到了发展，也使企业的战略形态发生了变化。工业互联网创造出企业数字经济的网络节点与网络外部性"租金"而衍生出诸多创新商业模式，企业基于此形成互联化衍生战略；大数据、人工智能创造出企业数字经济的合作资产"租金"而激发出纵向与横向开放式创新（开放式创新广度和深度），企业据此形成开放式创新战略；数字孪生平台创造出企业实体经济与数字经济深度融合的"租金"而推动企业建立实体与虚拟结合的平台生态模式，企业由此形成平台化生态战略。信息技术革命是一次划时代的科技革命，而技术带来的企业战略变革是管理学领域重点关注的议题，本节提出企业数字经济的三种新型战略形态思想和理论框架，推进和丰富了企业战略形态的研究，也对智能制造的战略研究和我国制造企业从大规模制造到智能制造的转型有启示意义。

第三节　企业与用户互动促进智能制造适应性创新

基于上述分析，本节将分析企业与用户互动如何促进智能制造适应性创新，具体由战略变革与管理体系、战略场景建模与决策模式创新两个方面展开。

一、智能制造适应性战略变革与管理体系

（一）企业与用户互动导向的智能制造适应性变革

智能制造不仅为企业生产运作管理的"兵棋推演"提供了基础和条件，也为企业战略管理的"兵棋推演"提供了基础和条件，因为智能制造有以下三方面的管理特征：一是智能制造是互联网、大数据和人工智能与先进制造技术深度融合

的产物（Soparnot，2011），形成数字孪生驱动的制造模式变革；二是基于数字孪生的智能制造形成规模经济与范围经济的协同，使解决制造管理中效率与灵活的二元性问题提升到新的高度；三是基于智能制造，制造业能够真正实现面向用户需求的管理创新，从而形成现实意义而非理论意义上的用户驱动的管理变革（肖静华等，2015，2018）。因此，智能制造可以为企业战略管理和生产运作的模拟优化提供不同的场景分析。

与精益生产、柔性制造等以往制造技术的进步相比，智能制造的影响呈现出三个不同的特征：一是以往制造技术进步的影响多限于制造领域，然而，智能制造不仅是制造技术的变革，而且是技术进步引致的社会生产方式和人类生活方式的革命；二是以往制造技术进步多侧重在生产运作领域，与企业战略的关联不紧密，然而，智能制造却引发企业的全面管理变革，使战略管理与生产运作面临同样的创新挑战；三是以往制造技术进步多限于企业内部，尽管也强调开放式创新，但主要是从企业视角出发，然而，智能制造的数字孪生不仅促进了企业层面面向用户的互动创新，而且诱发了产业或行业层面的各类衍生创新，推动社会进行广泛的合作创新。

现有智能制造的研究主要侧重制造技术方案和智能模型构建（Frankowiak et al.，2005），或讨论智能制造对企业转型升级及对国家经济发展的战略影响（肖静华等，2016），将数字孪生看成一种集成多物理、多尺度、多学科属性，具有实时同步、忠于映射、高保真度特征，能够实现物理世界与信息世界交互与融合的技术手段（陶飞和戚庆林，2018）。总体来看，尽管有少数文献开始涉及智能制造的共享商业模式和知识管理等问题（Girod and Whittington，2017；史竹琴等，2017），但鲜有深入剖析智能制造数字孪生的战略管理价值的文献。在企业战略管理的研究中，无论是低成本、差异化、战略联盟等战略内容的研究，还是战略规划与决策、战略选择与实施等战略过程的研究（Ashmos and Mcdaniel，1996），均只是关注智能制造对企业战略变革的影响，呼吁要开展智能制造情境下的战略变革研究（叶广宇和刘洋，2016），但鲜有对基于智能制造数字孪生的企业战略管理创新的探讨。

综上所述，尽管智能制造和战略管理领域均有丰富的研究，但两者的交叉研究还处于萌芽阶段，以下三方面均是值得进一步探讨的问题：

第一，尽管战略规划与企业绩效之间呈现出高度相关关系，但是越动荡的环境，企业越需要更多的信息来保障战略规划与绩效之间的关系，因此，信息构成市场环境和战略情境与企业绩效之间的重要影响因素（Rogers et al.，1999；谢康等，1999）。随着智能制造水平的提升，实物资源与企业绩效的关联度逐渐下降，大数据、智能模型、知识产权等无形资产在战略规划与企业绩效之间发挥越来越重要的作用。基于智能制造的数字孪生平台建立起反映市场环境和战略情境与组织绩效关系的动态知识模型，将成为智能制造与战略管理交叉研究的前沿课题之一。

第二，在战略决策过程中，企业家会受到框架效应、控制错觉或类比推理等有限理性的影响，现有研究也探讨了通过多种方式帮助企业家克服决策偏见的影响（Hodgkinson et al., 1999；Wright and Goodwin, 2002）。同时，研究也表明，企业中层管理团队也会对战略规划与绩效之间的关系产生重要影响，中层管理团队的决策不仅受框架效应等有限理性的影响，而且受其在组织中的网络结构特征的影响（Floyd and Wooldridge, 1992；Floyd and Wooldridge, 1997）。研究者提出，需要为企业家或中层管理团队提供克服决策偏见的干预技术和工具。然而，企业家或中层管理团队可以使用什么工具来处理决策偏见？至今尚未有较好的答案。如果构建基于智能制造数字孪生平台的战略场景模型，将能够为企业家和中层管理团队决策提供第三方的独立价值，有助于在企业家决策与中层管理团队群决策之间构建一个相互支撑的战略决策新模式，这也将是智能制造与战略管理交叉研究的前沿课题之一。

第三，战略过程研究中一个长期未得到有效解释的问题是有关战略的涌现问题，即哪些问题会引起企业家的关注而上升为战略问题，哪些问题则得不到关注（Dutton, 1998；韵江，2011）。尽管有研究从组织学习、知识管理或动态能力等多个角度试图回答这一问题（Eisenhardt and Zbaracki, 1992），但形成组织战略议程或战略决策的力量究竟是什么？环境、企业家、中层管理团队和绩效等因素被许多文献提及，但这些因素如何促使某个问题引起企业家的注意而上升为企业的战略问题，其内在过程由于存在知识"黑箱"而未达成共识。基于数字孪生的战略场景建模，可以为研究者提供一种战略分析工具而有助于推进对这一知识"黑箱"的认知。因此，通过基于数字孪生的战略场景建模来深化对战略涌现的认知过程，将成为智能制造与战略管理交叉研究中另一个有前景的前沿课题。

根据上述研究，本节拟在现有战略过程研究的情景模拟法（Simulation）和决策场景法（Decision Scenario）基础上（Nees, 1983；Fredrickson, 1984），将生产运作领域的场景建模引入到战略层面的场景建模，根据情景模拟法和决策场景法模拟战略环境，利用案例研究提炼战略场景模型所需的关键维度或指标，通过人工智能进行模型训练，创造性地提出基于智能制造的战略场景模型及其方法思想而形成理论创新，以形成对企业战略决策分析研究的推进。

（二）数字化战略场景的构建方法与价值

现有战略管理研究从多个角度力图再现或模拟企业战略管理的现实情境，实现军事上类似"兵棋推演"的战略决策模拟，形成了一些有代表性的研究方法，情境模拟法和决策场景法就是其中的代表。

1. 情景模拟法与决策场景法

战略过程的研究表明，环境、组织特征和决策特有因素等情境因素会显著影响战略决策过程（Pajagopalan et al.，1993），因此，战略过程的研究者普遍强调，为提高研究结论的稳健性，需要控制战略过程的外部环境特征。为了更好地识别和控制外部环境特征，研究者提出了战略管理的两种模拟方法：一是类似于实验研究的情景模拟（Nees，1983）、自由模拟检验（Wolfe and Jackson，1987）、镜像行为模拟（Hough and White，2003）等；二是以 Fredrickson（1984）为代表的将决策场景嵌入问卷调查的方法。

模拟是通过对过程和结果进行灵活模仿，以澄清或解释所涉及的潜在机制（Abelson，1968）。针对战略决策过程研究中的不足，如调查问卷方法获得的截面数据存在诸多缺陷，Nees（1983）指出，情景模拟法可以作为一种补充性的研究方法，其目的不是为了复制现实，而是创建和观察一个具有相似行为模式的系统，在实际情境之外重新审视决策过程中需要关注的重点问题。情景模拟法是迭代研究过程的一个组成部分，在完成实地调研和案例分析的基础上，研究者准备好实验用的案例材料，通过实验来模拟真实的案例过程，再通过对模拟得到的数据信息进行分析，与实际案例进行比较。情景模拟法主要有三方面的作用：一是增强案例研究已有结论的可靠性；二是对案例研究结论的部分具体现象或问题进行补充；三是加强对战略决策过程中管理者心理因素的行为分析。

Fredrickson 和 Mitchell（1984）提出了决策场景法，用以更好地理解企业的战略决策过程。现以两位学者针对不稳定环境条件下的研究为例，介绍该研究方法的步骤：首先，提出假设：在不稳定的环境下，战略决策过程的全面性与企业绩效负相关。其次，确定一个环境不稳定的行业，选取 27 家公司的 109 名高管，与每家公司的首席执行官（CEO）进行结构化访谈，获取有关战略决策过程的信息。再次，根据访谈编写一个决策方案，详细描述公司在诊断情况、生成方案、评估方案，以及将决策整合到整体战略方面的工作内容。其后，109 名高管阅读该方案并回答一系列的问卷题目，描述其所在公司在面临同样问题时会采取的决策过程。最后，结合问卷数据和企业绩效数据进行分析，得出结论（Fredrickson and Mitchell，1984）。

决策场景法与情景模拟法存在显著差异，前者是将一个战略决策方案嵌入调查问卷中，作为一个例子帮助参与者理解战略决策的过程，其本质是借助问卷调查方法对战略规划进行改良；后者更接近实验研究，直接将参与者带入到一个战略决策的模拟情境中，观察其行为。前者是先提出假设，后利用融入模拟情境的问卷调查法验证假设，后者更偏向于探索性的情境研究。两种方法的差异，恰好为智能制造环境下的企业战略场景模拟研究提供了不同方面的基础。将决策场景法和情境模拟法各自的特点与智能制造的数字孪生平台结合起来，可以为企业数字化战略场景模型的构建找到战略管理思想与方法的结合点。

2. 构建数字化战略场景的价值

战略管理被 Jarzabkowski（2009）视为企业内部的一项社会动态现象。行动理论聚焦于探讨不同行为者的主观状态与战略计划过程之间的交互作用，因此，可以借助行动理论来分析和解释战略计划如何传递、沟通、参与和整合，从而揭示行为者主观认知与战略浮现之间的相互关系（韵江，2011）。

通过数字孪生技术平台的数字化战略场景构建，可以较方便地模拟或重构企业战略决策的复杂推演过程，从而丰富和深化对企业战略进程的全面性和不确定性的认知。因此，基于智能制造数字孪生平台构建的战略场景模型，可以视为引入人工智能的一项行动理论研究。具体来看，其价值主要包括以下三个方面：

第一，现有战略过程研究或将环境作为调节变量来研究战略过程与何种环境相匹配的问题，或将环境视为自变量来分析环境对战略过程的影响（Rajagopalan et al., 1993），但两类研究是彼此独立、缺乏整合的。通过构建数字化战略场景模型，可以对环境进行灵活设置，将上述两类研究进行整合，模拟或还原环境对战略过程的不同影响机制，推动 Judge 和 Miller（1991）等开展的环境与战略过程交互影响的研究。通过将市场大数据获得的行业趋势分析和应用场景分析、案例研究获得的战略过程关键维度或指标、实验研究获得的决策心理特征等信息整合起来，可以较好地模拟外部环境、组织特征与决策心理之间的复杂互动过程及其可能结果，从而考察不同环境与战略过程之间的具体关系。

第二，构建数字化战略场景模型，有助于推进将战略计划整合过程视为一种协同演化过程的研究（Jarzabkowski, 2009），使研究者可以将具有分歧性的利益、经验、权力和知识的参与者都纳入到战略计划过程中，构建出一种更具体的、包含不同层面参与者的战略过程模型。通过数字化战略场景模型，可以使战略过程中利益相关方的政治表现或行为过程变得更为具体和直观，使战略决策以可视化或具象化的方式呈现出个体和部门间协商和谈判的结果以及其对战略过程特征的影响，从而有助于智能制造情境下组织内部的生态平衡，有助于战略决策从组织权力格局的配置转向决策过程的理性主义（Elbanna and Child, 2007）。

第三，数字化战略场景模型拥有的更高效率地模拟或还原战略决策所需信息的能力和条件，这是企业在快速变化环境中制定出迅速、综合且有效决策的基础。例如，研究认为，当处于高速变化的环境中时，企业家既需要谨慎地制定战略，但又需要进行快速决策（Eisenhardt, 1989；Bourgeois and Eisenhardt, 1988）。又如，文献指出，企业家可以通过对战略的有效宣导和传播来达成战略共识，推进战略方案的合法性（Knight et al., 2018；Wenzeil and Koch, 2018）。然而，对于企业家到底如何应对高度动荡和复杂的环境来形成战略并达成共识，或对于哪些因素促使某个问题引起企业家的关注而上升为企业的战略问题，目前还是一个"黑箱"。通过构建数字化战略场景模型，可以模拟企业家在战略制定中的复杂推演过程，部分地打开"黑箱"，为探究战略过程提供新的研究思路。

（三）数字孪生驱动的智能制造适应性管理体系

企业数字化战略场景模型的构建需要投入大量成本，而且即使投入大量成本，也未必能较好地还原接近复杂现实状态的、有参考价值的战略场景。然而，智能制造数字孪生平台的出现，为企业在可支付成本的前提下构建数字化战略场景提供了可能。

从管理视角来看，智能制造由四个子系统组成：一是智能活动子系统，包括基于移动互联网、云平台、物联网及大数据的智能体对用户需求及市场环境变化的动态感知和实时分析；二是智能制造的知识管理子系统，如数字孪生平台，集中体现在智能管控中心的活动，或集成式智能化生产调度平台的活动，体现制造过程的自主决策；三是核心智能制造能力子系统，包括智能车间和智能生产线，体现精确执行；四是智能联盟之间的高效协同子系统，实现合作伙伴之间的智能化协同。其中，高效适应环境变化、满足用户个性化需求及全面智能化构成智能制造的核心（肖静华等，2016）。

为满足对环境变化的高适应性，实现以用户或用户为导向的智能活动，构建对现实环境或过程的实时映射和交互优化，成为从技术和管理两方面提升智能制造水平的主攻方向。在此需求下，原本用于改进产品研发效率的数字孪生概念被迅速发展成智能制造的一个核心概念和技术平台。

在智能制造情境下，数字孪生由实体产品、虚拟产品及两者连接的三维模型，扩展为包括物理实体、虚拟模型、服务系统、孪生数据和连接的五维模型。在五维模型中，物理实体由控制、动力、执行等功能的子系统组成，各种传感器实时监控环境数据和运行状态；虚拟模型是物理实体的数字化镜像，集成融合几何、物理、行为及规则的四层模型，使模型具备分析、优化、预测和评价功能；服务系统集成评估、控制和优化等信息系统，基于物理实体和虚拟模型提供智能运行、精准管控和可靠运维等服务；孪生数据包括物理实体、虚拟模型和服务系统的相关数据、领域知识和融合数据，构成数字孪生运行的核心资源；连接是将上述四个组成部分连接起来进行有效的数据传输，实时交互以保障各组成部分的一致性和整体性，实现迭代优化（陶飞和戚庆林，2018）。

从企业制造管理角度分析，以往制造技术的革命主要集中在对制造材料、装备、工艺、标准和维护管理模式五个关键制造要素的创新上，而智能制造通过对制造知识体系的重大变革，使五个关键制造要素发生根本性改变（李杰等，2016）。其中，数字孪生不仅是实现企业智能制造的重要条件（Tao et al.，2018），而且是企业提高战略变革风险控制智能化水平的重要条件。在"美的""三一重工"和"索菲亚"等企业智能制造的变革实践中，总结出智能制造中人、机、料、法、环五个关键管理模块的互联互动体系。其中，"人"是指掌握智能生产技能和管理知识的新型劳动者，"机"是指制造设备，"料"是指制造材料，"法"是指制造流程和规则，"环"是指上述四个关键管理模块之间的相互联系，形成管理闭环。要实现五个管理模块的互联互动，需要构建数字孪生平台来支持。

数字孪生驱动的制造管理体系由物理实体系统、虚拟模型系统、映射与交互系统、数据连接系统、环境与情境大数据系统五大系统组成。物理实体系统包括智能产品、车间、工厂、生产和联盟五层次的智能生产与服务，及将其连接起来的工业互联网。虚拟模型系统包括与物理实体系统一一映射的数字化模型系统，但两者的差别除了虚与实外，虚拟模型还具备物理实体不具备的人工智能模型和专家知识系统。映射与交互系统包括物理实体与虚拟模型之间相互映射和交互的设施及技术系统。数据连接系统既包括物理实体中的工业互联网，也包括虚拟模型中的数据连接系统。环境与情境大数据系统包括外部环境和情境所映射与交互形成的大数据，以及集成应用这两类大数据形成的环境与情境决策支持系统。由此，数字孪生驱动的智能制造管理体系如图 8-2 所示。

战略决策过程的准确模型只有通过多种数据收集方法相结合的方式才可能得到。在图 8-2 中，环境、情境等外部大数据与企业运作形成的内部大数据，共同构成企业战略场景模型的输入资源，由此促使模型不断优化和迭代。目前，智能制造和数字孪生的研究主要限于技术、流程和运作管理层面，即企业的内部大数据，要构建基于智能制造的企业战略场景模型，需要将智能制造数字孪生从运营层面拓展到战略层面，即需要将外部大数据和内部大数据集成起来，构建企业战略与绩效之间关系的战略场景模型。

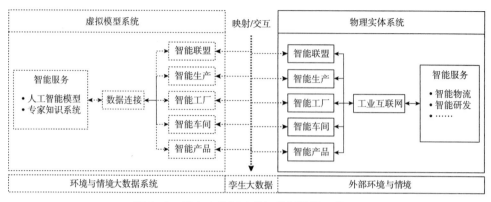

图 8-2　数字孪生驱动的智能制造管理体系

二、数字孪生驱动的企业战略场景建模与决策模式创新

（一）数字孪生驱动的企业战略决策适应性创新

不同的战略要求和约束条件会影响到不同的战略场景构建方式和结构。本节以战略过程为例，对数字孪生驱动的企业战略场景建模与决策模式创新进行讨论，战略内容场景和战略实践场景的构建将另文讨论。

数字孪生驱动的企业战略场景建模目标可以是一维的，也可以是多维的。根据相关理论和企业实践来看，以下四个建模目标是较为普遍的：一是市场或行业趋势分析。如前所述，战略层面的数字孪生不仅包括企业运作层面的大数据，而且包括行业或产业互联网形成的行业或产业大数据及市场大数据，由此重点分析市场或行业的总体或具体产品的市场潜力或发展方向。二是衍生机会与新应用场景分析。战略层面的数字孪生通过大数据分析，寻找新技术、新场景、新消费行为、新竞合模式之间的相互关系，将企业已有的战略经验和模式与大数据中存在的关系现象联系起来，或强化现有认知，或改变现有认知，为企业研发创新、生产模式创新或营销创新等提供决策支持。三是战略选择模式分析。通过行业市场数据、竞品数据和标杆数据等，动态分析企业在总体和细分市场、当前与未来市场的竞争地位，构建不同市场环境或战略情境下的企业战略选择模式，模拟企业不同战略选择的路径或预期，为企业采取具体的战略提供决策支持。四是战略风险控制分析。在上述三类分析的数据基础上，根据战略选择构成的路径和预期，从外部和内部两个角度构建企业战略风险控制模型，为企业战略管理的风险分析与管控提供决策支持（谢康等，2016）。

企业战略场景建模的上述四个目标，都是为企业提供快速变化和高度不确定性环境下的决策支持信息，由此决定了企业战略场景模型的总体结构。一般而言，数字孪生驱动的企业战略决策场景模型的结构由三部分组成：一是战略场景的输入；二是战略决策建模及模型训练；三是战略场景的结果输出（见图8-3）。在图8-3中，战略场景的输入是数字孪生平台提供的环境、情境等外部大数据和企业运作形成的内部大数据。战略决策建模主要是通过各种算法，利用动态的内外部大数据，对不确定性和复杂性等环境因素，组织权力结构、组织以往绩效、组织冗余等组织特征，以及决策动力与紧迫性、决策全面性及资源保障等决策专有因素等进行建模。战略场景的模型训练包括训练内容和训练步骤，训练内容主要分为参数输入训练、模型关系训练和结果输出训练三类，并形成三者的相互迭代训练；训练步骤主要分为五步：第一步准备训练的数据集，第二步训练战略场景的类型，第三步训练记忆战略场景类型与环境的关系，第四步训练控制参数以支持更复杂的参数输入和更新战略类型，第五步测试训练结果与迭代优化。战略场景的输出就是各种类型战略场景模拟的结果，包括模拟的企业绩效结果或风险结果等。

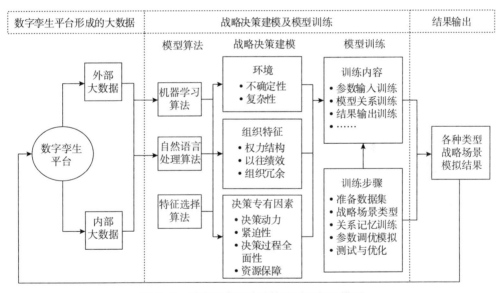

图8-3　数字孪生驱动的战略过程场景模型

在此基础上，将战略场景模型纳入到现有的企业家直觉或参照点决策和中层管理团队群决策的企业战略决策模式中，可以形成企业家决策、中层管理团队群决策与战略场景模型决策三者相互支撑的决策模式，从而推动基于智能制造的企业决策模式创新（见图8-4）。一方面，如前所述，企业家主要依靠直觉、个人信息来源，尤其是外部环境或关系刺激等因素来提高决策速度，而不是进行全面调查研究后才做出判断（Baum and Wally，2003）。在企业家决策的研究中，大量文献探讨了企业家存在框架效应、控制错觉或类比推理等认知偏差，但总体而言，研究认为管理认知是一种可以控制的现象（Hodgkinson et al.，2002；Miller and Ireland，2005）。因此，战略场景的模型决策与企业家直觉或参考点决策相结合，将有助于改善现有企业战略决策模式中对企业家框架效应等有限理性的认知矫正。另一方面，战略是一个辩证演化的过程，涉及企业中高层管理团队的行为与认知，尤其是中层管理者是战略参与的关键角色，因为他们较多地接触市场，比高层更了解市场需求（Ates et al.，2018）。同时，中高层管理团队参与战略实施，控制战略实施进展的风险，可以增强组织资源对战略进程的影响（Barrick et al.，2015）。然而，现有研究对企业家决策与中高层管理团队群决策之间如何构建有效的协同机制尚缺乏具体讨论，战略场景模型可以为企业家与中高层管理团队之间的联系搭建一个数据分析平台，为企业自上而下与自下而上两种战略决策模式的协同提供一个有效的战略管理工具。由此，战略场景模型可以与中高层管理团队的群决策之间形成相互支撑，对中高层管理团队中存在的框架效应等认知偏差进行一定程度的校正。

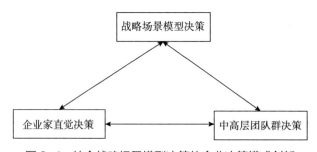

图 8-4　结合战略场景模型决策的企业决策模式创新

　　总体而言，企业可以将数字孪生驱动的战略场景模型作为第三方决策支持角色，对企业家的直觉或参照点决策模式、中高层管理团队的群决策模式进行校正，在智能制造情境下构造大数据管理决策的一个新的参照点，形成智能制造环境下企业家直觉或参照点决策、中高层管理团队群决策与战略场景模型决策三者相互支撑的战略决策模式创新，从而提高战略的全面性。

　　综上所述，本节在情景模拟法和决策场景法等研究方法的基础上，提出了基于智能制造数字孪生的战略场景模型及其方法思想，推进了现有企业战略决策分析的研究。具体而言，形成了三方面的结论：一是智能制造的数字孪生系统为企业战略场景建模提供了理论创新与实践校正的大数据平台，是构建企业战略场景模型的基础；二是基于数字孪生构建的战略场景模型，可以为企业提供一种适当的战略设计来影响战略实践进程；三是随着基于智能制造的企业战略场景模型的不断优化，企业战略决策模式将从企业家直觉或参照点决策及中层管理团队群决策，逐步过渡到企业家决策、中层管理团队群决策与战略场景模型决策三者相互支撑的决策模式，从而形成企业战略决策模式的创新。总体而言，数字孪生驱动的企业战略场景模型，既有助于更好地考察不同环境与战略过程之间的具体关系，也可以为企业家和中高层管理团队提供解决框架效应等认知偏差的管理工具，还可以通过模拟企业在战略制定过程中的复杂过程，为探究战略的涌现和共识提供新的思路。目前，这一领域的研究刚刚起步，未来有更多的议题需要进一步探讨。

（二）基于数字孪生平台的企业战略场景模型

现有数字孪生研究主要从技术设计与实现角度进行建构和应用，对产品全生命周期进行数字化映射与交互优化，涉及工业互联网大数据和数字孪生大数据的采集与分析等。与一般数字孪生不同的是，数字孪生平台不仅将工业互联网和数字孪生大数据进行集成，而且可以按层次和领域建构不同类别的数字孪生系统，既可以是通用型数字孪生系统，也可以是专业型数字孪生系统。同时，数字孪生平台不仅具有数字孪生的可伸缩性、互操作性、可扩展性和高保真性特征，而且具有更全面的开放性、多主体参与性和数字化生态多样性建构特征。

基于数字孪生平台建构企业战略场景模型，首先需要对企业战略场景的概念进行定义。与数字孪生起源于产品研发领域一样，商业意义上的场景模型或场景化也与互联网产品的研发创新密切相关，如用户体验场景，产品使用场景等。企业战略场景指企业战略管理尤其是战略决策所需要具备的关键信息空间。一般地，企业战略决策场景主要包括环境、组织特征和战略决策专有因素三类关键信息空间。战略过程研究表明，企业的战略环境主要包括不确定性、复杂性和资源丰裕度，其中不确定性是最重要的环境要素，复杂性与不确定性密切相关，但更多地表示环境的结构或关系多维程度。企业的组织特征包括权力结构、以往绩效的判断、组织冗余等要素，战略决策的专有因素包括决策动力与紧迫性、决策不确定性和全面性等。这三类因素均对企业战略决策过程特征构成重要影响。

企业数字孪生平台不仅映射生产运作层面的物理实体特征，而且也需要映射战略管理层面的行为主体或环境空间的特征，这是将数字孪生平台从生产运作层面的智能制造技术平台改造为战略场景模型的关键一步。其中，环境、组织特征和战略决策专有因素三类信息空间均无法与实体物理世界一一映射构成类似生产运作层面的物理实体流程，因此，基于数字孪生平台建构企业战略场景模型的最大挑战，就是如何借助数字孪生技术平台和管理技术，将企业战略管理的环境、组织特征和决策专有因素转换为可以与现实情境映射和交互。然而，正如每个人心中都有不同的哈姆雷特一样，战略场景模型的不同建构者将会按照心中的战略场景模型来建构数字孪生平台上的战略场景，但这个建构出来的场景有可能不是借助该模型决策的战略家或管理团队所需要的，因为后者心中的战略场景又不同。如何建构一个符合战略家或管理团队预期和需要的企业战略场景模型，如何通过数字孪生平台来驱动该模型不断地符合现实场景的特征，无疑成为建构数字化企业战略场景模型两个需要攻克的难点。

根据上述讨论，基于数字孪生平台的企业战略场景模型由四个部分组成：一是数字孪生平台模型及与战略管理模型的契合性；二是企业战略场景概念模型；三是数字孪生平台与物理实体或企业战略管理行为之间的映射与交互关系；四是数字孪生平台的大数据资源与知识库，如图 8-5 所示。

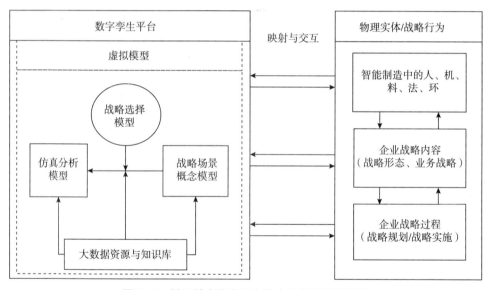

图8-5 基于数字孪生平台的企业战略场景模型

在图 8-5 中，首先，人、机、料、法、环五要素构成的智能制造管理体系为物理实体的代表。其中，"人"指智能制造情境下的劳动者，尤其指掌握智能生产技能与管理理念的技术型劳动者；"机"指智能制造条件下的机制设备，尤其指机器与机器之间的互联互通；"料"不是指一般的生产物料，而是指智能制造环境下的增强材料或携带智能信息的生产材料；"法"指智能制造条件下的生产制造规则和流程，尤其指标准业务流程（SOP）和技术管理标准；"环"指智能制造环境下将上述人、机、料、法四者之间实现互联互通的管理体系，实现智能制造内部与外部之间制造产品、设备、物料、工艺、流程和维护管理的一体化，使企业针对不同需求可以在规模经济与范围经济的生产方式之间进行低成本转换，以此解决生产制造中效率与灵活性的二元性难题。图8-5中的制造物理实体被映射到虚拟模型中，构成数字孪生的镜像数据。

其次，企业战略形态、业务战略等战略内容，战略规划或战略实施等战略过程要素数字化后被映射到数字孪生平台中的虚拟模型中，形成战略场景概念模型的镜像数据。这项工作是建构战略场景模型的核心和重点，其内容与形式均极其复杂，需要对各种复杂条件、关系和结构进行多次提炼，最终提炼出通用版或专业版的战略场景概念模型，针对不同的行业、不同的层面和战略类型建构出不同的战略场景概念模型。同时，现实中的物理实体和战略行为也不断补充和丰富数字孪生平台的大数据和知识库，使之更好地对战略场景模型和仿真分析模型进行智能化评估与校正。其中，战略选择模型也需要得到数字孪生平台的大数据和知识库的强有力支持，因为企业选择合作战略，还是竞争战略，或者竞合战略，需要通过建构博弈模型来分析。在博弈分析中，模型的初始条件可以通过大数据文本分析来设定，也可以从纵向案例研究的基本结论中寻找依据，从而不断丰富战略场景知识库。

最后，物理实体或战略行为与数字孪生平台或虚拟模型之间的映射关系是否高保真，是否具有良好的可拓展性和平台生态特征，取决于两者之间映射与交互系统的可靠性。部分智能制造研究者将两者之间的映射与交互系统称为数字纽带。数字纽带不仅贯穿于物理实体与数字孪生平台之间，而且贯穿于物理实体与企业战略行为之间，或贯穿于数字孪生平台与虚拟模型之间。

（三）数字孪生驱动的企业战略场景模型决策分析

针对不同的任务或事件，数字孪生驱动的企业战略场景模型有不同类型。根据数字孪生平台的通用型与专业型分类，将数字孪生驱动的企业战略场景模型的类型划分为以下两大类：一是综合型战略场景模型；二是专业型战略场景模型。

不同类型的战略场景模型对决策的设计与分析不同，综合型战略场景模型一般包含智能制造规划与运作场景、战略内容场景、战略过程场景，以及战略实践场景四个关键模块，或其中两个以上关键模块的组合场景。专业型战略场景模型可以细分为战略内容场景、战略过程场景及战略实践场景。其中，战略内容场景包括竞争战略、合作战略和竞合战略场景，而竞争战略场景进一步可以划分为成本领先场景、差异化场景和目标集聚场景。战略过程场景可以划分为战略规划、战略选择与决策及战略实施场景，而战略选择与决策场景又可以进一步细分为环境、组织特征和决策专有因素场景。战略实践场景可以划分为战略权变、战略行为或推演以及战略活案例场景，由此形成不同层次的战略内容、过程和实践的战略场景模型（见图8-6）。

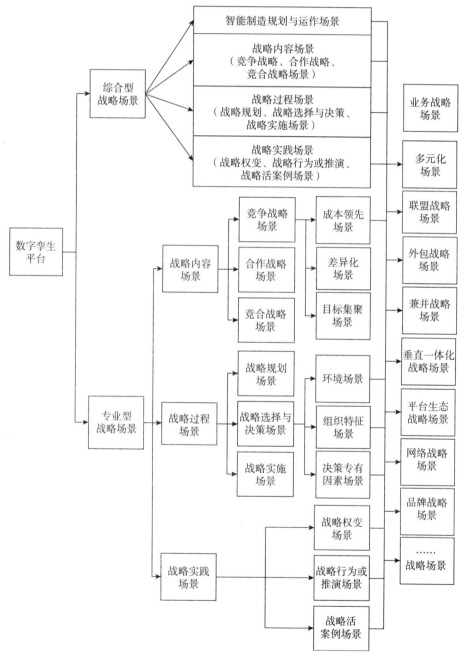

图8-6　数字孪生驱动的企业战略场景模型体系

　　图 8-6 的结构显示，无论是综合型战略场景，还是专业型战略场景，都最终指向多元化、战略联盟、兼并、垂直一体化、外包等企业的业务战略场景。例如，在建构企业战略联盟场景模型时，需要先明确战略联盟的性质和目标，如果是联盟合作方主要是采取竞争战略的，就选择是采取成本领先还是差异化战略场景。同时，还要确定战略决策的外部环境场景，建构针对技术变革可能形成的新产品应用场景，针对竞争者或合作者可能采取的竞争策略或合作策略的博弈场景，以及针对用户行为变化的用户画像（场景）。在此基础上，才谈得上对企业战略场景的决策分析。

　　在数字孪生驱动的企业战略场景决策分析中，有两项决策分析是重点和难点：一是战略类别与战略形态的组合决策分析；二是将基于数字孪生的人工智能决策模型纳入企业战略家直觉或参照点决策、中高层管理团队群决策中，形成战略家、中高层管理团队与数字孪生驱动的人工智能决策模型三者相互支撑的决策模式创新。

　　此外，从现阶段来看，数字孪生驱动的企业战略场景决策分析工具尚未出现方法论创新，更多的是借助博弈论、计量经济或统计方法构建决策模型，包括大数据计量经济方法、非线性规划或多目标规划、仿真分析及系统动力学模型等。但是，认为随着数字孪生驱动的企业战略场景数据资源的不断积累和丰富，将会逐步出现面向战略场景建模与决策分析的工具和方法，从而推动宏观环境、制度、技术或文化等分析走向微观的量化分析。例如，基于数字孪生平台驱动而形成的企业战略场景大数据和知识库，可以将企业战略或制度环境转化为数字化的空间、时间、成本、效率、灵活性等情境因素，转化为精准量化的各种诊断分析指标，通过大数据建模或文本分析等工具，剖析和识别出事件之间的关系或相关性，进而探讨和验证其因果性，或者就止步于对事件的相关性分析而形成战略策略，从而推动企业战略管理模式向智能化方向发展。

第四节　智能制造适应性创新促进产业适应性创新

　　本节聚焦，当具备了智能制造适应性创新基础后，如何进一步促进现代产业适应性创新。在该部分，将分析智能制造适应性创新与产业创新的关系、适应性创新的拐点效应与数字经济增长和支撑数字经济的现代产业体系，最后将分析现代产业适应性创新的政策。

一、基于智能制造适应性创新的产业创新

数据驱动的企业与用户互动创新构成智能制造适应性创新的社会实现基础，智能制造的适应性创新集中体现在产品适应性创新领域，可以通过产品适应性创新的分析来阐述智能制造适应性创新特征和规律。如本书第四章所探讨的那样，产品适应性创新产生的功能性价值空间相对缩小，体验性价值空间相对扩大的商业模式，不仅影响到企业产品创新的方向，而且也对全球产业体系的发展方向构成影响。总体来看，产品适应性创新的商业模式对数字时代的产业体系可能产生以下两方面的影响：

一方面，在这种新商业模式下，以数据驱动的产品适应性创新为连接、协同平台上的多主体构建起一种在低成本高信任基础上的新型商业伙伴关系。协同平台上的多主体只有通过数据接口与数据匹配才有可能形成提升 AI 智能水平的大数据，而随着 AI 智能水平的提升，协同平台上的多主体的商业智能知识也得到整体的上升，从而对多主体之间的信任产生正向促进。同时，大数据可以反映出协同平台上多主体之间的彼此商业价值，这样，AI 智能水平的提升成为协同平台上多主体的一种专用性资产，降低了内部交易成本，使协同平台上多主体形成更强的路径依赖。相比于服务不可储存的生产即消费模式，自适应的生产即消费模式更容易建立起在低成本高信任基础上的新型商业伙伴关系。

另一方面，在这种新商业模式下，用户体验不再局限于终端屏幕，而是扩展到用户与从业人员智能思维的提升。例如，在 5G 和边缘计算支持下，美妆产品将越来越具有"活性"特征，在每年不同季节、不同区域、每天不同时点乃至根据用户不同心情，形成不同配方的产品。这种产品适应性创新水平必然催生大量的产业需求。又如，在程序化创意的运作中，AI 可以助力提升 AI 研发人员、广告创意人员，甚至协同平台上多主体认知的水平，成为企业新竞争优势的来源之一。Lichtenthaler（2018）提出，AI 与人工存在全人工、全 AI、AI 执行，以及人机协同四种关系（Jarzabkowski，2009）。其中，人机协同被认为是 AI 能够产生的最大优势，即实现与人类智慧的互补合成，可以高效实现创新和创造价值（Judge and Miller，1991）。

产品适应性创新不断强化既有的人机协同关系，甚至会不断创造出新的人机协同关系，进而催生出新兴的适应性创新产业。例如，大数据和 AI 与企业员工呈现出互补性的协同关系。这种互补关系的强弱、互补关系的持续优化与发展，不仅影响到产品适应性创新的水平，也影响到企业的核心竞争力。具体而言，以上述程序化创意这类产品适应性创新为例，大数据构成产品适应性创新的充分必

要条件。这样，数据驱动的产品适应性创新及其商业模式就会形成一系列的数字化创新产业。本书中，数字化创新产业是指边缘计算与适应性创新产业结合形成的新兴产业。其中，边缘计算反映了技术范式的技术性，适应性创新产业体现了技术范式的竞争性（Jarzabkowski，2009），两者结合促进了数字经济消费市场。

产品适应性创新商业模式对数字时代产业创新产生的上述两方面影响，不仅促进产品适应性创新的大量涌现，而且使其与新一代信息技术的迅速应用紧密地结合起来，成为新一代信息技术与实体经济深度融合的典型应用场景之一。具体地，与大工业时代的成品或成品升级迭代不同，数字经济时代的产品将呈现出多种方式、多层次的适应性创新。产品适应性创新的不断涌现，一方面，在数据驱动的技术范式下，互联网、云计算、物联网、大数据和人工智能等 IT 基础设施的创新催生了新的企业战略场景，加速形成战略性新兴产业（Jarzabkowski，2009）；另一方面，5G 网络与边缘计算条件下的适应性计算革命形成边缘计算产业。同时，基于 5G 网络与边缘计算条件形成的数字化适应性创新和实体结合，将极大推进信息技术与实体经济的深度融合，形成适应性创新产业。其中，边缘计算产业与适应性创新产业构成数字化创新产业，其与战略性新兴产业构成数字经济产业体系（见图 8-7）。

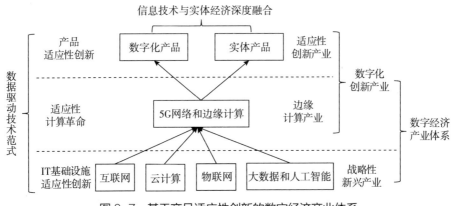

图 8-7　基于产品适应性创新的数字经济产业体系

从图 8-7 的结构可以看出，产品适应性创新不是简单的产品品类增加或新的产品分类，当其与技术范式和产业体系相关时，就赋予了数字经济的底层创新逻辑。首先，无论是数字化适应性创新，还是数字技术与实体经济深度融合的实体产品适应性创新的涌现，都需要基于适应性计算革命的广泛应用，未来蓬勃发展的边缘计算产业构成产品适应性创新涌现的技术先导产业；其次，基于产品形态变革的适应性创新产业不仅为经济增长提供了新型商业关系，而且为经济增长提供了更高智能水平的从业群体，其与 AI 等战略性新兴产业共同推动数字经济增长。

二、适应性创新的拐点效应与数字经济增长

图 8-7 表明，IT 基础设施适应性创新、适应性计算革命，以及适应性产品创新构成数字经济产业体系中的底层、应用层和实现层三层创新。大数据和 AI 等产业具有典型的数字产品初始投入高、零边际成本的特征，5G 网络与边缘计算则具有典型的网络外部性特征，产品适应性创新具有典型的正反馈特征。据此，根据图 8-7，可以通过图 8-8 的形式表示基于产品适应性创新的数字化创新产业推动数字经济增长的微观原理。

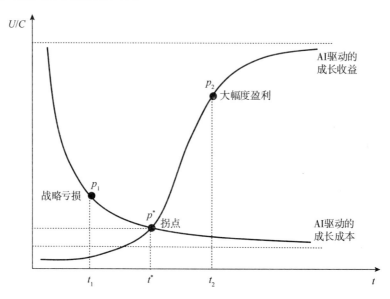

图 8-8　产品适应性创新的战略亏损与短期大幅盈利反转原理

在实体产品或传统服务产品中，随着互联网、大数据和 AI 与实体经济的深度融合，产品的数字化水平越来越高，以至于数据驱动的产品适应性创新越来越具有数字产品的成本与收益特征。基于对这种总体趋势的基本判断，在图 8-8 中假定数据驱动的产品适应性创新的成本曲线具有典型的数字产品特征——初始投入高，近似零边际成本。并且，假定在网络外部性和正反馈的影响下，数据驱动的产品适应性创新的收益曲线表现为典型的数字产品 S 形创新曲线。这样，在 t_1 时点上的 p_1 位置上，产品适应性创新处于战略亏损的投资阶段，如何保持持续的投资，是企业维持产品适应性创新生存与发展的首要任务。当产品适应性创新

在 t^* 时点越过 p^* 后的 p_2 阶段，产品适应性创新进入短期内大幅度盈利阶段，企业盈利速度会急剧上升，盈利规模会迅速扩大。因此，p^* 构成了产品适应性创新从战略亏损转变为大幅度盈利的转折点或拐点。其中，p^* 的位置主要受三个因素的影响：一是大数据输入规模及时间；二是 AI 的智能水平，三是产品适应性创新从业人员的知识与学习能力，以及三者之间的协同。企业产品适应性创新形成的这种拐点效应，将推动一个国家或地区数字经济的持续增长。

诚然，产品适应性创新的商业模式对创新产业及其增长的这种典型的拐点效应，也会出现在其他数字经济现象中。例如，如果将阿里巴巴、京东、美团等电商平台也视为一种组织生态的适应性创新，那么，图 8-8 也提供了上述电商平台长期处于亏损状态后可以迅速大规模盈利的一种理论解释。

同时，企业产品适应性创新形成的适应性创新产业也会促进数字经济的增长，这可以借助道格拉斯·斯诺（1990）提出的适应性效率这一概念来解释。适应性效率指在不确定性条件下经济主体随时间的推移逐渐了解问题的环境和性质，在适应环境的过程中逐渐培养出持续的学习能力，通过不断获取各种知识技能来解决问题以获得经济效率。从微观角度来看，产品适应性创新是一种通过不间断地"学习"来调整产品适应环境变化的"活性"；从宏观角度分析，企业产品适应性创新形成的创新产业通过不断与其他产业、其他制度与环境调适来构建成长的平台与生态条件。这样，基于微观的产品适应性创新形成宏观层面的适应性创新产业，从而在社会经济发展中形成道格拉斯·斯诺所说的适应性效率。因此，数字经济通过斯诺的这种适应性效率来构建增长的基础，产品适应性创新是这一构建过程的起点。从这个角度分析，在图 8-8 的 p_1 位置，产品适应性创新处于战略性调适而尚未形成适应性效率，在 p_2 位置上则形成了适应性效率。

图 8-9 是对本书上述章节产品适应性创新逻辑进行的梳理。图 8-9 表明：实体产品的数字化增强，使其越来越具有数字产品的成本与收益结构特征，强化产品的适应性创新，由此带来企业数字化的无边界扩张优势（Eisenhardt，1989）。因此，产品适应性创新是数字经济产品形态的集中体现，构成数据驱动的适应性创新商业模式的起点，其供应链和盈利模式均集中表现出数据驱动的企业与用户互动创新的主要特征（Bourgeois and Eisenhardt，1988）。在此基础上，产品适应性创新的涌现不仅推动数字化创新产业的蓬勃发展，而且推动战略性新兴产业的迅速崛起，从而促进数字经济创新产业的发展。最后，基于互联网、大数据和AI 的适应性创新产业的蓬勃发展，在网络效应、零边际成本和增长正反馈驱动下，形成数字经济增长的推动力和智慧社会的变革力量。

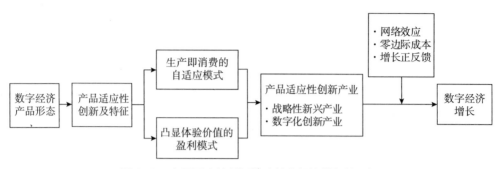

图 8-9　产品适应性创新推动数字经济增长的逻辑

由此，产品适应性创新的微观适应性创新通过形成宏观层面的适应性效率影响数字经济增长。基于产品适应性创新形成的数字经济增长，从扩大产品体验价值空间上扩展了经济高质量发展的内涵，表明经济高质量发展不仅是消费升级，而且是从产品的功能价值消费向体验价值消费的转变。

三、支撑数字经济的现代产业体系

传统产业体系支撑着以往大工业经济的发展，数字经济需要得到现代产业体系的支撑才能稳定发展。可以从数字经济测算体系角度，具体考察现有研究对支撑数字经济的现代产业体系的理解和认识。一般地，数字经济测算体系不仅是一个经济比重的统计问题，而且是一个对数字经济与现在产业体系关系的理解和认识问题。欧盟数字经济与社会指数（DESI）包含宽带接入、人力资本、互联网应用及数字技术应用和公共服务数字化程度五项指标。美国商务部数字经济测算指标包括各经济领域的数字化程度、经济活动和产出中数字化的影响、实际GDP 和生产率等经济指标的复合影响，以及新兴的数字化领域。经济合作与发展组织（OECD）数字经济指标包括投资智能化基础设施和创新能力两大类，前者如宽带普及率、ICT 设备及应用等，后者如电子商务和知识扩散等。

中国信息通信研究院数字经济指标包括大数据投融资、云计算服务市场规模、网络终端用户数、移动互联网接入流量、移动宽带用户数、固定宽带接入时长，以及固定宽带用户数。赛迪中国数字经济指标包括基础型数字经济，如电子信息制造业规模等；资源型数字经济，如上市大数据企业数等；技术型数字经济，如高技术产业专利情况等；融合型数字经济，如"两化"融合国家级示范企业数等；服务型数字经济，如旅游—携程用户分布等。上海社会科学院全球数字经济竞争力指标包括数字基础设施竞争力、数字产业竞争力、数字创新竞争力及数字治理竞争力。腾讯"互联网＋"数字经济指标包括基础分指数（市场基础、技术基础）、产业分指数（各行业分类）、创新创业分指标（APP 数量、有效创业项目数）及智慧民生分指数（服务项目价值分、服务质量价值分、月活跃用户数、用户回流率、用户满意度、重点行业丰富度）。

从上述有关数字经济测度指标或体系来看，目前国内外对数字经济内涵和外延的理解并不一致，甚至它们之间还存在较大分歧或差异。然而，现有研究对数字经济认知的差异或非共识，并不妨碍对数字经济与现在产业体系关系的探讨。

一方面，数字经济无疑建立在现在产业体系基础上，但同时又对现代产业体系的构建和发展提供强有力的支撑和促进。首先，电子信息产业，尤其是互联网、大数据、人工智能等新一代信息技术产业构成数字经济最核心的产业基础，如跨境电商等数字贸易促进传统外贸转型升级等；其次，信息与通信技术（ICT）或新一代信息技术在战略性新兴产业中的扩散和应用，如在先进制造业、智能装备、新能源、新材料、光机电一体化、生命基因、航空航天、无人驾驶汽车、核应用及地球、空间和海洋工程等技术产业中的应用，以及在金融服务、外贸、交通运输、电子商务、文化创意、信息服务、管理咨询等现代服务产业中的应用；最后，ICT 或新一代信息技术在钢铁、煤炭、石油、造船、纺织、家电等传统产业中的应用，促进传统产业转型升级，推动其迈向更高的价值链区间。其中，智能制造构成数字经济现代产业体系中的基石，它与增材制造、航空航天、钢铁纺织等新兴或传统产业结合形成的支撑数字经济的先进制造业，将进一步拓宽现代产业体系的边界。

另一方面，数字经济与现代产业体系之间的相互依存关系，需要通过政府的一系列产业政策来维护和强化。产业政策是政府为解决产业结构失衡或层次低等经济发展中的问题，实现产业转型升级和优化发展，促进经济快速增长和发展而制定与实施的相关措施，是一种相对长期的、供给侧管理的经济政策（黄群慧，2018）。从这个角度来看，产业政策是政府为实现有效市场与有为政府相结合的一种资源配置手段。现代产业体系的建设将禀赋升级、价值链提升和空间结构优化列为战略目标，数字经济自身就具有促进构建现代产业体系的功能，因此，通过建设数字经济产业体系运营平台，实现对现代产业体系运行动态的大数据与人工智能管理，成为数字经济应用基础研究的一种重要内容。

同时，由于参与国际分工形成知识和技术的溢出效应，以及通过加速劳动力的能力素质提升，构成经济体内生比较优势的两个主要实现途径（Yang and Borland，1991；黄群慧，2018）。前者从专业化与分工角度，后者从人力资本角度，提出了现在产业体系内生比较优势的基础。据此，数字经济的应用基础研究，一方面，需要重点探讨数字经济如何促进市场开放，进而促进专业化和分工；另一方面，需要重点探讨数字经济如何促进教育，进而提升数字经济的人力资本，如国民数字化素养等。这两项内容也应成为数字经济产业政策分析的重要探讨内容。

总之，成品概念构成工业经济时代产品的核心理念，甚至可以说产品就等于成品，只是从生产流程和状态划分为中间产品与成品。从这个意义上说，成品是工业经济情境下的一种典型语境。本节的分析表明，数字经济中的产品集中体现了适应性创新的特征，产品适应性创新的概念体现了数字经济的适应性变革思想——产品适应性创新唯有在数字经济时代才可能得到充分发展。无论是5G网络与边缘计算支持下的智能美妆产品、程序化创意广告，还是"我的世界"游戏或者智能交通服务，这些产品的适应性创新均具有难以预测的成长方向、即时反馈的交互式信息结构，即时调整的自适应能力三个主要特征。因此，产品适应性创新是一个非线性的连续过程，深度融合了熊彼特的创造性破坏与创造性积累。

产品适应性创新反映了数字经济产品创新的主流方向，企业需要通过构建应对用户多样化需求的创新管理体系来迎接这一挑战。其中，如何使企业创新朝着不断扩大用户的体验性价值空间而缩小功能性价值空间的方向迈进，通过更高效地动态匹配用户的个性化需求来提高用户的支付意愿，成为数字经济时代企业创新逻辑的盈利模式。例如，在特斯拉汽车的定价中，作为汽车的功能性价值在价格区间中被相对缩小，体验性价值空间的相对扩大成为特斯拉定价获取创新租金的主要来源。可以说，产品适应性创新的成长就是围绕着这个企业利润最大化的目标展开的。

从商业模式角度分析，产品适应性创新的成长路径具有战略亏损与短期大规模盈利的反转特征。这种具有拐点效应的产品形态变革会极大推动数字经济的增长。具体地，在5G网络与边缘计算条件下，未来将会不断涌现出各种各样的产品适应性创新，并基于产品适应性创新形成数字化创新产业，推动数字经济增长。由此，完成从产品适应性创新到商业模式创新，再到产品适应性创新的产业体系与数字经济增长的逻辑讨论，推进了数字经济微观运行机制的探讨。

四、迈向个性化驱动的现代产业适应性创新与政策

根据上述讨论可以认为，首先，智能制造是互联网、大数据和人工智能与先进制造技术深度融合的产物，或者说是信息化与工业化深度融合在制造领域高度集成的管理体系，形成数字孪生驱动的制造模式变革。要实现真正意义的智能制造，需要使先进制造技术成本不变时新一代信息技术投入最小化，或者在新一代信息技术成本不变时先进制造技术投入最小化，由此形成先进制造技术与新一代信息技术的深度融合。目前，中国制造业实现智能制造所需要的深度融合仅仅迈

出第一步，第二步建构制造业信息物理系统（CPS）刚刚开始。严格地说，CPS也仅是一种信息技术与物理实体相结合的载体，并不代表当信息技术成本不变时物理实体投入最小化，或当物理实体成本不变时信息技术投入最小化的特征，但是，CPS无疑具有了两者相互结合的特征。第三步即数字孪生才符合理论和实践意义上的新一代信息技术与先进制造技术深度融合的特征，物理实体与虚拟模型之间交互与映射，通过数据连接实现实时复杂的实时感知、模拟重构与优化再现。

因此，智能制造构建了当代社会中新一代信息技术与先进制造技术深度融合的制造业数字化平台，既可以作为支撑制造业转型升级的管理平台，也可以作为支持国家和区域经济增长的生产方式和增长极，这是智能制造对于制造业转型升级和国家经济持续增长具有的战略价值。

其次，基于数字孪生的智能制造推动制造业实现规模经济与范围经济间效率与灵活性的柔性协同，将制造管理中效率与灵活性二元性问题的解决方案提升到新的管理高度。无论是面向服务的制造还是高质量生产模式，都会面临制造效率与灵活性之间的二元性难题，人们从组织方式、空间与时间分割等多个角度解决该难题。智能制造基于数字孪生平台的虚拟制造实现精准转换与生产，使追求单一品种大规模生产的规模经济模式与追求小批量多品种的范围经济模式之间相互转换的成本得到极大降低，为解决制造效率与灵活性二元性难题提供了一种新的生产方式，从而在更大范围内改变了企业内部的组织流程，通过信息技术、自动化设备和生产流程、标准化和精细化管理，重塑业务战略及运作能力，使企业更好地适应外部环境而形成新的竞争优势（Uhlenbruck et al.，2015）。

因此，智能制造诱发企业的全面管理变革，使生产运作管理和战略管理面临着同样的创新挑战，数字孪生为生产运作管理与战略管理的高效协同提供了新的大数据平台，使智能制造突破以往制造技术进步多侧重在研发、供应链、制造材料、生产工艺、工装设备等生产运作管理领域，与企业战略管理并不紧密的局限，可以为企业战略管理和生产运作管理的模拟优化提供多层次的管理场景分析，使智能制造直接成为提升管理技术进步的创新平台，这是智能制造对于企业管理创新具有的战略价值。

最后，基于对制造管理中效率与灵活二元性问题的有效解决，制造业真正实现面向用户需求的管理创新，形成现实意义而非理论意义上的用户驱动的管理革命。此前，尽管理论上不断强调制造面向用户需求或客户导向的生产，如C2M制造等，但现实中企业要真正做到面向用户的生产制造，发现或者难以及时准确掌握用户快速变化的需求，或者无法有效降低满足个性化制造的低成本要求，使制造管理中面向个性化需求的灵活性与面向低成本制造的效率之间的二元性难题长期存在。从面向合作伙伴向面向用户的供应链数字化转型（肖静华等，2015）、普通用户借助大数据方式间接参与企业的研发创新（肖静华等，2018），均只是构成智能制造管理创新的第一步。随着智能制造不断有效解决不同层次和类别的效率与灵活性二元难题，基于数字化事件驱动不断适应用户快速变化的需求，依据实时态势感知，通过数字化的事件适时自动转向一个工作流程，才可能真正实现面向用户需求且满足低成本约束的制造创新。由此会形成对数字化事件驱动需求的大量涌现，Gartner 估计到 2020 年将有 80% 的数字业务解决方案将成为事件源，而且 80% 的新业务生态系统将需要支持事件处理。

总之，企业与用户互动促进智能制造的管理价值不再局限于制造领域，而是扩展到改变社会生产方式和人类生活方式的影响上。同时，数字孪生通过大数据分析和人工智能模型决策支持，改变企业决策分析的模式，诱发企业层面的面向用户的互动创新，诱发产业或行业层面的各类适应性创新行为，从而推动社会生活和行为方式的智能化社会变革，这是企业与用户互动促进现代产业适应性创新带来的社会生活和行为方式的社会价值，进一步强化了企业与用户互动的适应性创新构成数字经济创新模式的社会基础。

综上所述，互联网环境下企业与用户互动创新促进现代产业适应性创新，需要获得两项宏观政策的支持：一是数据驱动的国家创新体系；二是大数据创新的人力资本积累。

首先，政府亟待从大数据驱动视角重构国家创新体系。互联网、大数据、人工智能等新一代信息技术与实体经济的深度融合，需要紧密与国家创新驱动战略联系起来，即深度融合的目的是推动国家创新，产品研发创新构成企业创新和国家创新的基石。互联网环境下大数据驱动的企业与用户互动研发创新，需要对企业或产业既有的创新制度和创新体系进行变革，使产品研发创新活动中的企业创新能力与创新制度相互匹配，企业创新方法体系与创新大数据平台相互匹配，形成创新技术管理与创新技术之间的战略动态适应。为此，在宏观创新政策导向上，应更注重在国家、区域和产业三个层面上对现有创新政策之间进行大数据驱动创新情境下的协同整合优化，尤其需要在大数据情境下对现有创新政策进行重新审视、重构或更新，推动形成大数据驱动的新型国家创新体系与政策。

其次，社会需要从大数据视角进行创新人力资本积累。为了满足当前市场激烈竞争的要求，在不断细分的市场中把握具有竞争力的新产品开发方向，需要从非大数情境下的产品创新转变为大数据驱动的企业与用户互动研发创新。为此，需要从能力建设、制度设计、方法体系，以及大数据平台四个方面分别推进，形成创新管理与创新技术之间的相互支持，这是大数据驱动下企业实现产品研发创新变革的重要策略。目前，全球均缺乏具有大数据全景思维的人力资本积累，构成大数据驱动管理创新最突出的短板之一。因此，企业领导者或高管团队不仅需要重视对大数据分析团队、大数据平台构建人才的招聘和培育，而且需要重视对大数据技术管理人才和制度设计人才的招聘和培育，尤其是培育具有大数据全景思维的综合性高层管理人才，这是企业成功实现大数据驱动的与用户互动创新的关键。

［1］ Abelson R. P.. Simulation of Social Behavior[J]. Handbook of Social Psychology, 1968 (2): 274–356.

［2］ Acemoglu D., Autor D.. Skills, Tasks and Technologies: Implications for Employment and Earnings[J]. Handbook of Labor Economics, 2011, 4b: 1043–1171.

［3］ Acemoglu D., Restrepo P.. Secular Stagnation? The Effect of Aging on Economic Growth in the Age of Automation[J]. American Economic Review, 2017, 107 (5): 174–179.

［4］ Acemoglu D., Restrepo P.. The Race between Man and Machine: Implications of Technology for Growth, Factor Shares, and Employment[J]. American Economic Review, 2018, 108 (6): 1488–1542.

［5］ Agrawal A., McHale J., Oettl A.. Finding Needles in Haystacks: Artificial Intelligence and Recombinant Growth[Z]. NBER Working Paper, 2018, No.24541.

［6］ Akerman A., Gaarder I., Mogstad M.. The Skill Complementarity of Broadband Internet[J]. The Quarterly Journal of Economics, 2015, 130 (4): 1781–1824.

［7］ Akter S., Wamba S. F., A. Gunasekaran., R. Dubey., S. J. Childe.. How to Improve Firm Performance Using Big Data Analytics Capability and Business Strategy Alignment? [J]. International Journal of Production Economics, 2016 (182): 113–131.

［8］ Amoakogyampah K., Acquaah M., Grubbström R. W.. Manufacturing Strategy, Competitive Strategy and Firm Performance: An Empirical Study in a Developing Economy Environment[J]. International Journal of Production Economics, 2008, 111 (2): 575–592.

［9］ Arrow K J.. The Limits of Organization[M]. W. W. Norton & Company, 1974.

［10］ Arrow K. J.. Economic Welfare and the Allocation of Resources for Invention[J]. Readings in Industrial Economics, 1972: 219–236.

［11］ Arthur W. B..The Nature of Technology: What It Is and How It Evolves[J]. Publishers Weekly, 2009, 256 (26): 121.

［12］ Ashmos D. P., Mcdaniel Jr. R. R.. Understanding the Participation of Critical Task Specialists in Strategic Decision Making[J]. Decision Sciences, 1996, 27 (1): 103–121.

［13］ Ates N. Y., Tarakci M., Porck J. P., et al. The Dark Side of Visionary Leadership in Strategy Implementation: Strategic Alignment, Strategic Consensus, and Commitment[J]. Journal of Management, 2020, 46 (5): 637–665.

［14］ Autor D. H.. Why Are There Still So Many Jobs? The History and Future of Workplace Automation[J]. The Journal of Economic Perspectives, 2015, 29 (3): 3–30.

[15] Baesens B., Bapna R., Marsden J. R., Vanthienen J.. Transformational Issues of Big Data and Analytics in Networked Business[J]. MIS Quarterly, 2016, 40 (4): 807–818.

[16] Baker G., Gibbons R., Murphy K J.. Bringing the Market Inside the Firm? [J]. American Economic Review, 2001, 91 (2): 212–218.

[17] Baker W. E.. Market Networks and Corporate Behavior[J]. American Journal of Sociology, 1990, 96 (3): 589–625.

[18] Barrett M., Davidson E., Prabhu J., Vargo S.. Service Innovation in the Digital Age: Key Contributions and Future Directions[J]. MIS Quarterly, 2015, 39 (1): 135–154.

[19] Barrick M. R., Thurgood G. R., Smith T. A., et al. Collective Organizational Engagement: Linking Motivational Antecedents, Strategic Implementation, and Firm Performance[J]. Academy of Management Journal, 2015, 58 (1): 111–135.

[20] Bartelt V. L., Dennis A. R.. Nature and Nurture: The Impact of Automaticity and the Structuration of Communication on Virtual Team Behavior and Performance[J]. MIS Quarterly, 2014, 38 (2): 521–538.

[21] Basole R. C., Seuss C. D., Rouse W. B.. IT Innovation Adoption by Enterprises: Knowledge Discovery Through Text Analytics[J]. Decision Support Systems, 2013, 54 (2): 1044–1054.

[22] Batley J., Edwards D.. The Application of Cenomics and Bioinformatics to Accelerate Crop Improvement in a Changing Climate[J]. Current Opinion in Plant Biology, 2016 (30): 78–81.

[23] Baum J. R., Wally S.. Strategic Decision Speed and Firm Performance[J]. Strategic Management Journal, 2003, 24 (11): 1107–1129.

[24] Begenau J. Farboodi M. Veldkamp L.. Big Data in Finance and the Growth of Large Firms[J]. Journal of Monetary Economics, 2018 (97): 71–87.

[25] Belo F., Lin X., Yang F.. External Equity Financing Shocks, Financial Flows, and Asset Prices[J]. The Review of Financial Studies, 2019, 32 (9): 3500–3543.

[26] Bendle N. T., Wang X.. Uncovering the Message from the Mess of Big Data[J]. Business Horizons, 2016, 59 (1): 115–124.

[27] Benzell S., Kotlikoff L., LaGarda G., Sachs J.. Robots Are Us: Some Economics of Human Replacement[Z]. 2015: 20941.

[28] Bettencourt L. A., Lusch R. F., Vargo S. L. A Service Lens on Value Creation: Marketing's Role in Achieving Strategic Advantage[J]. California Management Review, 2014, 57 (1): 44–66.

[29] Bhattacherjee A.. Understanding Information Systems Continuance: An Expectation-Confirmation Model [J]. MIS Quarterly, 2001, 25 (3): 351–370.

[30] Biedenbach T., Soderholm A.. The Challenge of Organizing Change in Hypercompetitive Industries: A Literature Review [J]. Journal of Change Management, 2008, 8 (2): 123–145.

[31] Boudreau K. J., Lakhani K. R.. Using the Crowd as an Innovation Partner[J]. Harvard Business Review, 2013, 91 (4): 60–69.

[32] Bourgeois Ⅲ. L. J., Eisenhardt K. M.. Strategic Decision Processes in High Velocity Environments: Four Cases in the Microcomputer Industry[J]. Management Science, 1988, 34 (7): 816–835.

[33] Brem A., Bilgram V.. The Search for Innovative Partners in Co-creation: Identifying Lead

Users in Social Media Through Netnography and Crowdsourcing[J]. Journal of Engineering and Technology Management, 2015 (37): 40–51.

[34] Bridges E., Florsheim R.. Hedonic and Utilitarian Shopping Goals: The Online Experience[J]. Journal of Business Research, 2008, 61 (4): 309–314.

[35] Brynjolfsson E., Mcafee A.. The Big Data Boom Is the Innovation Story of Our Time[Z]. The Atlantic, 2011 (21): 30.

[36] Bu F., Wang X.. A Smart Agriculture IoT System Based on Deep Reinforcement Learning[J]. Future Ceneration Computer Systems, 2019 (99): 500–507.

[37] Bull C.. The Existence of Self-enforcing Implicit Contracts[J]. The Quarterly Journal of Economics, 1987, 102 (1): 147–159.

[38] Cetorelli N., Strahan P. E.. Finance as a Barrier to Entry: Bank Competition and Industry Structure in Local US Markets[J]. The Journal of Finance, 2006, 61 (1): 437–461.

[39] Chen D. Q., Preston D. S., M. Swink.. How the Use of Big Data Analytics Affects Value Creation in Supply Chain Management[J]. Journal of Management Information Systems, 2015, 32 (4): 4–39.

[40] Chen X., Huang Q., Davison R. M., Hua Z.. What Drives Trust Transfer? The Moderating Roles of Seller-specific and General Institutional Mechanisms[J]. International Journal of Electronic Commerce, 2015, 20 (2): 261–289.

[41] Cheng J. H., Huang J. K., Zhao J., Wu P.. Open Innovation: The Role of Organizational Learning Capability, Collaboration and Knowledge Sharing[J]. International Journal of Organizational Innovation Line, 2019, 11 (3): 260–272.

[42] Chu S. Y.. Internet, Economic Growth and Recession[J]. Modern Economy, 2013, 4 (3A): 209–213.

[43] Ciborra C. U.. The Platform Organization: Recombining Strategies, Structures, and Surprises[J]. Organization Science, 1996, 7 (2):103–118.

[44] Cohen M., Sundararajan A.. Self-Regulation and Innovation in the Peer-to-Peer Sharing Economy[J]. University of Chicago Law Review Online, 2015, 82 (1): 116–133.

[45] Cohen W. M., Levinthal D. A.. Innovation and Learning: The Two Faces of R&D[J]. Economic Journal, 1989, 99 (397): 569–596.

[46] Contini F., Cordella A.. Assembling Law and Technology in the Public Sector: The Case of E-justice Reforms[J]. Proceedings of the 16th Annual International Conference on Digital Government Research, 2015: 124–132.

[47] Cooper R. G.. What's Next?: After Stage-Gate[J]. Research Technology Management, 2014, 57 (1): 20–31.

[48] Czernich N., Falck O., Kretschmer T., Woessmann L.. Broadband Infrastructure and Economic Growth[J]. Economic Journal, 2011, 121 (552): 505–532.

[49] Dakhlia S., Davila A., Cumbie B.. Trust, but Verify: The Role of ICTs in the Sharing Economy[J]. Lecture Notes in Information Systems and Organisation, 2016 (15): 303–311.

[50] Darby M. R., Karni E.. Free Competition and the Optimal Amount of Fraud[J]. Journal of Law and Economics, 1973, 16 (4): 67–86.

[51] Davidow W. H., Malone M. S.. The Virtual Corporation: Lessons from The World's Most

Advanced Corporations[M]. New York: Harper Collins Publishers, 1992.

［52］ DeCanio S. J.. Robots and Humans: Complements or Substitutes?[J]. Journal of Macroeconomics, 2016 (49): 280–291.

［53］ Deng L., Poole M. S.. Affect in Web Interfaces: A Study of the Impacts of Web Page Visual Complexity and Order[J]. MIS Quarterly, 2010, 34 (4): 711–730.

［54］ Donaldson T., Dunfee T. W.. Integrative Social Contracts Theory: A Communitarian Conception of Economic Ethics[J]. Economics & Philosophy, 1995, 11 (1): 85–112.

［55］ Donaldson T., Dunfee T. W.. Toward a Unified Conception of Business Ethics: Integrative Social Contracts Theory[J]. Academy of Management Review, 1994, 19 (2): 252–284.

［56］ Duc A. N., Abrahamsson P.. Minimum Viable Product or Multiple Facet Product? The Role of MVP in Software Startups[J]. Cham: Springer International Publishing, 2016 (251): 118–130.

［57］ Dutton J. E.. Perspectives on Strategic Issue Processing: Insights from a Case Study[J]. Advances in Strategic Management, 1988 (5): 223–244.

［58］ Edwards J. R., Lambert L. S.. Methods for Integrating Moderation and Mediation: A General Analytical Framework Using Moderated Path Analysis[J]. Psychological Methods, 2007, 12 (1): 1–22.

［59］ Ehrlich P. R., Raven P. H.. Butterflies and Plants: A Study in Coevolution[J]. Evolution, 1964, 18 (4): 586–608.

［60］ Eisenhardt K. M., Zbaracki M. J.. Strategic Decision Making[J]. Strategic Management Journal, 1992, 13 (S2): 17–37.

［61］ Eisenhardt K. M.. Making Fast Strategic Decisions in High-Velocity Environments[J]. Academy of Management Journal, 1989, 32 (3): 543–576.

［62］ Elbanna S., Child J.. The Influence of Decision, Environmental and Firm Characteristics on The Rationality of Strategic Decision-Making[J]. Journal of Management Studies, 2007, 44 (4): 561–591.

［63］ Elfenbein D.W., Zenger T.R.. What Is a Relationship Worth? Repeated Exchange and the Development and Deployment of Relational Capital[J]. Organization Science, 2014, 25 (1): 222–244.

［64］ Erevelles S., Fukawa N., Swayne L.. Big Data Consumer Analytics and the Transformation of Marketing[J]. Journal of Business Research, 2016, 69 (2): 897–904.

［65］ Fang Y., Qureshi I., Sun H., McCole P., Ramsey E., Lim K.H.. Trust, Satisfaction, and Online Repurchase Intention: The Moderating Role of Perceived Effectiveness of E–commerce Institutional Mechanisms[J]. MIS Quarterly, 2014, 38 (2): 407–427.

［66］ Farboodi M., Mihet R., Philippon T.. Big Data and Firm Dynamics[C]. AEA Papers and Proceedings, 2019 (109): 38–42.

［67］ Farboodi M., Veldkamp L.. Long-run Growth of Financial Data Technology[J]. American Economic Review, 2020, 110 (8): 2485–2523.

［68］ Fisher M. L.. What Is the Right Supply Chain for Your Product[J]. Harvard Business Review, 1997 (75): 105–116.

［69］ Fitzgerald E., Wankerl A., Schramm C.. Inside Real Innovation: How the Right Approach Can Move Ideas from R&D to Market and Get the Economy Moving[J]. Hackensack: World

Scientific Publishing, 2010: 79985.

[70] Floyd C.. A Systematic Look at Prototyping[C]. Approaches to Prototyping, 1984: 1–18.

[71] Floyd S. W., Wooldridge B.. Middle Management Involvement in Strategy and Its Association with Strategic Type: A Research Note[J]. Strategic Management Journal, 1992, 13 (S1): 153–167.

[72] Floyd S. W., Wooldridge B.. Middle Management's Strategic Influence and Organizational Performance[J]. Journal of Management Studies, 1997, 34 (3): 465–485.

[73] Foss N. J., Laursen K., Pedersen T.. Linking Customer Interaction and Innovation: The Mediating Role of New Organizational Practices[J]. Organization Science, 2011, 22 (4): 980–999.

[74] Frankowiak M., Grosvenor R., Prickett P.. A Review of the Evolution of Microcontroller-Based Machine and Process Monitoring[J]. International Journal of Machine Tools and Manufacture, 2005, 45 (4–5): 573–582.

[75] Fredrickson J. W., Mitchell T. R.. Strategic Decision Processes: Comprehensiveness and Performance in an Industry with an Unstable Environment[J]. Academy of Management Journal, 1984, 27 (2): 399–423.

[76] Fredrickson J. W.. The Comprehensiveness of Strategic Decision Processes: Extension, Observations, Future Directions[J]. Academy of Management Journal, 1984, 27 (3): 445–466.

[77] Freeman C.. The Economics of Industrial Innovation (2nd Edition Ed.) [M]. London: Francis Pinter, 1982.

[78] Gawer A., Cusumano M. A.. Industry Platforms and Ecosystem Innovation[J]. Journal of Product Innovation Management, 2014, 31 (3): 417–433.

[79] Gefen D., Pavlou P. A.. The Boundaries of Trust and Risk: The Quadratic Moderating Role of Institutional Structures[J]. Information Systems Research, 2012, 23 (3): 940–959.

[80] Ghasemaghaei M., and Calic G.. Assessing the Impact of Big Data on Firm Innovation Performance: Big Data Is Not always Better Data[J]. Journal of Business Research, 2020, 108 (1): 147–162.

[81] Ghasemaghaei M., Calic G.. Does Big Data Enhance Firm Innovation Competency? The Mediating Role of Data-Driven Insights[J]. Journal of Business Research, 2019, 104 (7): 69–84.

[82] Ghoshal S., Bartlett C. A.. The Multinational Corporation as an Interorganizational Network[J]. Academy of Management Review, 1990, 15 (4): 603–626.

[83] Gibbons R.. Incentives between Firms (and within) [J]. Management Science, 2005, 51 (1): 2–17.

[84] Gibson J.. The Theory of Affordances[M]. Hillsdale, NJ: Lawrence Erlbaum Associates, 1977.

[85] Girod S. J. G., Whittington R.. Reconfiguration, Restructuring and Firm Performance: Dynamic Capabilities and Environmental Dynamism[J]. Strategic Management Journal, 2017, 38 (5): 1121–1133.

[86] Gol E. S., Stein M. K., Avital M.. Crowd–Work Platform Governance Toward Organizational Value Creation[J]. Information Age, 2019, 28 (2):175–195.

[87] Goldkind L., Mcnutt J. G.. Vampires in the Technological Mist: The Sharing Economy,

Employment and the Quest for Economic Justice and Fairness in a Digital Future[J]. Ethics and Social Welfare 2019, 13 (1): 51–63.

[88] Granovetter M.. Economic Action and Social Structure: The Problem of Embeddedness[J]. American Journal of Sociology, 1985, 91 (3): 481–510.

[89] Grgecic D., Holten R., Rosenkranz C.. The Impact of Functional Affordances and Symbolic Expressions on the Formation of Beliefs[J]. Journal of the Association for Information Systems, 2015, 16 (7): 580–607.

[90] Grönroos C., Voima P.. Critical Service Logic: Making Sense of Value Creation and Co-Creation[J]. Journal of the Academy of Marketing Science, 2013, 41 (2): 133–150.

[91] Grönroos C.. Conceptualising Value Co-Creation: A Journey to the 1970s and Back to the Future[J]. Journal of Marketing Management, 2012, 28 (13–14): 1520–1534.

[92] Grover V., Chiang R. H. L., Liang T. P., Zhang D.. Creating Strategic Business Value from Big Data Analytics: A Research Framework[J]. Journal of Management Information Systems, 2018, 35 (2): 388–423.

[93] Gupta M., George J. F.. Toward the Development of a Big Data Analytics Capability[J]. Information & Management, 2016, 53 (8): 1049–1064.

[94] Haberly D., MacDonald-Korth D., Urban M., and Wójcik D.. Asset Management as a Digital Platform Industry: A Global Financial Network Perspective[J]. Geoforum, 2019 (106): 167–181.

[95] Hanson S., Yuan H.. Friends with Benefits: Social Coupons as a Strategy to Enhance Customers' Social Empowerment[J]. Journal of the Academy of Marketing Science, 2017, 46 (4): 768–787.

[96] Hart O., Holmstrom B.. The Theory of Contracts [M]//Advances in Economic Theory, Cambridge: Cambridge University Press, 1988: 71–155.

[97] Hibbert S., Winklhofer H., Temerak M.S.. Customers as Resource Integrators: Toward a Model of Customer Learning[J]. Journal of Service Research, 2012, 15 (3): 247–261.

[98] Hippel E. V., Katz R.. Shifting Innovation to Users via Toolkits[J]. Management Science, 2002, 48 (7): 821–833.

[99] Hippel E. V.. Lead Users: A Sourse of Novel Product Concepts[J]. Management Science, 1986, 32 (7): 791–805.

[100] Hippel E. V.. The Democratization of Innovation[M]. Cambridge, MA: MIT Press, 2005.

[101] Hirschman E. C., Holbrook M. B.. Hedonic Consumption: Emerging Concepts, Methods and Propositions[J]. Journal of Marketing, 1982, 46 (3): 92–101.

[102] Hodgkinson G. P., Bown N. J., Maule A. J., et al. Breaking the Frame: An Analysis of Strategic Cognition and Decision Making under Uncertainty[J]. Strategic Management Journal, 1999, 20 (10): 977–985.

[103] Hodgkinson G. P., Maule A. J., Bown N. J., et al. Further Reflections on the Elimination of Framing Bias in Strategic Decision Making[J]. Strategic Management Journal, 2002, 23 (11): 1069–1076.

[104] Hoffmann C. P., Lutz C., Meckel M.. Digital Natives or Digital Immigrants? The Impact of User Characteristics on Online Trust[J]. Journal of Management Information Systems, 2014,

31 (3): 138–171.

[105] Holzworth D. P., Snow V., Jansen S.. Agricultural Production Systems Modeling and Sofware: Current Status and Future Prospects[J]. Environmental Modelling & Software, 2015 (72): 276–286.

[106] Hong I. B., Cho H.. The Impact of Consumer Trust on Attitudinal Loyalty and Purchase Intentions in B2C E-Marketplaces: Intermediary Trust vs. Seller Trust [J]. International Journal of Information Management, 2011, 31 (5): 469–479.

[107] Hopkins E.. Adaptive Learning Models of Consumer Behavior[J]. Journal of Economic Behavior & Organization, 2007, 64 (3–4): 348–368.

[108] Hough J. R., White M. A.. Environmental Dynamism and Strategic Decision-Making Rationality: An Examination at the Decision Level[J]. Strategic Management Journal, 2003, 24 (5): 481–489.

[109] Hsieh C. T., Klenow P. J.. Misallocation and Manufacturing TFP in China and India[J]. The Quarterly Journal of Economics, 2009, 124 (4): 1403–1448.

[110] Husain Z., Altameem A. A., Gautam.. Technology Based Management of Customer Relational Capital: Human-Touch Still a Necessity[J]. Journal of Services Research, 2013, 13 (1): 53–74.

[111] Iansiti M., Lakhani K. R.. Digital Ubiquity: How Connections, Sensors, and Data Are Revolutionizing Business[J]. Harvard Business Review, 2014, 40 (11): 72–88.

[112] Iansiti M., Lakhani K. R.. Competing in the Age of AI: Strategy and Leadership When Algorithms and Networks Run the World[J]. Harvard Business Review, 2020, 98 (1): 60–67.

[113] Iansity M., Lakhani K. R.. Digital Ubiquity: How Connections, Sensors, and Data Are Revolutionizing Business[J]. Harvard Business Review, 2014, 92 (11): 90–99.

[114] Jarvenpaa S., Teigland R.. Trust in Digital Environments: From the Sharing Economy to Decentralized Autonomous Organizations[C]. Proceedings of the 50th Hawaii International Conference on System Sciences, 2017: 5812–5816.

[115] Jarzabkowski P.. Shaping Strategy as a Structuration Process[J]. Academy of Management Journal, 2008, 51 (4): 621–650.

[116] Jha K., Doshi A., Patel P., Shan M. A.. Comprehensive Review on Automation in Agriculture Using Artifcial Intelligence[J]. Artificial Intelligence in Agriculture, 2019 (2):1–12.

[117] Jinghua Xiao., Kang Xie., Qing Hu.. Inter-firm IT Governance in Power-imbalanced Buyer-supplier Dyads: Exploring How It Works and Why It Lasts[J]. European Journal of Information Systems, 2013, 22 (5): 512–528.

[118] Jones C. I., Tonetti C.. Nonrivalry and the Economics of Data[J]. American Economic Review, 2020, 110 (9): 2819–2858.

[119] Judge W. Q., Miller A.. Antecedents and Outcomes of Decision Speed in Different Environmental Context[J]. Academy of Management Journal, 1991, 34 (2): 449–463.

[120] Kallinikos J., Hasselbladh H., Marton A.. Governing Social Practice: Technology and Institutional Change[J]. Theory & Society, 2013, 42 (4): 395–421.

[121] Kallinikos J.. The Regulative Regime of Technology[J]. ICT and Innovation in the Public Sector, 2009: 66–87.

[122] Klein B., Leffler K B.. The Role of Market Forces in Assuring Contractual Performance[J].

Journal of Political Economy, 1981, 89 (4): 615–641.

[123] Knight E., Paroutis S., Heracleous L.. The Power of Powerpoint: A Visual Perspective on Meaning Making in Strategy[J]. Strategic Management Journal, 2018, 39 (3): 894–921.

[124] Kotter J P.. The Psychological Contract: Managing the Joining-up Process[J]. California Management Review, 1973, 15 (3): 91–99.

[125] Kowalkowski C.. Dynamics of Value Propositions: Insights from Service-Dominant Logic[J]. European Journal of Marketing, 2011, 45 (1–2): 277–294.

[126] Kumar V., Reinartz W. J.. Customer Relationship Management: Concept, Strategy, and Tools[M]. Heidelberg, Germany: Springer, 2012.

[127] Kumar V., Reinartz W.. Creating Enduring Customer Value[J]. Journal of Marketing, 2016, 80 (6): 36–68.

[128] Kwon H., Kim J., Park Y.. Applying LSA Text Mining Technique in Envisioning Social Impacts of Emerging Technologies: The Case of Drone Technology[J]. Technovation, 2017 (60): 15–28.

[129] Langenberg K. U., Seifert R. W., Tancrez J. S.. Aligning Supply Chain Portfolios with Product Portfolios[J]. International Journal of Production Economics, 2012, 135 (1): 500–513.

[130] Laurell C., Sandström C.. Analysing Uber in Social Media—Disruptive Technology or Institutional Disruption?[J]. International Journal of Innovation Management, 2016, 20 (5): 1–19.

[131] Lee J., Kao H. A., Yang S. Service Innovation and Smart Analytics for Industry 4.0 and Big Data Environment[J]. Procedia Cirp, 2014 (16): 3–8.

[132] Leonardi P. M.. Materiality, Sociomateriality, and Socio-technical Systems: What do These Terms Mean? How Are They Different? Do We Need Them? [M]. Materiality and Organizing: Social Interaction in a Technological World, 2012.

[133] Leonardi P. M.. Theoretical Foundations for the Study of Sociomateriality[J]. Information and Organization, 2013, 23 (2): 59–76.

[134] Li X., Rong G., Thatcher J B.. Does Technology Trust Substitute Interpersonal Trust? Examining Technology Trust's Influence on Individual Decision-making[J]. Journal of Organizational and End User Computing, 2012, 24 (2): 18–38.

[135] Lichtenthaler U.. Substitute or Synthesis: The Interplay between Human and Artificial Intelligence[J]. Research-Technology Management, 2018, 61 (5): 12–14.

[136] Lin C., Liaw S., Chen C., Pai M., Chen Y.. A Computer-based Approach for Analyzing Consumer Demands in Electronic Word-of-mouth[J]. Electronic Markets, 2017, 27 (3): 225–242.

[137] Logg J. M., Minson J. A., Moore D A.. Algorithm Appreciation: People Prefer Algorithmic to Human Judgment[J]. Organizational Behavior and Human Decision Processes, 2019 (151): 90–103.

[138] Love P. E., Matthews J.. The "How" of Benefits Management for Digital Technology: From Engineering to Asset Management [J]. Automation in Construction, 2019 (107): 102930.

[139] Luhmann N.. The Sociology of Risk [M]. Berlin: de Gruyter, 1993.

[140] Lui S. S.. The Roles of Competence Trust, Formal Contract, and Time Horizon in Interorganizational

Learning[J]. Organization Studies, 2009, 30 (4): 333–353.

［141］ Lusch R. F., Vargo S. L., O'brien M.. Competing through Service: Insights from Service-Dominant Logic[J]. Journal of Retailing, 2007, 83 (1): 5–18.

［142］ Lüthje C., Herstatt C.. The Lead User Method: An Outline of Empirical Findings and Issues for Future Research[J]. R & D Management, 2004, 34 (5): 553–568.

［143］ Lyytinen K., Yoo Y., Boland Jr R. J.. Digital Product Innovation Within Four Classes of Innovation Networks[J]. Information Systems Journal, 2016, 26 (1): 47–75.

［144］ Macleod W. B., Malcomson J. M.. Implicit Contracts, Incentive Compatibility, and Involuntary Unemployment[J]. Econometrica: Journal of the Econometric Society, 1989, 57 (2): 447–480.

［145］ Madhavaram S., Hunt S. D.. The Service-Dominant Logic and a Hierarchy of Operant Resources: Developing Masterful Operant Resources and Implications for Marketing Strategy [J]. Journal of the Academy of Marketing Science, 2008, 36 (1): 67–82.

［146］ Maguire D., Fish R.. Leverage Digitalization for Asset Integrity Management: Select the Right Management Technologies for Modernization[J]. Plant Engineering, 2019 (6): 51–73.

［147］ Majchrzak A., Malhotra A.. Towards an Information Systems Perspective and Research Agenda on Crowdsourcing for Innovation[J]. Journal of Strategic Information Systems, 2013, 22 (4): 257–268.

［148］ Majchrzak A., Markus M. L.. Technology Affordances and Constraints in Management Information Systems (MIS)[J]. Social Science Electronic Publishing, 2012: 832–836 .

［149］ Markus M. L., Silver M. S.. A Foundation for the Study of IT Effects: A New Look at DeSanctis and Poole's Concepts of Structural Features and Spirit[J]. Journal of the Association for Information Systems, 2008, 9 (10): 609–632.

［150］ Marshall A., Mueck S., Shockley R.. How Leading Organizations Use Big Data and Analytics to Innovate[J]. Strategy & Leadership, 2015, 43 (5): 32–39.

［151］ Martin K.. Trust and the Online Market Maker: A Comment on Etzioni's Cyber Trust[J]. Journal of Business Ethics, 2019 (156): 21–24.

［152］ Mayer R. C., Davis J. H., Schoorman F D.. An Integrative Model of Organizational Trust[J]. Academy of Management Review, 1995, 20 (3): 709–734.

［153］ McAfee A., Brynjolfsson E.. Big Data: The Management Revolution[J]. Harvard Business Review, 2012, 90 (10): 60–66+68+128.

［154］ McAllister D. J.. Affect-and Cognition-based Trust as Foundations for Interpersonal Cooperation in Organizations [J]. The Academy of Management Journal, 1995, 38 (1):25–33.

［155］ McDowell W. C., Harris M. L., Geho P. R.. Longevity in Small Business: The Effect of Maturity on Strategic Focus and Business Performance[J]. Journal of Business Research, 2016, 69 (5): 1904–1908.

［156］ Mcintyre D. P., Srinivasan A.. Networks, Platforms, and Strategy: Emerging Views and Next Steps[J]. Strategic Management Journal, 2017, 38 (1): 141–160.

［157］ Mcknight D. H., Carter M., Thatcher J. B., Clay P. F.. Trust in a Specific Technology: An Investigation of Its Components and Measures[J]. ACM Transactions on Management Information Systems, 2011, 2 (2): 12–25.

［158］Michael S. C., Pearce J. A.. Choosing Constraints as a Third Solution to Agency[J]. Journal of Management Studies, 2004, 41 (7): 1171–1197.

［159］Miller C. C., Ireland R. D.. Intuition in Strategic Decision Making: Friend or Foe in The Fast-Paced 21st Century? [J]. Academy of Management Perspectives, 2005, 19 (1): 19–30.

［160］Miller D., Relating Porter's Business Strategies to Environment and Structure: Analysis and Performance Implications[J]. Academy of Management Journal, 1988, 31 (2): 280–308.

［161］Mittendorf C.. The Implications of Trust in the Sharing Economy-an Empirical Analysis of Uber [C]. Proceedings of the 50th Hawaii International Conference on System Sciences, 2017.

［162］Möhlmann M., Geissinger A.. Trust in the Sharing Economy: Platform-mediated Peer Trust [M] // Davidson, N., Infranca, J., Finck, M. (eds.), The Cambridge Handbook of the Law of the Sharing Economy. Cambridge: Cambridge University Press, 2018.

［163］Möhlmann M., Zalmanson L.. Hands on the Wheel: Navigating Algorithmic Management and Uber Drivers' Autonomy[C]. Proceedings of the International Conference on Information Systems (ICIS), 2017: 10–13.

［164］Mohr R., Contini F.. Reassembling the Legal: "The Wonders of Modern Science" in Court-Related Proceedings[J]. Griffith Law Review, 2011, 20 (4): 994–1019.

［165］Murray A., Kuhan S., Josefy M., Anderson J.. Contracting in the Smart Era: The Implication of Blockchain and Decentralized Autonomous Organizations for Contracting and Corporate Governance[J]. Academy of Management Perspectives, 2019 (4): 35–88.

［166］Murray D., Fussey P.. Bulk Surveillance in the Digital Age: Rethinking the Human Rights Law Approach to Bulk Monitoring of Communications Data[J]. Israel Law Review, 2019, 52 (1): 31–60.

［167］Nahapiet J., Ghoshal S.. Social Capital, Intellectual Capital, and the Organizational Advantage[J]. Academy of Management Review, 1998, 23 (2): 242–266.

［168］Napoli P. M.. Automated Media: An Institutional Theory Perspective on Algorithmic Media Production and Consumption[J]. Communication Theory, 2014, 24 (3): 340–360.

［169］Nees D. B.. Simulation: A Complementary Method for Research on Strategic Decision-Making Processes[J]. Strategic Management Journal, 1983, 4 (2): 175–185.

［170］Nelson P.. Information and Consumer Behavior[J]. Journal of Political Economy, 1970, 78 (2): 311–329.

［171］Newbert S. L.. Empirical Research on the Resource-Based View of the Firm: An Assessment and Suggestions for Future Research[J]. Strategic Management Journal, 2007, 28 (2): 121–146.

［172］Nizamuddin N., Hasan H., Salah K., Iqbal R.. Blockchain-Based Framework for Protecting Author Royalty of Digital Assets[J]. Arabian Journal for Science and Engineering, 2019, 44 (4): 3849–3866.

［173］O' Reilly T.. What is Web 2.0 : Design Patterns and Business Models for the Next Generation of Software[J]. Communications & Strategies, 2007 (1): 17–38.

［174］O'reilly T.. What Is Web 2.0[M]. O'Reilly Media, Inc., 2009.

［175］Orlikowski W. J.. The Duality of Technology: Rethinking the Concept of Technology in Organizations[J]. Organization Science, 1992, 3 (3): 398–427.

［176］ Orlikowski W. J.. Using Technology and Constituting Structures: A Practice Lens for Studying Technology in Organizations[J]. Organization Science, 2000, 11 (4): 404–428.

［177］ Ou C. X. J., Pavlou P. A., Davison R. M.. Swift Guanxi in Online Marketplaces: The Role of Computer-mediated Communication Technologies [J]. MIS Quarterly, 2014, 38 (1): 209–230.

［178］ Pagani M., Pardo C.. The Impact of Digital Technology on Relationships in a Business Network[J]. Industrial Marketing Management, 2017 (67): 185–192.

［179］ Pang K. K., Dong M. Z., Y. W., Hospedales T.. Meta-Learning Transferable Active Learning Policies by Deep Reinforcement Learning [J]. 2018, 12 (1): 112–123.

［180］ Parker G., Alstyne M. V., Jiang X.. Platform Ecosystems: How Developers Invert the Firm [J]. MIS Quarterly, 2017, 41 (1): 255–266.

［181］ Parkin M.. Economics (10th ed.) [M]. Boston MA: Pearson/Addison Wesley, 2010.

［182］ Pavlou P. A., Gefen D.. Building Effective Online Marketplaces with Institution-based Trust [J]. Information Systems Research, 2004, 15 (1): 37–59.

［183］ Pfeil U., Zaphiris P.. Investigating Social Network Patterns within an Empathic Online Community for Older People [J]. Computers in Human Behavior, 2009, 25 (5): 1139–1155.

［184］ Poppo L., Zenger T.. Do Formal Contracts and Relational Governance Function as Substitutes or Complements? [J]. Strategic Management Journal, 2002, 23 (8): 707–725.

［185］ Porter M. E.. Competitive Strategy: Techniques for Analyzing Industries and Competitors[M]. New York: Free Press, 1980.

［186］ Porter M. E.. What is Strategy? [M]. Harvard Business Review, 1996: 9–11.

［187］ Porter, M. E.. Competitive Strategy: Techniques for Analyzing Industries and Competitors[M]. Simon and Schuster, 2008.

［188］ Portes A.. Social Capital: Its Origins and Applications in Modern Sociology[J]. Annual Review of Sociology, 1998 (24): 1.

［189］ Posen H. E., Levinthal D. A.. Chasing a Moving Target: Exploitation and Exploration in Dynamic Environments [J]. Management Science, 2012, 58 (3): 587–601.

［190］ Prahalad C. K., Ramaswamy V.. The Future of Competition: Co-Creating Unique Value with Customers [M]. Harvard Business Press, 2004.

［191］ Raisch S., Krakowski S.. Artificial Intelligence and Management: The Automation-Augmentation Paradox [J]. The Academy of Management Review, 2020, 46(1): 192–210.

［192］ Rajagopalan N., Rasheed A. M. A., Datta D. K.. Strategic Decision Processes: Critical Review and Future Directions [J]. Journal of Management, 1993, 19 (2): 349–384.

［193］ Raphael A., Schoemaker P. J. H.. Strategic Assets and Organizational Rent[J]. Strategic Management Journal, 1993, 14 (1): 33.

［194］ Ratnasingam P., Pavlou P. A.. Technology Trust in Internet-based Interorganizational Electronic Commerce[J]. Journal of Electronic Commerce in Organizations (JECO) , 2003, 1 (1): 17–41.

［195］ Rerup C., Feldman M. S.. Routines as a Source of Change in Organizational Schemata: The Role of Trial-and-Error Learning [J]. Academy of Management Journal, 2011, 54 (3): 577–610.

［196］ Robey D., Boudreau M. C.. Accounting for the Contradictory Organizational Consequences of Information Technology: Theoretical Directions and Methodological Implications[J].

Information Systems Research, 1999, 10 (2): 167–185.

［197］ Rogers P. R., Miller A., Judge W. Q.. Using Information - Processing Theory to Understand Planning/Performance Relationships in the Context of Strategy[J]. Strategic Management Journal, 1999, 20 (6): 567–577.

［198］ Rolandi S., Brunori G., Bacco M.. The Digitalization of Agriculture and Rural Areas: Towards a Taxonomy of the lmpacts [J]. Sustainability, 2021, 13 (9): 5172.

［199］ Rolland K. H., Mathiassen L., Rai A.. Managing Digital Platforms in User Organizations: The Interactions between Digital Options and Digital Debt [J]. Information Systems Research, 2018, 29 (2): 419–443.

［200］ Ross J. W., Beath C. M., Quaadgras A..You May Not Need Big Data after All [J]. Harvard Business Review, 2013, 91 (12): 90–98.

［201］ Rousseau D. M.. Psychological and Implied Contracts in Organizations [J]. Employee Responsibilities and Rights Journal, 1989, 2 (2): 121–139.

［202］ Rumelt R. P.. Towards a Strategic Theory of the Firm [J]. Competitive Strategic Management, 1984, 26: 556–570.

［203］ Ryzhkova N.. Web-Based Customer Innovation: A Replication with Extension[J]. Innovation, 2012, 14 (3): 416–430.

［204］ Saldanha T. J. V., Mithas S., Krishnan M. S.. Leveraging Customer Involvement for Fueling Innovation: The Role of Relational and Analytical Information Processing Capabilities [J]. MIS Quarterly, 2017, 41 (1): 367–396.

［205］ Schein E. H.. Organizational Psychology [J]. Englewood Cliffs, New Jersey, 1980, 45 (2): 1–83.

［206］ Schumpeter J. A.. Capitalism, Socialism and Democracy [M]. New York: Harper, 1942.

［207］ Schumpeter J. A.. The Theory of Economic Development [M]. Cambridge, MA: Harvard Economic Studies, 1934.

［208］ Seeber I., Bittner E., Briggs R. O., De Vreede T., De Vreede G. J., Elkins A., Schwabe G.. Machines as Teammates: A Research Agenda on AI in Team Collaboration [J]. Information & Management, 2020, 57 (2): 103–174.

［209］ Sele K., Grand S.. Unpacking the Dynamics of Ecologies of Routines: Mediators and Their Generative Effects in Routine Interactions [J]. Organization Science, 2016, 27 (3): 722–738.

［210］ Sivarajah U., Kamal M. M., Irani Z.. Critical Analysis of Big Data Challenges and Analytical Methods[J]. Journal of Business Research, 2017 (70): 263–286.

［211］ Sobel J.. Can We Trust Social Capital? [J]. Journal of Economic Literature, 2002, 40 (1): 139–154.

［212］ Soparnot R.. The Concept of Organizational Change Capacity [J]. Journal of Organizational Change Management, 2011, 24 (5): 640–661.

［213］ Stewart K. J.. Trust Transfer on the World Wide Web [J]. Organization Science, 2003, 14 (1): 5–17.

［214］ Stieglitz N., Heine K.. Innovations and the Role of Complementarities in a Strategic Theory of the Firm [J]. Strategic Management Journal, 2007, 28 (1): 1–15.

［215］ Stiroh K. J.. Information Technology and the U.S. Productivity Revival: What Do the Industry

Data Say? [J]. The American Economic Review, 2002, 92(5): 1559–1576.

[216] Stride C. B., Gardner S., Catley N.. Mplus Code for Mediation, Moderation, and Moderated Mediation Models [M/OL]. 2015.

[217] Sweeney J. C., Danaher T. S., McColl-Kennedy J. R.. Customer Effort in Value Cocreation Activities: Improving Quality of Life and Behavioral Intentions of Health Care Customers [J]. Journal of Service Research, 2015, 18 (3): 318–335.

[218] Szabo N.. Smart Contracts: Building Blocks for Digital Markets [EB/OL]. https://www.fon. hum.uva.nl/rob/Courses/InformationInSpeech/CDROM/Literature/LOTwinterschool2006/ szabo.best.vwh.net/smart_contracts_2.html, 1996.

[219] Tabasinejad P.. An Institutional Governance Perspective on Platform Strategy and Competition[C]. Academy of Management Proceedings, 2019 (1): 17697.

[220] Taddy M.. The Technological Elements of Artificial Intelligence [M]. University of Chicago Press, 2018.

[221] Tambe P., Hitt L. M.. Job Hopping, Knowledge Spillovers, and Regional Returns to Information Technology Investments [J]. Communications of the ACM, 2010, 53(10): 62–70.

[222] Tan Y., Thoen W.. Toward a Generic Model of Trust for Electronic Commerce[J]. International Journal of Electronic Commerce, 2000, 5 (2): 61–74.

[223] Tao F., Cheng J., Qi Q., et al. Digital Twin-Driven Product Design, Manufacturing and Service with Big Data [J]. The International Journal of Advanced Manufacturing Technology, 2018, 94 (9–12): 3563–3576.

[224] Taylor A. B., MacKinnon D. P., J. Y. Tein. Tests of the Three-path Mediated Effect[J]. Organizational Research Methods, 2008 (11): 241–269.

[225] Thakor A. V.. Fintech and Banking: What Do We Know? [J]. Journal of Financial Intermedation, 2020, 41 (1): 1–13.

[226] Thatcher J. B., Wright R. T., Sun H., et al. Mindfulness in Information Technology Use: Definitions, Distinctions, and a New Measure [J]. MIS Quarterly, 2018, 42 (3): 831–848.

[227] Tirole J.. Incomplete Contracts: Where Do We Stand? [J]. Econometrica, 1999, 67 (4): 741–781.

[228] Vance A., Lowry P. B., Eggett D. L.. Increasing Accountability through the User Interface Design Artifacts: A New Approach to Addressing the Problem of Access-Policy Violations [J]. Social Science Electronic Publishing, 2015, 39 (2): 345–366.

[229] Vance C. M., Paik Y.. Managing a Global Workforce [M]. Routledge, 2015.

[230] Vargo S. L., Lusch R. F.. Evolving to a New Dominant Logic for Marketing [J]. Journal of Marketing, 2004, 68 (1): 1–17.

[231] Vargo S. L., Lusch R. F.. Service-Dominant Logic: Continuing the Evolution [J]. Journal of the Academy of Marketing Science, 2008, 36 (1): 1–10.

[232] Varshney R. K., Thudi M., Pandey M. K.. Accelerating Cenetic Cains in Legumes for the Development of Prosperous Smalholder Agriculture: Integrating Genomics, Phenotyping, Systems Modelling and Agronomy [J]. Journal of Excrimental Botany, 2018, 69 (13): 3293–3312.

[233] Veldkamp L., Chung C.. Data and the Aggregate Economy[J]. Journal of Economic Literature,

2019.

[234] Voss K., Spangenberg E., Grohmann B.. Measuring the Hedonic and Utilitarian Dimensions of Consumer Attitude [J]. Journal of Marketing Research, 2003, 40 (3): 310–320.

[235] West J., Bogers M.. Leveraging External Sources of Innovation: A Review of Research on Open Innovation [J]. Journal of Product Innovation Management, 2014, 31 (4): 814–831.

[236] Whelan G.. Trust in Surveillance: A Reply to Etzioni [J]. Journal of Business Ethics, 2018: 1–5.

[237] Whitley R.. Project-Based Firms: New Organizational Form or Variations on a Theme?[J]. Industrial and Corporate Change, 2006, 15 (1): 77–99.

[238] Wiesel T., Skiera B., Villanueva J.. Customer Equity: An Integral Part of Financial Reporting [J]. Journal of Marketing, 2008, 72 (2): 1–14.

[239] Williamson O. E.. The Mechanisms of Governance[M]. New York: Oxford University Press, 1996.

[240] Williamson O. E.. Transaction Cost Economics: The Comparative Contracting Perspective [J]. Journal of Economic Behavior & Organization, 1987, 8 (4): 617–625.

[241] Wolfe J., Jackson C.. Creating Models of the Strategic Decision-Making Process via Participant Recall: A Free Simulation Examination[J]. Journal of Management, 1987, 13 (1): 123–134.

[242] Wolfert S., Ge L., Verdouw C.. Big Data in Smart Farming–A Review[J]. Agricultural Systems, 2017 (153): 69–80.

[243] Wong K. F. E., Kwong J. Y. Y.. Resolving the Judgment and Decision-Making Paradox between Adaptive Learning and Escalation of Commitment [J]. Management Science, 2018, 64 (4): 1911–1925.

[244] Wright G., Goodwin P.. Eliminating a Framing Bias by Using Simple Instructions to "Think Harder" and Respondents with Managerial Experience: Comment on "Breaking the Frame" [J]. Strategic Management Journal, 2002, 23 (11): 1059–1067.

[245] Wu L., Lou B., Hitt L.. Data Analytics Supports Decentralized Innovation [J]. Management Science, 2019, 65 (10): 4863–4877.

[246] Xiao S. S., Jeong I., Moon J. J., et al. Internationalization and Performance of Firms in China: Moderating Effects of Governance Structure and the Degree of Centralized Control [J]. Journal of International Management, 2013, 19 (2): 118–137.

[247] Xie K., Wu Y., Xiao J., et al. Value Co-Creation between Firms and Customers: The Role of Big Data-Based Cooperative Assets [J]. Information & Management, 2016, 53 (8): 1034–1048.

[248] Yenokyan K., Seater J. J., Arabshahi M.. Economic Growth with Trade in Factors of Production [J]. International Economic Review, 2014, 55 (1): 223–254.

[249] Yeung K.. Algorithmic Regulation: A Critical Interrogation [J]. Regulation & Governance, 2017:1–19.

[250] Yi Y., Gong T.. Customer Value Co-creation Behavior: Scale Development and Validation [J]. Journal of Business Research, 2013, 66 (9): 1279–1284.

[251] Yoo C. W., Sanders G. L., Moon J.. Exploring the Effect of E-WOM Participation on E-Loyalty in E-Commerce [J]. Decision Support Systems, 2013, 55 (3): 669–678.

[252] Yoo Y., Henfridsson O., Lyytinen K.. Research Commentary—The New Organizing Logic of

Digital Innovation: An Agenda for Information Systems Research [J]. Information Systems Research, 2010, 21 (4): 724–735.

［253］Yoo Y., Henfridsson O., Lyytinen K.. Research Commentary—The New Organizing Logic of Digital Innovation: An Agenda for Information Systems Research [J]. Information Systems Research, 2010, 21(4): 724–735.

［254］Youngjin Y., Boland R.J., Lyytinen K., et al. Organizing for Innovation in the Digitized World[J]. Organization Science, 2012, 23 (5): 1398–1408.

［255］Yuan X., Yang S., Wang C.. Lead User Identification in Online User Innovation Communities: A Method Based on Random Forest Classification [C]. 2017 7th IEEE International Conference on Electronics Information and Emergency Communication (ICEIEC), 2017: 157–160.

［256］Zhang Q., Wu D., Fu C., et al. A New Method for Measuring Process Flexibility of Product Design [J]. International Transactions in Operational Research, 2017 (24): 821–838.

［257］Zhao X., Lynch J. G., Chen Q.. Reconsidering Baron and Kenny: Myths and Truths about Mediation Analysis [J]. Social Science Electronic Publishing, 2010, 37 (2): 197–206.

［258］Zhao Y. B., Li Y., Lee S. H., Chen L. B.. Entrepreneurial Orientation, Organizational Learning, and Performance: Evidence from China [J]. Entrepreneurship Theory and Practice, 2011, 35 (2): 293–317.

［259］Zittrain J. L.. The Generative Internet [J]. Harvard Law Review, 2006, 119 (7): 1975–2040.

［260］Zwass V.. Co-creation: Toward a Taxonomy and an Integrated Research Perspective[J]. International Journal of Electronic Commerce, 2010, 15 (1): 11–48.

［261］［法］埃哈尔·费埃德伯格.权力与规则——组织行动的动力［M］.张月等译.上海：上海人民出版社，2008.

［262］［美］布莱恩·阿瑟.复杂经济学：经济思想的新框架［M］.贾拥民译.杭州：浙江人民出版社，2018.

［263］边燕杰，缪晓雷.论社会网络虚实转换的双重动力［J］.社会，2019，39（6）：1–22.

［264］曹静，周亚林.人工智能对经济的影响研究进展［J］.经济学动态，2018（1）：103–115.

［265］陈国亮，唐根年.基于互联网视角的二三产业空间非一体化研究——来自长三角城市群的经验证据［J］.中国工业经济，2016（8）：76–92.

［266］陈国青，曾大军，卫强，张明月，郭迅华.大数据环境下的决策范式转变与使能创新［J］.管理世界，2020，36（2）：95–105＋220.

［267］陈吉栋.智能合约的法律构造［J］.东方法学，2019（3）：18–29.

［268］陈剑，黄朔，刘运辉.从赋能到使能——数字化环境下的企业运营管理［J］.管理世界，2020（2）：117–128.

［269］陈劲，蒋子军，陈钰芬.开放式创新视角下企业知识吸收能力影响因素研究［J］.浙江大学学报（人文社会科学版），2011，41（5）：71–82.

［270］陈漫，张新国.经济周期下的中国制造企业服务转型：嵌入还是混入［J］.中国工业经济，2016（8）：93–109.

［271］陈圻.一般竞争战略的逻辑基础重构［J］.管理学报，2011，8（8）：1146–1155.

［272］陈伟光.关于人工智能治理问题的若干思考［J］.学术前沿，2017（10）：48–55.

［273］陈小勇.产业集群的虚拟转型［J］.中国工业经济，2017（12）：78-94.

［274］陈晓东，杨晓霞.数字经济发展对产业结构升级的影响——基于灰关联熵与耗散结构理论的研究［J］.改革，2021（3）：26-39.

［275］陈莹，王继平.德国"劳动力市场4.0"建设：机遇、挑战和应对［J］.德国研究，2019，34（4）：130-144+152.

［276］程德俊.组织中的认知信任和情感信任及构建机制［J］.南京社会科学，2010（11）：57-63.

［277］程雪军.区块链技术规制的国际经验与中国策略［J］.中国流通经济，2021（3）：31-43.

［278］［美］道格拉斯·C.诺斯.制度、制度变迁与经济绩效［M］.杭行译.上海：上海三联书店，2008.

［279］段永琴，何伦志，克麒.数字金融、技术密集型制造业与绿色发展［J］.上海经济研究，2021（5）：89-105.

［280］樊晓军，李从质.科层制组织向平台化组织转型比较研究［J］.商业经济，2018（9）：103-106.

［281］樊轶侠，徐昊.财政助力数字经济高质量发展：核心机理与经验启示［J］.改革，2020（8）：83-91.

［282］冯华，聂蕾，海峰.信息共享水平与供应链能力的相互作用关系研究——基于社会控制的中介效应［J］.南开管理评论，2018，21（4）：85-92.

［283］冯永琦，张浩琳.金融科技促进创新绩效提升了吗？［J］.外国经济与管理，2021（6）：50-67.

［284］冯芷艳，郭迅华，曾大军，陈煜波，陈国青.大数据背景下商务管理研究若干前沿课题［J］.管理科学学报，2013，16（1）：19.

［285］付豪，赵翠萍，程传兴.区块链嵌入、约束打破与农业产业链治理［J］.农业经济问题，2019（12）：108-117.

［286］高良谋，胡国栋.情感与计算：组织中的逻辑悖论及其耦合机制［J］.中国工业经济，2013（8）：96-108.

［287］高天茹，贺爱忠.职场排斥对知识隐藏的影响机理研究：一个被调节的链式中介模型［J］.南开管理评论，2019，22（3）：15-27.

［288］顾红磊，温忠麟，方杰.双因子模型：多维构念测量的新视角［J］.心理科学，2014（4）：973-979.

［289］郭家堂，骆品亮.互联网对中国全要素生产率有促进作用吗？［J］.管理世界，2016（10）：34-49.

［290］何大安，任晓.互联网时代资源配置机制演变及展望［J］.经济学家，2018（10）：63-71.

［291］何大安，许一帆.数字经济运行与供给侧结构重塑［J］.经济学家，2020（4）：57-67.

［292］何大安.互联网应用扩张与微观经济学基础——基于未来"数据与数据对话"的理论解说［J］.经济研究，2018，53（8）：177-192.

［293］何晴倩，丹尼尔·诺兰.英国脱欧与欧盟理事会权力的再分配——基于跟踪问卷调查数据的社会网络分析［J］.欧洲研究，2020，38（1）：27-54.

［294］何小钢，梁权熙，王善骝.信息技术、劳动力结构与企业生产率——破解"信息技术生

产率悖论"之谜［J］.管理世界，2019，35（9）：65–80.

［295］何玉长，王伟.数据要素市场化的理论阐释［J］.当代宏观经济，2021（4）：33–44.

［296］洪银兴.非劳动生产要素参与收入分配的理论辨析［J］.经济学家，2015（4）：5–13.

［297］侯汉坡，何明珂，庞毅，等.互联网资源属性及经济影响分析［J］.管理世界，2010（3）：176–177.

［298］胡宇辰，郭宇.基于沙漏模型的移动互联网用户行为分析［J］.管理世界，2013（7）：184–185.

［299］黄群慧.改革开放40年中国的产业发展与工业化进程［J］.中国工业经济，2018（9）：5–23.

［300］黄少安，刘阳荷.区块链的制度属性和多重制度功能［J］.天津社会科学，2020（3）：89–95.

［301］黄再胜.网络平台劳动的合约特征、实践挑战与治理路径［J］.外国经济与管理，2019，41（7）：99–111+136.

［302］贾建民，耿维，徐戈，郝辽钢，贾轼.大数据行为研究趋势：一个"时空关"的视角［J］.管理世界，2020，36（2）：106–116+211–212.

［303］贾开，蒋余浩.人工智能治理的三个基本问题：技术逻辑、风险挑战与公共政策选择［J］.中国行政管理，2017（10）：40–45.

［304］江小涓.高度联通社会中的资源重组与服务业增长［J］.经济研究，2017，52（3）：4–17.

［305］姜付秀，刘志彪.行业特征、资本结构与产品市场竞争［J］.管理世界，2005（10）：74–81.

［306］姜宁宁.走向行动主义：互联网社会中的组织哲学［J］.南京社会科学，2018（7）：72–78.

［307］［英］卡萝塔·佩蕾丝.技术革命与金融资本：泡沫与黄金时代的动力学［M］.田方萌译.北京：中国人民大学出版社，2007.

［308］李帮喜，崔震.价格理论的张量分析：新古典的替代框架［J］.当代经济研究，2019（2）：5–15.

［309］李川川，刘刚.数字经济创新范式研究［J］.经济学家，2022（7）：34–42.

［310］李海舰，田跃新，李文杰.互联网思维与传统企业再造［J］.中国工业经济，2014（10）：135–146.

［311］李华民，邓云峰，吴非.金融监管如何影响企业技术创新［J］.财经科学，2021（2）：30–44.

［312］李杰，倪军，王安正.从大数据到智能制造［M］.上海：上海交通大学出版社，2016.

［313］李雷，简兆权，杨怀珍.打开电子服务价值共创的"黑箱"［J］.管理科学，2016，29（5）：15–30.

［314］李弦.数字劳动的研究前沿——基于国内外学界的研究述评［J］.经济学家，2020（9）：117–128.

［315］李晓楠.可信赖AI司法：意义、挑战及治理应对［J］.法学论坛，2020，35（4）：116–126.

［316］李业.流量产业化背景下虚假数据剖析及其治理——基于明星粉丝打榜的分析［J］.传媒，2019（22）：94–96.

［317］李子姝，谢人超，孙礼，黄韬.移动边缘计算综述［J］.电信科学，2018，34（1）：

87–101.

［318］梁静.权力转移了吗？——互联网时代消费者增权的思辨研究［J］.外国经济与管理，2020，42（3）：57–73.

［319］刘刚，马犇.数据驱动型经济发展的组织和机制研究［J］.经济纵横，2016（12）：39–45.

［320］刘佳明.大数据"杀熟"的定性及其法律规制［J］.湖南农业大学学报（社会科学版），2020，21（1）：56–61+68.

［321］刘伟.论平台经济中计划机制的形成与扩展［J］.教学与研究，2020（11）：77–85.

［322］刘旭，柳卸林，韩燕妮.海尔的组织创新：无边界企业行动［J］.科学学与科学技术管理，2015，36（6）：126–137.

［323］刘业政，孙见山，姜元春，陈夏雨，刘春丽.大数据的价值发现：4c模型［J］.管理世界，2020，36（2）：129–138.

［324］刘意，谢康，邓弘林.数据驱动的产品研发转型：组织惯例适应性变革视角的案例研究［J］.管理世界，2020，36（3）：164–183.

［325］刘钊.现代产业体系的内涵与特征［J］.山东社会科学，2011（5）：160–162.

［326］刘志彪，姜付秀，卢二坡.资本结构与产品市场竞争强度［J］.经济研究，2003（7）：60–67+91.

［327］罗珉，李亮宇.互联网时代的商业模式创新：价值创造视角［J］.中国工业经济，2015（1）：95–107.

［328］罗勇.新产品的消费者学习理论、策略与应用［M］.北京：经济科学出版社，2016：59.

［329］罗仲伟，李先军，宋翔.从"赋权"到"赋能"的企业组织结构演进——基于韩都衣舍案例的研究［J］.中国工业经济，2017（9）：176–194.

［330］罗仲伟.网络组织的特性及其经济学分析（上）［J］.外国经济与管理，2000（6）：25–28.

［331］吕鸿江，刘洪，程明.多重理论视角下的组织适应性分析［J］.外国经济与管理，2007（12）：56–64.

［332］［德］马克斯·韦伯.经济行动与社会团体［M］.康乐，简惠美译.桂林：广西师范大学出版社，2004.

［333］［德］马克斯·韦伯.经济与社会（上卷）［M］.林荣远译.北京：商务印书馆，1997.

［334］［法］米歇尔·克罗齐耶，埃哈尔·费埃德伯格.行动者与系统——集体行动的政治学［M］.张月等译.上海：上海人民出版社，2007.

［335］［美］米歇尔·钱伯斯，托马斯·W.迪斯莫尔.大数据分析方法：用分析驱动商业价值［M］.韩光辉，孙丽军译.北京：机械工业出版社，2016.

［336］马文君，蔡跃洲.新一代信息技术能否成为动力变革的重要支撑？——基于新兴产业分类与企业数据挖掘的实证分析［J］.改革，2020（2）：40–56.

［337］梅亮，陈劲，吴欣桐.责任式创新范式下的新兴技术创新治理解析——以人工智能为例［J］.技术经济，2018（1）：1–7+43.

［338］穆胜.科层制已死？（上）［J］.中外管理，2016（10）：68–71.

［339］［美］尼古拉·尼葛洛庞帝.数字化生存［M］.胡泳，范海燕译.北京：电子工业出版社，2017.

［340］宁光杰，林子亮.信息技术应用、企业组织变革与劳动力技能需求变化［J］.经济研究，2014，49（8）：79-92.

［341］亓丛，吴俊.用户画像概念溯源与应用场景研究［J］.重庆交通大学学报（社会科学版），2017，17（5）：82-87.

［342］祁怀锦，曹修琴，刘艳霞.数字经济对公司治理的影响——基于信息不对称和管理者非理性行为视角［J］.改革，2020（4）：50-64.

［343］冉佳森，谢康，肖静华.信息技术如何实现契约治理与关系治理的平衡——基于 D 公司供应链治理案例［J］.管理学报，2015，12（3）：458-468.

［344］芮明杰，李想.差异化、成本领先和价值创新——企业竞争优势的一个经济学解释［J］.财经问题研究，2007（1）：37-44.

［345］邵文波，盛丹.信息化与中国企业就业吸纳下降之谜［J］.经济研究，2017，52（6）：120-136.

［346］施巍松，孙辉，曹杰，张权，刘伟.边缘计算：万物互联时代新型计算模型［J］.计算机研究与发展，2017（5）：907-924.

［347］史竹琴，蔡瑞林，朱先奇.智能生产共享商业模式创新研究［J］.中国软科学，2017（6）：130-139.

［348］宋敏，周鹏，司海涛.金融科技与企业全要素生产率——"赋能"和信贷配给的视角［J］.中国工业经济，2021（4）：138-155.

［349］孙澄，曲大刚，黄茜.人工智能与建筑师的协同方案创作模式研究：以建筑形态的智能化设计为例［J］.建筑学报，2020（2）：74-78.

［350］孙婧，王新新.网红与网红经济——基于名人理论的评析［J］.外国经济与管理，2019，41（4）：18-30.

［351］孙学涛.产业结构变迁对城市经济高质量发展的影响研究［J］.中国科技论坛，2021（7）：86-96.

［352］唐松，伍旭川，祝佳.数字金融与企业技术创新——结构特征、机制识别与金融监管下的效应差异［J］.管理世界，2020（5）：52-66.

［353］唐要家，尹钰锋.算法合谋的反垄断规制及工具创新研究［J］.产经评论，2020（2）：5-16.

［354］陶飞，戚庆林.面向服务的智能制造［J］.机械工程学报，2018，54（16）：11-23.

［355］万长松.丰田生产方式的产业哲学基础［J］.自然辩证法研究，2006（12）：69-72+113.

［356］王春娟.科层制的涵义及结构特征分析——兼评韦伯的科层制理论［J］.学术交流，2006（5）：56-60.

［357］王凤彬，王骁鹏，张驰.超模块平台组织结构与客制化创业支持——基于海尔向平台组织转型的嵌入式案例研究［J］.管理世界，2019，35（2）：121-150+199-200.

［358］王惠芬，崔雷.集团财务管控软件及 ERP 社会物质性研究［J］.财会通讯，2014（3）：103-105.

［359］王孟成.潜变量建模与 Mplus 应用·基础篇［M］.重庆：重庆大学出版社，2014.

［360］王谦，付晓东.数据要素赋能经济增长机制探究［J］.上海经济研究，2021（4）：55-66.

［361］王旭辉.从抽象到具体：对科层组织运作动态的分析——以《工业组织的科层制类型》、《科层组织的动态》为线索［J］.社会学研究，2008（3）：215-229.

［362］王艺霖，邱静，黄瑞，程洪．人机协同智能系统及其临床应用［J］．电子科技大学学报，2020，49（4）：482–489.

［363］王永伟，马洁，吴湘繁．变革型领导行为、组织学习倾向与组织惯例更新的关系研究［J］．管理世界，2012（9）：116–125.

［364］卫兴华．政治经济学中的几个理论问题辨析［J］．学术月刊，2012，44（11）：67–77.

［365］魏津瑜，李翔．基于工业互联网平台的装备制造企业价值共创机理研究［J］．科学管理研究，2020，38（1）：106–112.

［366］魏庆文，杨蕙馨，王军．创新驱动对现代产业发展新体系演进的作用机理——基于生产函数的视角［J］．现代财经，2018（8）：103–113.

［367］魏新月．互联网发展、市场化程度与资源配置效率［J］．西南民族大学学报（人文社会科学版），2021，42（9）：109–120.

［368］温忠麟，张雷，侯杰泰．有中介的调节变量和有调节的中介变量［J］．心理学报，2006（3）：448–452.

［369］翁君奕．从单点到并行：聚焦战略的分化趋势与实现路径［J］．经济管理，2009（2）：92–96.

［370］吴超，饶佳艺，乔晗，胡毅，汪寿阳．基于社群经济的自媒体商业模式创新——"罗辑思维"案例［J］．管理评论，2017（4）：255–263.

［371］吴汉洪．市场监管与建设现代化经济体系［J］．学习与探索，2018（6）：97–104.

［372］吴小龙，肖静华，吴记．人与AI协同的新型组织学习：基于场景视角的多案例研究［J］．中国工业经济，2022（2）：175–192.

［373］吴瑶，肖静华，谢康，廖雪华．从价值提供到价值共创的营销转型——企业与消费者协同演化视角的双案例研究［J］．管理世界，2017（4）：138–157.

［374］吴瑶，肖静华，谢康．数据驱动的技术契约适应性创新——数字经济的创新逻辑（四）［J］．北京交通大学学报（社会科学版），2020，19（4）：114.

［375］吴义爽，盛亚，蔡宁．基于互联网＋的大规模智能定制研究——青岛红领服饰与佛山维尚家具案例［J］．中国工业经济，2016（4）：127–143.

［376］席岩，张乃光，王磊，张智军，刘海涛．基于大数据的用户画像方法研究综述［J］．广播电视信息，2017（10）：37–41.

［377］夏清华．从资源到能力：竞争优势战略的一个理论综述［J］．管理世界，2002（4）：109–114.

［378］肖静华，胡杨颂，吴瑶．成长品：数据驱动的企业与用户互动创新案例研究［J］．管理世界，2020，36（3）：183–205.

［379］肖静华，李文韬．智能制造对企业战略变革与创新的影响——资源基础变革视角的探析［J］．财经问题研究，2020（2）：38–46.

［380］肖静华，毛蕴诗，谢康．基于互联网及大数据的智能制造体系与中国制造企业转型升级［J］．产业经济评论，2016（2）：5–16.

［381］肖静华，吴小龙，谢康，吴瑶．信息技术驱动中国制造转型升级——美的智能制造跨越式战略变革纵向案例研究［J］．管理世界，2021（3）：161–179.

［382］肖静华，吴瑶，刘意，谢康．消费者数据化参与的研发创新——企业与消费者协同演化视角的双案例研究［J］．管理世界，2018，34（8）：154–173+192.

［383］肖静华，谢康，迟嘉昱．智能制造、数字孪生与战略场景建模［J］．北京交通大学学报

（社会科学版），2019，18（2）：69-77.

［384］肖静华，谢康，吴瑶，廖雪华.从面向合作伙伴到面向消费者的供应链转型——电商企业供应链双案例研究［J］.管理世界，2015（4）：137-154+188.

［385］肖静华，谢康，吴瑶，冉佳森.企业与消费者协同演化动态能力构建：B2C电商梦芭莎案例研究［J］.管理世界，2014（8）：134-151+179.

［386］肖静华，谢康，吴瑶.数据驱动的产品适应性创新——数字经济的创新逻辑（一）［J］.北京交通大学学报（社会科学版），2020，19（1）：7-18.

［387］肖静华，谢康.组合与单一治理对供应链信息系统价值创造的影响［J］.管理科学，2010，23（4）：86-94.

［388］肖静华.从工业化体系向互联网体系的跨体系转型升级模式创新［J］.产业经济评论，2017（2）：55-66.

［389］肖静华.供应链信息系统网络的价值创造：技术契约视角［J］.管理评论，2009，21（10）：33-40.

［390］肖静华.企业跨体系数字化转型与管理适应性变革［J］.改革，2020（4）：37-49.

［391］谢康，陈禹，乌家培.企业信息化的竞争优势［J］.经济研究，1999（9）：64-71.

［392］谢康，廖雪华，肖静华.效率与公平不完全相悖：信息化与工业化融合视角［J］.经济研究，2021（4）：190-204.

［393］谢康，王帆.数字经济理论与应用基础研究［J］.中国信息化，2019（5）：7-13.

［394］谢康，吴记，肖静华.基于大数据平台的用户画像与用户行为分析［J］.中国信息化，2018（3）：100-104.

［395］谢康，吴瑶，肖静华，廖雪华.组织变革中的战略风险控制——基于企业互联网转型的多案例研究［J］.管理世界，2016（2）：133-148+188.

［396］谢康，吴瑶，肖静华.基于大数据合作资产的适应性创新——数字经济的创新逻辑（二）［J］.北京交通大学学报（社会科学版），2020，19（2）：26-38.

［397］谢康，吴瑶，肖静华.数据驱动的组织结构适应性创新——数字经济的创新逻辑（三）［J］.北京交通大学学报（社会科学版），2020，19（3）：6-17.

［398］谢康，吴瑶，肖静华等.组织变革中的战略风险控制——基于企业互联网转型的多案例研究［J］.管理世界，2016（2）：133-148.

［399］谢康，夏正豪，肖静华.大数据成为现实生产要素的企业实现机制：产品创新视角［J］.中国工业经济，2020（5）：42-60.

［400］谢康，肖静华，王茜.大数据驱动的企业与用户互动研发创新［J］.北京交通大学学报（社会科学版），2018，17（2）：183-205.

［401］谢康，肖静华，于英.企业与用户互动创新大数据平台及应用［J］.中国信息化，2018（4）：50-54.

［402］谢康，肖静华，周先波，等.中国工业化与信息化融合质量：理论与实证［J］.经济研究，2012（1）：14.

［403］谢康，肖静华.电子商务信任：技术与制度混合治理视角的分析［J］.经济经纬，2014，31（3）：60-66.

［404］谢康，谢永勤，肖静华.共享经济情境下的技术信任：数字原生代与数字移民的差异分析［J］.财经问题研究，2018（4）：99-107.

［405］谢康，谢永勤，肖静华.消费者对共享经济平台的技术信任：前因与调节［J］.信息系

统学报，2017（2）：1-14.

［406］谢康，杨文君，肖静华.在线品牌社区中技术信任促进电子商务初始信任的转移机制［J］.预测，2016，35（2）：69-74.

［407］徐宏玲.模块化组织价值创新：原理、机制及理论挑战［J］.中国工业经济，2006（3）：83-91.

［408］徐万里，吴美洁，黄俊源.成本领先与差异化战略并行实施研究［J］.软科学，2013，27（10）：45-49.

［409］徐翔，厉克奥博，田晓轩.数据生产要素研究进展［J］.经济学动态，2021（4）：142-158.

［410］徐翔，赵墨非.数据资本与经济增长路径［J］.经济研究，2020，55（10）：38-54.

［411］徐宗本，冯芷艳，郭迅华，曾大军，陈国青.大数据驱动的管理与决策前沿课题［J］.管理世界，2014（11）：158-163.

［412］许宪春，张美慧.中国数字经济规模测算研究——基于国际比较的视角［J］.中国工业经济，2020（5）：23-41.

［413］颜安，周思伟.虚拟整合的概念模型与价值创造［J］.中国工业经济，2011（7）：97-106.

［414］杨丹辉，邓洲.人工智能发展的重点领域和方向［J］.人民论坛，2018（2）：22-24.

［415］杨德明，刘泳文."互联网+"为什么加出了业绩［J］.中国工业经济，2018（5）：80-98.

［416］杨桂菊，李斌.获得式学习、非研发创新行为与代工企业品牌升级——基于三星电子的探索性案例研究［J］.软科学，2015，29（8）：25-28+32.

［417］杨凯瑞，申珊.改革开放以来中国科技金融政策演变与启示——基于对中央政府政策文本的共词分析［J］.中国科技论坛，2021（6）：105-118+148.

［418］杨巧云，乔迎迎，梁诗露.基于政策"目标工具"匹配视角的省级政府数字经济政策研究［J］.经济体制改革，2021（3）：193-200.

［419］杨瑞龙，杨其静.专用性、专有性与企业制度［J］.经济研究，2001（3）：3-11+93.

［420］杨善林，周开乐，张强，等.互联网的资源观［J］.管理科学学报，2016，19（1）：1-11.

［421］杨文君.在线购物情境下电子商务技术信任的测量和调节效应研究［D］.中山大学博士学位论文，2016.

［422］杨学成，涂科.出行共享中的用户价值共创机理——基于优步的案例研究［J］.管理世界，2017（8）：154-169.

［423］杨学科.论智能互联网时代的算法歧视治理与算法公正［J］.山东科技大学学报（社会科学版），2019，21（4）：33-40+58.

［424］杨震宁，范黎波，李东红.是"腾笼换鸟"还是做"隐形冠军"——加工贸易企业转型升级路径多案例研究［J］.经济管理，2014（11）：68-80.

［425］姚锡凡，周佳军，张存吉，刘敏.主动制造——大数据驱动的新兴制造范式［J］.计算机集成制造系统，2017，23（1）：172-185.

［426］叶广宇，刘洋.范式转变中的全球价值链整合与中国企业战略管理——第八届中国战略管理学者论坛观点述评［J］.经济管理，2016，38（1）：188-199.

［427］叶明，郭江兰.数字经济时代算法价格歧视行为的法律规制［J］.价格月刊，2020（3）：33-40.

［428］余泳泽，张先轸. 要素禀赋、适宜性创新模式选择与全要素生产率提升［J］. 管理世界，2015（9）：13-31+187.

［429］余长林，杨国歌，杜明月. 产业政策与中国数字经济行业技术创新［J］. 统计研究，2021，38（1）：51-64.

［430］约翰·伊特韦尔，皮特·纽曼，默里·米尔盖特，等. 新帕尔格雷夫经济学大辞典［M］. 北京：经济科学出版社，1996.

［431］韵江. 战略过程的研究进路与论争：一个回溯与检视［J］. 管理世界，2011（11）：142-163.

［432］张成岗. 西方技术观的历史嬗变与当代启示［J］. 南京大学学报（哲学·人文科学·社会科学版），2013，50（4）：60-67+158-159.

［433］张光军，吕紫瑜，刘人境. 大科学工程组织结构评价与选择——基于弱矩阵、平衡矩阵和强矩阵组织结构的对比［J］. 科技进步与对策，2019，36（13）：11-20.

［434］张婧，段艳玲. 市场导向均衡对制造型企业产品创新绩效影响的实证研究［J］. 管理世界，2010，207（12）：119-130.

［435］张群洪，刘震宇，严静，等. 信息技术采用对关系治理的影响：投入专用性的调节效应研究［J］. 南开管理评论，2010（1）：125-133+145.

［436］张昕蔚. 数字经济条件下的创新模式演化研究［J］. 经济学家，2019（7）：32-39.

［437］张新苗，余自武，杨雨绮. 人工智能在波音787上的应用与思考［J］. 工业工程与管理，2017（6）：164-174.

［438］张延林，肖静华，谢康. 信息系统与业务战略匹配研究述评［J］. 管理评论，2014（4）：154-165.

［439］张云昊. 规则、权力与行动：韦伯经典科层制模型的三大假设及其内在张力［J］. 上海行政学院学报，2011，12（2）：49-59.

［440］赵春雨，朱承亮，安树伟. 生产率增长、要素重置与中国经济增长——基于分行业的经验研究［J］. 中国工业经济，2011（8）：79-88.

［441］赵家祥. 生产方式概念含义的演变［J］. 北京大学学报（哲学社会科学版），2007（5）：27-32.

［442］赵书松，赵旭宏，廖建桥. 组织情景下权力来源的类型、关系与趋势：一个跨层次分析框架［J］. 中国人力资源开发，2020，37（1）：6-20.

［443］赵振. "互联网+"跨界经营：创造性破坏视角［J］. 中国工业经济，2015（10）：146-160.

［444］赵正. 大数据杀熟屡禁不止"携程们"为何选择"作恶"？［J］. 商学院，2019（12）：58-60.

［445］郑士源，徐辉，王浣尘. 网格及网格化管理综述［J］. 系统工程，2005（3）：1-7.

［446］中共中央马克思恩格斯列宁斯大林著作编译局. 马克思恩格斯全集（第四十四卷）［M］. 北京：人民出版社，2006.

［447］钟甫宁. 中国农村脱贫历史性成就的经济学解释［J］. 农业经济问题，2021（5）：4-11.

［448］周密，刘秉镰. 供给侧结构性改革为什么是必由之路？——中国式产能过剩的经济学解释［J］. 经济研究，2017，52（2）：67-81.

［449］朱晓红，陈寒松，张腾. 知识经济背景下平台型企业构建过程中的迭代创新模式——基于动态能力视角的双案例研究［J］. 管理世界，2019，35（3）：142-156+207-208.

［450］竺乾威 . 公共服务的流程再造：从"无缝隙政府"到"网格化管理"［J］. 公共行政评论，2012，5（2）：1–21.

［451］曾亿武，张增辉，方湖柳，郭红东 . 电商农户大数据使用：驱动因素与增收效应［J］. 中国农村经济，2019（12）：29–47.

［452］庄雷 . 区块链与实体经济融合的机理与路径：基于产业重构与升级视角［J］. 社会科学，2020（9）：51–63.